应用型本科旅游管理专业精品系列规划教材

旅游学导论

主　编　张　科　李　璐

副主编　张世艳　陈梓楠

参　编　王瑷琳　周　亚　王静思

北京理工大学出版社
BEIJING INSTITUTE OF TECHNOLOGY PRESS

内容提要

本书涵盖了旅游学研究的基本内容，体现了在新时代背景下旅游业发展的趋势和新态势。着重反映国际和国内旅游学术界的主流认识，从旅游者、旅游发展、旅游业、旅游产品、旅游目的地、旅游市场、旅游影响、可持续旅游发展和旅游业的未来等领域展开讨论，充分运用大量的实际案例，使读者对相关理论及其实际运用有更深层次的理解。

本书特点：(1) 将旅游学中涉及的部分基本概念进行辨析，能够充分帮助学生分辨、理解和掌握旅游学的基本概念。(2) 运用国际旅游学界统一认识的概念术语和研究成果，增强学生的国际化视野。(3) 加入旅游餐饮、旅游目的地及其相关概念和旅游危机管理的内容，丰富学生对旅游学研究对象的认知。(4) 增加专项旅游产品这一章节，能够让学生充分把握新型旅游形式的类型及发展趋势。(5) 结合新时期国际及国内旅游发展的特点和目标，增加科技发展对旅游业的影响这一章节，与时俱进。

本书适合于应用型本科院校的旅游管理专业的学生作为教材，也可以作为广大旅游从业人员的参考书籍，具有实用性和参考价值。

图书在版编目（CIP）数据

旅游学导论/张科，李璐主编．—北京：北京理工大学出版社，2016.12（2017.1重印）

ISBN 978-7-5682-3175-6

Ⅰ.①旅…　Ⅱ.①张…　②李…　Ⅲ.①旅游学-教材　Ⅳ.①F590

中国版本图书馆 CIP 数据核字（2016）第 239692 号

出版发行／北京理工大学出版社有限责任公司
社　　址／北京市海淀区中关村南大街 5 号
邮　　编／100081
电　　话／(010) 68914775（总编室）
　　　　　82562903（教材售后服务热线）
　　　　　68948351（其他图书服务热线）
网　　址／http://www.bitpress.com.cn
经　　销／全国各地新华书店
印　　刷／北京国马印刷厂
开　　本／787 毫米×1092 毫米　1/16
印　　张／12.25　　　　责任编辑／王晓莉
字　　数／288 千字　　　　文案编辑／王晓莉
版　　次／2016 年 12 月第 1 版　2017 年 1 月第 2 次印刷　　　　责任校对／周瑞红
定　　价／28.00 元　　　　责任印制／李志强

图书出现印装质量问题，请拨打售后服务热线，本社负责调换

出版说明

用创新性思维引领应用型旅游管理本科教材建设

市场上关于旅游管理专业的教材很多，其中不乏国家级规划教材。然而，长期以来，旅游专业教材普遍存在着定位不准、与企业实践背离、与行业发展脱节等现象，甚至大学教材、高职高专教材和中职中专教材从内容到形式都基本雷同的情况也不少见，让人难以选择。当教育部确定大力发展应用型本科后，如何编写出一套真正适合应用型本科使用的旅游管理专业教材，成为应用型本科旅游专业发展必须解决的棘手问题。

北京理工大学出版社是愿意吃螃蟹的人。2015 年夏秋，出版社先后在成都召开了两次应用型本科教材研讨会，参会的人员有普通本科、应用型本科和部分专科院校的一线教师及行业专家，会议围绕应用型本科教材特点、应用型本科与普通本科教学的区别、应用型本科教材与高职高专教材的差异性进行了深入探讨，大家形成许多共识，并在这些共识基础上组建成教材编写组和大纲审定专家组，按照“新发展、新理念、新思路”的原则编写了这套教材。教材在四个方面有较大突破：

一是人才定位。应用型本科教材既要改变传统本科教材按总经理岗位设计的思路，避免过高的定位让应用型本科学生眼高手低，学无所用；又要与以操作为主、采用任务引领或项目引领方式编写的专科教材相区别，要有一定的理论基础，让学生知其然亦知其所以然，有发展的后劲。教材编写组最终确定将应用型本科教材定位为培养基层管理人才，这种人才既懂管理，又会操作，能为旅游行业广为接纳。

二是课程和教材体系创新。在人才定位确定后，教材编写组对应用型本科课程和教材体系进行了创新，核心是弥补传统本科教材过于宏观的缺陷，按照市场需要和业务性质来创新课程体系，并根据新课程体系创新教材体系，譬如在《旅行社经营与管理》之外，配套了《旅行社计调业务》《旅游产品设计与开发》《旅行社在线销售与门店管理》等教材。将《饭店管理》细化为《前厅服务与管理》《客房服务与管理》《餐饮服务与管理》，形成与人才定位一致的应用型本科课程体系和教材体系。与此同时，编写组还根据旅游业新的发展趋势，创新了许多应用型本科教材，如《乡村旅游经营与管理》《智慧旅游管理与实务》等，使教材体系更接地气并与产业结合得更加紧密。

三是知识体系的更新。由于旅游业发展速度很快，部分教材从知识点到服务项目再到业务流程都可能已经落后了，如涉旅法规的变更、旅游产品预订方式的在线化、景区管理的智慧化以及乡村旅游新业态的不断涌现等，要求教材与时俱进，不断更新。教材编写组在这方面做了大量工作，使这套教材能够及时反映中外旅游业发展成就，掌握行业变化动态，传授最新知识体系，并与相关旅游标准有机融合，尽可能做到权威、全面、方便、适用。

四是突出职业教育，融入导游考证内容。2016 年 1 月 19 日国家旅游局办公室正式发布了《2016 年全国导游人员资格考试大纲》（旅办发〔2016〕14 号），大纲明确规定：从 2016 年起，实行全国统一的导游人员资格考试，不指定教材。本套教材中的《旅游政策与法规》《导游实务》《旅游文化》等属于全国导游资格考试统考科目，教材紧扣《全国导游资格考试大纲》，融入了考证内容，便于学生顺利地获取导游证书。

为了方便使用，编写体例也极尽人性化，大部分教材各章设计了“学习目标”“实训要求”“小知识”“小贴士”“知识归纳”“案例解析”和“习题集”，同时配套相应的教学资源，无论是学生还是教师使用都十分方便。

当然，由于时间和水平有限，这套教材难免存在不足之处，敬请读者批评指正，以便教材编写组不断修订并至臻完善。希望这套教材的出版，能够为旅游管理专业应用型本科教材建设探索出一条成功之路，进一步促进并提升旅游管理专业应用型本科教学的水平。

四川省旅游协会副会长
四川省导游协会会长
四川省旅发委旅行社发展研究基地主任
四川师范大学旅游学院副院长　陈乾康

总 序

随着高等教育迈向大众化发展的趋势，人才培养逐渐由重理论、重学术向重实践、重能力转变，强调职业素质、职业技能与职业能力的培养，注重培养适宜时代发展需要的应用型人才。旅游管理作为一门应用性极强的学科，在探索应用型本科的专业建设、课程体系重构、教学手段革新、教学内容丰富等方面走在前列，对其他专业向应用型本科转型具有引领示范性作用。

2015 年 10 月国家旅游局、教育部联合出台了《加快发展现代旅游职业教育的指导意见》，其中指出要“加强普通本科旅游类专业，特别是适应旅游新业态、新模式、新技术发展的专业应用型人才培养。”在当今时代背景下，本套“旅游管理专业应用型本科规划教材”对推动普通本科旅游管理专业转型，培养适应旅游产业发展需求的高素质管理服务人才具有重要的意义。具体来说，本套教材主要有以下四个特点：

一、理念超前，注重理论结合实际

本套教材始终坚持“教材出版，教研先行”的理念，经过了调研旅游企业、征求专家意见、召开选题大会、举办大纲审定大会等多次教研活动，最终由几十位高校教师、旅游企业职业经理人共同开发、编写而成。

二、定位准确，彰显应用型本科特色

该套教材科学区分了应用型本科教材与普通本科教材、高职高专教材的差别，以培养熟悉企业操作流程的基层管理人员为目标，理论知识按照“本科标准”编写，实践环节按照“职业能力”要求编写，在内容上凸显了教材的理论与实践相结合。

三、体系创新，符合职业教育要求

本套教材按照职业教育“课程对接岗位”的要求，优化了教材体系。针对旅游企业的不同岗位，出版了不同的课程教材，如针对旅行社业的教材有：《旅行社计调业务》《导游实务》《旅行社在线销售与门店管理》《旅游产品设计与开发》《旅行社经营与管理》等，保证了课程与岗位的对接，符合旅游职业教育的要求。

四、资源配备，搭建教学资源平台

本套教材以建设教学资源数据库为核心，制作了图文并茂的电子课件，从方便教师教学，还提供了课程标准、授课计划、案例库、同步测试题及参考答案、期末考试题等教学资料，以便于教师参考；同步测试题中设置了单项选择题、多项选择题、判断题、简答题、技能操作题及参考答案，便于学生练习和巩固所学知识。

在全面深化“大众创业，万众创新”的当代社会，学生的创新能力、动手能力与实践能力成为旅游管理应用型本科教育的关键点与切入点，而本套教材的率先出版可谓是一个很好的出发点。让我们一起为旅游管理应用型本科教育的发展壮大而共同努力吧！

教育部旅游管理教学指导委员会副主任委员
湖北大学旅游发展研究院院长

前　言

2014年8月21日，国务院颁布了《关于促进旅游业改革发展的若干意见》（国发〔2014〕31号），从树立科学旅游观、增强旅游发展动力、拓展旅游发展空间、优化旅游发展环境、完善旅游发展政策等多个方面提出了对我国未来一段时期旅游发展的具体要求，并明确到2020年境内旅游总消费额达到5.5万亿元，城乡居民人均出游4.5次，旅游业增加值占国内生产总值的比重超过5%的目标，这意味着国家为把旅游业打造成战略性支柱产业制定了时间表，也拉开了我国新一轮旅游发展的序幕。这就要求旅游产业在新的发展态势下，要更加注重与其他产业的融合，更加注重创造新的旅游发展模式，更加注重创造旅游消费需求和引领旅游消费潮流，并且要不断提升旅游者的消费体验，才能使传统的旅游业转型升级为现代服务业。旅游发展创新的前提之一便是拥有高素质的旅游专业人才。因此，培养既具有扎实理论基础，又熟练掌握实践技能的旅游专业人才成为目前旅游专业高等教育的当务之急。

教育部、国家发改委、财政部印发《关于引导部分地方普通本科高校向应用型转变的指导意见》的正式颁布，标志着我国高等教育"重技重能"时代即将来临，将进一步推动地方普通本科高校向应用型转变的发展。在此背景下我们编写本书，一方面是为了适应当前高校改革的需要，满足中国旅游业对多层次旅游专业人才的需求，帮助我国应用型本科旅游专业学生和从业人员掌握先进的知识和技能；另一方面，以旅游产业最新发展动态为导向，以强化学生的市场化视野。

为了适应旅游管理应用型本科教学的特点，本书以旅游学的研究对象为主线，既注重对旅游学的基本原理的阐述，又将当前旅游业发展中的热点问题和实践经验融入其中，突出新颖性和职业性。在编写时，我们既注意将旅游学中容易混淆的相关概念进行了辨析，以帮助读者能够更好地理解旅游的基本概念；又加入了旅游餐饮、旅游购物等容易被传统教材所忽略的内容，力求让读者能够全面认识旅游学所涉及的研究对象。此外，本书还系统地阐述了智慧旅游、"互联网+旅游"以及全域旅游的相关概念，并结合互联网时代的特点对我国旅游业未来的发展趋势进行了探讨，有助于读者能够紧跟现代旅游业发展的时代步伐。

本书共分十一章，从旅游者、旅游业、旅游产品、旅游目的地、旅游市场、旅游影响、可持续旅游发展、旅游的发展模式以及旅游业的未来发展趋势等领域探讨了旅游学的基本概念、原理和方法，并列举了大量的实际案例作为知识补充。本书既可作为各大应用型本科院校旅游管理专业的教材，也可作为广大旅游从业人员的参考书籍，具有实用性和参考价值。

本书由张科、李璐设计大纲，并组织编写和最后统稿，各章的编写者均由不同院校的一线旅游管理专业教师担任，具体分工如下：第一、二、三章由王瑷琳编写，第四、六章由张世艳编写，第五章由陈梓楠编写，第七章由张科编写，第八章由周亚编写，第九、十章由李璐编写，第十一章由王静思编写。

在编写过程中，我们查阅并借鉴了国内外大量有关旅游基础理论的文献资料、著作和论文，在此对这些作者致以诚挚的谢意。

由于旅游业如今呈现出日新月异的发展态势，加之编者的学识水平有限，书中不足之处和遗漏之处难免，敬请广大读者和同仁不吝批评指正。

编 者

目录

第一章

旅游的概念、性质及特点

【学习目标】

1. 掌握旅游的概念、基本属性及现代旅游活动的特点。
2. 熟悉旅游活动类型的划分方法。
3. 了解各种旅游活动类型的特点。

第一节　旅游的基本概念

旅游（Tour）来源于拉丁语的“Tornare”和希腊语的“Tornos”，其含义是：“车床或圆圈；围绕一个中心点或轴的运动。”这个含义在现代英语中演变为“顺序”。后缀-ism 被定义为“一个行动或过程；以及特定行为或特性”，而后缀-ist 则意指“从事特定活动的人”。词根 tour 与后缀-ism 和-ist 连在一起，指的是按照圆形轨迹的移动，所以旅游是指一种往复的行程，即指离开后再回到起点的活动，完成这个行程的人也就被称为旅游者（Tourist）。

在我国传统的著名辞书里，无论是《辞海》《辞源》，还是《康熙大辞典》，我们都难以发现“旅游”一词。这足以说明“旅游”一词在我国的出现只是近代的事情。追溯其来源，我们不难发现，“旅游”一词在我国的出现始于 20 世纪 60 年代。1964 年，国务院将我国国家旅游管理机构定名为“中国旅行游览事业管理局”。为简便上口，将“旅行”和“游览”简化合并成“旅游”二字，“旅游”一词自此出现，并在文献中和社会上得到迅速的推广和使用，最终得到学术界的认可。由此可见，旅游作为人们离家外出的一种活动，其基本的含义和内容就是“旅行+游览”。

一、旅游的概念辨析

从旅游学科诞生以来，一些国际组织和学者都曾给旅游下过很多种定义。这些定义基本上可以划分为两类：一类从理论抽象出发而给出的定义，即所谓概念性定义或理论性定义

(Conceptual Definitions)；另外一类是人们出于某些工作需要，如统计工作的需要而对旅游做出的比较具体的定义，即所谓技术性定义或实践性定义（Technical Definitions）。由于技术性定义多是为了调查和统计工作的需要，所以大多是对旅游者的定义及划分，而对旅游的界定更多侧重概念性定义。

在旅游研究中常为人们所引用，比较有影响力的概念性定义有如下几种：

1. 德国学者的定义

以蒙根·罗特为代表的德国学者在 1927 年出版的《国家科学词典》中把旅游定义为："那些暂时离开自己的住地，为了满足生活和文化的需求，或个人各种各样的愿望，而作为经济和文化商品的消费者逗留在异地的人的交往。"① 旅游一词在德语中是由"陌生"和"交往"两个词复合而成的，因此该定义重点突出了"交往"的含义。

2. 瑞士学者的定义

瑞士学者汉泽克尔和克拉普夫（1942）认为："旅游是非定居者的旅行和暂时逗留而引起的现象和关系的总和。这些人不会导致长期定居，并且不牵涉任何赚钱的活动。"① 到 20 世纪 70 年代被"旅游学科专家国际联合会"采用为该组织对旅游的标准定义，所以这一定义常常被人们简称为"艾斯特"（AIEST）定义。这个定义的优点指出了旅游的某些基本特征，如综合性、异地性、暂时性和非就业性。但这个定义也有不足之处，比如"不牵涉任何赚钱的活动"，由于中文对"赚钱活动"的涵盖比较广泛，不仅就业打工是赚钱活动，商贩摆摊设点等直接的钱货交易也是赚钱活动，甚至外出进行商务谈判、洽定合同，以及展销活动等工商事务也可以说是公司企业赚钱活动的组成部分。因此，根据这一定义，很可能会使因工商事务性原因而外出的旅行和逗留不属于旅游的范畴。

对以商务出差或出席会议为代表的差旅性或事务性外出访问活动是否属于旅游或者是否应纳入专业研究中的旅游概念所涵盖的范围这一问题，目前学术界并未形成统一认识，但是大量的事实证明：

1）在工商事务及会议旅游中，几乎都有消遣旅游活动作为其组成部分。

2）任何旅游接待国或地区都把因事来访者的消费纳入本国或本地区的旅游收入，而并非也不可能把消遣旅游和事务访问分立为两个账户，因为两者的访问目的虽然不同，但它们在目的地的消费对接待国或地区的客观影响却是一样的。

国际旅游组织公认事务访问者属于旅游者。因此，差旅性访问纳入旅游概念这一点在各旅游组织和大多数旅游研究者中已经形成共识。

3. 英国学者的定义

英国萨里大学的伯卡特和梅特利克在 1972 年将旅游定义为："发生于人们前往和逗留各种旅游地的流动，是人们离开他平时居住和工作的地方，短期暂时前往一个旅游目的地运动和逗留在该地的各种活动。"② 这一定义指出了旅游最本质的特征——人的流动，一切运动都包含着流动，但并非一切流动都是旅游。

---

①刘毅．中国旅游百科全书（第 1 册）［M］．北京：中国大百科全书出版社，1999：1.

②蔡敏华．旅游学概论［M］．北京：人民邮电出版社，2008：24.

4. 世界旅游组织的定义

1995 年世界旅游组织和联合国统计委员会针对旅游统计问题，在技术上对旅游给出了一个界定，把旅游定义为："人们为了休闲、商务和其他目的，离开他们惯常的环境，到某些地方去以及在那些地方停留不超过一年的活动。"①这个定义主要包括三部分：旅游动机、较大的空间转移和时间界定。它重点强调了旅游的实践性，因此也被称为旅游的实践性定义。

5. 美国学者的定义

1980 年，美国密执安大学的罗伯特·麦金托什和夏希肯特·格波特在《旅游学——要素、实践、基本原理》一书中指出旅游是在吸引和接待旅游及其访问者的过程中，由于旅游者、旅游企业、东道国政府及东道国各地区的居民的相互作用而产生的一切现象和关系的总和。这个定义强调的是旅游引发的各种现象和关系，即旅游的综合性。

6. 国内学者的定义

李天元（2000）认为旅游是"非定居者出于和平的目的的旅行和逗留而引起的现象和关系的总和。这些人不会导致在旅游地定居和就业"。①

赵长华（1999）将旅游定义为"人们以寻求新的感受和业务联系为目的，离开常住地到异国他乡短期停留而不导致定居和就业所引起的一切现象和关系的总和。它既是一种文化生活，又是一种综合性的社会经济活动"。②

从上述国内外的组织机构和学者对旅游的各种定义中，可以看到人们对旅游的一些共识：

其一，旅游总是为了满足一定的需要而外出，是带有一定目的性的。旅游最初的目的是以消遣享乐为主，而发展到现代旅游已经走向大众化，成为人们生活常态的组成部分。随着人们旅游经历的丰富和消费心态的日益成熟，人们更加重视自己的亲身经历，即通过实践来认识周围的事物。旅游形态呈现出由较低层次的"观光旅游"向更为高级的消费模式"体验旅游"逐步过渡的趋势，更加强调游客自身的积极参与和自身体验，使游客真正感受到旅游中的乐趣。其最大的特征是注重旅游者的体验效能，终极目的是得到快乐感、亲切感和实现自我价值。

其二，旅游是人们离开自己的定居地，去异国他乡访问的活动。这一点反映了旅游的异地性。

其三，旅游是人们前往旅游目的地，并在那里做短暂停留的访问活动。这种短期停留有别于移民性的永久居留，这一点反映了旅游的暂时性。

其四，旅游是人们的旅行和暂时居住而引起的各种现象和关系的总和。具体地讲，这里的所谓各种现象，主要是指由于旅游者的旅游活动所引发的有关经济现象、社会现象、文化现象乃至政治现象。所谓各种关系，主要是指旅游者、旅游企业、目的地政府及目的地居民四者之间因各自追求利益的不同而在相互直接或间接接触或打交道过程中所引发的彼此之间错综复杂的关系。这一点反映了旅游现象的综合性。

---

①李天元．旅游学概论（第 4 版）［M］．天津：南开大学出版社，2003：34.

②洪帅．旅游学概论（第 2 版）［M］．上海：上海交通大学出版社，2011：4.

鉴于以上分析，依据现代旅游发展的客观实际，我们认为旅游是人们出于主观审美、娱乐和对社会文化、生活和历史的体验等目的，暂时离开自己的常住地到目的地做短暂停留所引起的一切现象和关系的总和。

二、旅游、旅行和观光

在我国的传统文献中，与“旅游”一词含义相近的有两个词，一个是“旅行”，另一个是“观光”。

“观光”一词最早出现于两千多年前的《易经》和《左传》。人们普遍认为，《易经》中“观国之光”，《左传》中的“观国上光”便是目前“观光”一词的由来。我国台湾省以及历史上受汉文化影响较多的周边国家，如日本和韩国，一直使用“观光”指代“旅游”一词。但近些年随着国家和地区间旅游和文化交流的增多，“旅游”一词也越来越多地为他们所接受和使用。传统意义上的观光是指观看（参观）、考察一个国家或地区的政教、文物、习俗、风光等。而现代意义上的观光，是指参观名胜古迹，沿途浏览大自然的风光景象等。所以，观光一词所强调是“游”，即参观活动，而忽视了对“旅”的反映。另外，在现代“观光”中，其行为性质是消遣，行为特征是参观。也就是说，它仅指消遣旅游的一种，既不能反映各种形式的消遣旅游，更不能涵盖非消遣目的的访问活动。因此，虽然人们在日常用语中有时可以用观光指代旅游，但在旅游研究中，观光和旅游却是含义不尽相同的两个概念。

在我国的历史典籍中，古代帝王的巡游、官吏的宦游、文人墨客的漫游、商人外出经商及学者外出求学和考察，皆可谓“旅（行）”。现代汉语中的“旅行”一词也用以泛指一切有目的的离家外出过程。例如，从一个地方前往另一个地方去探亲访友的过程可谓旅行，从一个地方前往另一个地方出差办事的过程也可谓旅行。所以，就日常定义而言，“旅行”的含义范围宽于“旅游”。

而“旅游”从字意上很好理解。“旅”是旅行，外出，即为了实现某一目的而在空间上从甲地到乙地的行进过程；“游”是外出游览、观光、娱乐，即为达到这些目的所做的旅行，二者合起来即旅游。所以，旅行偏重于行，旅游不但有“行”，且有观光、娱乐含义。

【小知识】

休闲、游憩、旅游

休闲（Leisure）：英文“Leisure”一词来源于法语，法语来源于希腊语和拉丁语。在希腊语中“休闲”为“Skole”，拉丁语为“Scola”，意为休闲和教育，认为发展娱乐，从中得益，并与文化水平的提高相辅相成。可见英文中“Leisure”休息的成分很少，消遣的成分也不大，主要是指“必要劳动之余的自我发展”。表明了“休闲”一词所具有的独特的文化精神底蕴。在马克思眼中，“休闲”一是指用于娱乐和休息的余暇时间；二是指发展智力，在精神上掌握自由的时间，是“非劳动时间”和“不被生产劳动所吸收的时间”，它包括个人受教育的时间、发展智力的时间、履行社会职能的时间、进行社交活动的时间、自由运用体力和智力的时间。

而在《康熙字典》和《辞海》中“休”被解释为“吉庆、欢乐”的意思——“人倚木而休。”《诗·商颂·长发》中释“休”为吉庆、美善、福禄——“何天之休”。“闲”，通常引申为范围，多指道德、法度。《论语·子张》：“大德不逾闲。”另外，有限制、约束之意。《易·家人》：“闲有家。”“闲”通“娴”，具有娴静、思想的纯洁与安宁的意思。从词意的组合上，表明了休闲所特有的文化内涵。因而，它不同于“闲暇”“空闲”“消闲”。这个颇具哲学意味的象喻，表达了人类生存过程中劳作与休憩的辩证关系，又掩藏着物质生命活动之外的精神生命活动。人倚木而休，使精神的休整和身体的颐养活动得以充分的进行，使人与自然浑然一体，赋予生命以真、善、美，具有了价值意义。

从古至今，从国外到国内，关于休闲的含义阐述虽有差别，但无外乎都限定在三个方面：一是闲暇时间，即可自由支配的时间；二是活动，自由时间里的自由活动；三是心态，放松愉悦、满足自我的精神状态。

游憩（Recreation）：来源于拉丁语，意思是恢复更新，含有“休养”和“娱乐”两层意思。游憩还被用作地理概念，在实际应用中，游憩常常意味着一组特别的可观察的土地利用。游憩还包括被称为旅游、娱乐、运动、游戏以及某种程度上的文化等现象。

在我国古代，就有很多关于游憩的记载。北魏郦道元《水经注·洹水》：“渌水平潭，碧林侧浦，可游憩矣。”北魏杨炫之《洛阳伽蓝记·凝玄寺》：“唯冠军将军郭文远游憩其中，堂宇园林，匹於邦君。”一本作“游憩”。唐沈佺期《绍隆寺》诗序：“绍隆寺江岭最奇，去驩州城二十五里，将北客毕日游憩，随例施香。”明冯梦龙《风流梦·二友言怀》：“杜母高风不可攀，甘棠游憩在南安。”清恽敬《游六榕寺记》：“墙壁纵横，阶径迂曲，无可游憩。”这里的游憩指游玩和休息。

保继刚（1999）指出游憩一般是指人们在闲暇时间所进行的各种活动。游憩可以恢复人的体力和精力，它包含的范围极其广泛，从在家看电视到外出度假都属于游憩。俞晟（2003）则认为游憩是在离开居所一定范围内进行的，能够带给行为实施者生理和心理上的愉悦，有助于恢复其体力和精力的合法行为。

国内外还有许多诸如上述的对游憩的理解。但不管是何种理解，可以看出，它们基本上都限定在三个方面：闲暇时间、满足自我和休闲活动，只不过在活动范围上有所出入。

旅游（Tourism）：人们出于主观审美、娱乐和对社会文化、生活和历史的体验等目的，暂时离开自己的常住地到目的地做短暂停留所引起的一切现象和关系的总和。保继刚（1999）指出，旅游是在闲暇时间所从事的游憩活动的一部分，最显著的特点就是离开工作地或居住地，短暂到一个目的地进行活动。吴必虎（2001）认为旅游分为大旅游和小旅游两种，小旅游指外地旅游者到某地的过夜游，有时也包括符合一定时间和出游距离的一日游；大旅游是指人类在闲暇时间内所从事的所有游憩活动，人们在闲暇时间所从事的游憩活动是连续的，它包括家庭内游憩、居室周围户外游憩、社区游憩、一日游、国内游和国际游。

由上述分析可见，休闲、游憩和旅游是三个不同而又紧密相关的概念。游憩不等于休闲，游憩是户外（离开家）的休闲活动，旅游和休闲、旅游和游憩之间也都存在着不同程度的交叉关系。在国外，往往把旅游和游憩作为一个整体来研究，认为旅游是游憩的一种，然而基于国内的认识和习惯，游憩更多的是指不过夜（即不超过24小时）的娱乐活动，而旅游多是指人们在目的地过夜的休闲行为。俞晟（2003）认为在居住地进行的娱乐、体育、参观游览、影视戏曲等活动属于休闲范畴，在异地进行的公务、商务、会议、展览、文化修学等活动属于旅游范畴，而在异地进行的观光、度假、娱乐、健身等活动则既属于休闲也属于旅游。如果将休闲范畴缩小为不过夜的休闲活动，则除去在家中进行的休闲活动之外，即为游憩活动。根据俞晟的观点，休闲、游憩和旅游是三个在不同程度上相互交叉的概念，游憩包括本地居民的户外休闲活动以及外地游客的观光、度假、娱乐等旅游活动。

由此可见：①在空间上，游憩不包括在居所内进行的活动，活动主要在户外距离居所一定距离的场所开展；而休闲则包括在居所内进行的活动，活动可同时在室内和户外开展；旅游是指离开居住地或工作地进行的活动，可以认为是在异地进行的游憩活动。②在时间上，在闲暇时间内开展的活动都可以认为是休闲；游憩更多的是指不过夜（即不超过 24 小时）的娱乐活动；而旅游多是指人们在目的地过夜的休闲行为。③在目的上，游憩、旅游、休闲活动都是以获得愉悦而不是经济报酬为目的的。

第二节　旅游活动的基本特征

旅游活动是一种内容丰富、类型多样、涉及面极广的社会经济活动。在旅游研究中，人们对现代旅游活动的特点往往有不同的归纳，有不同的说法出现，这是一种很常见的现象，因为人们观察考虑的角度不同，结果自然难免会有差异。本书归纳旅游活动的基本特征体现在以下几方面：

一、普及性或大众性

（一）大众旅游

大众化旅游或旅游活动的大众化，即旅游活动参加者的范围已扩展到普通的劳动大众。旅游度假已经不再只为少数特权阶级所独享，而是已经发展成为普通大众人人享有的权利。世界旅游组织（UNWTO）在著名的《马尼拉宣言》中明确提出，在现代社会中，旅游度假已经成为人们的一种基本需求。与此同时，参加旅游的人数越来越多，人们外出旅游的频率不断增加。例如全球国际游客到访量从 1950 年的 2500 万人次，到 1980 年的 2.78 亿人次，1995 年的 5.27 亿人次，到 2014 年达到 11.33 亿人次。① 可见，旅游已经成为人们日常生活不可缺少的部分了。

（二）奖励旅游

奖励旅游是指包括企业、社会团体和政府机构在内的各种组织为了表彰和奖励那些工作成绩突出的员工和工作人员，而特别为其组织的免费旅游或度假活动。奖励旅游的出现始自 20 世纪 60 年代的美国。最初是某些公司企业为了表彰和奖励那些工作成绩突出的销售人员，组织他们携领配偶外出旅游。一些研究管理问题的心理学家在经过大量的调查和分析之后发现，把旅游作为奖品来奖励员工时，所产生的激励作用远比传统的金钱和物质奖励的刺激效果要好得多。

目前，随着人们观念的改变，奖励旅游用作激励手段的做法已经被越来越多的企业和公司所接纳和效仿，通过商务会议旅游、海外教育训练等方式来奖励那些对公司运营及业绩增

①http：//news. xinhuanet. com/local/2016-01/20/c_ 128646907. htm.

长有功的人员。而且奖励旅游市场的消费水平和商业价值很高，从而使得很多旅游目的地和旅游企业都很看重这一市场。所有的这一切使得奖励旅游迅速发展成为一个引人瞩目的高端旅游市场，其市场规模迅速扩大。

（三）社会旅游

社会旅游（社会补贴旅游）是指一些国家采取通过由国家、地方政府、雇工、工会提供补贴或者资助的办法，帮助低收入的社会阶层能够参加到旅游或度假活动中来。一类做法是由政府拨款或由社会组织资助兴建一些旅游度假中心，对国民中低收入的家庭实行减免收费；另一类做法则是由有关的组织（如雇工和工会）以不同的安排方式为这类家庭的员工发放度假补贴。例如，在法国、比利时和澳大利亚等国家中，有些工会通过举办度假储金会的做法，让参加储金会的会员平时按规定定期存入一定的金额，等到度假时节到来时取出，同时给予适量的额外补贴。

社会旅游这一现象的出现，说明旅游活动作为现代社会生活的必要组成部分，其普及性开展已被提到社会发展的工作日程上来。

二、增长的持续性

第二次世界大战后，世界经济的发展经历了许多曲折过程，尤其是很多西方资本主义国家的经济都经历了多年经济危机的冲击，唯独旅游业一枝独秀，经久不衰。世界旅游业的发展仅就国际旅游人数及国际旅游外汇收入而言，表现出持续增长的发展势头。这可以从世界旅游组织的统计中得到有力的证明（见表 1-1）。

表 1-1　全球国际旅游接待人次和收入统计表①

年份	国际旅游人次/亿人次	国际旅游收入/亿美元
1950	0. 25	21. 0
1960	0. 6	68. 6
1970	1. 59	179. 0
1980	2. 84	1023. 5
1990	4. 58	2680. 0
1995	5. 68	4030. 0
2000	6. 97	4758. 0
2004	7. 6	6220. 0
2013	10. 8	11970
2014	11. 33	12450

据世界旅游组织长期预测报告《旅游走向 2030 年》预测，全球范围内国际游客到访量从 2010 年到 2030 年，将以年均 3. 3%的速度持续增长，到 2030 年将达到 18 亿人次。

①资料来源：根据世界旅游组织有关数据整理。

虽然整个世界旅游业的发展表现出持续增长的势头，但在这种总的上升趋势中，由于受社会其他有关因素的影响，具体到某一地区或国家的旅游发展情况来说，在某个时期出现衰退或波动的情况也是不可避免的。比如 2001 年“9·11”事件给美国的旅游业带来很大的冲击，2003 年的“非典”使中国的旅游业受到重创，2008 年四川汶川大地震给四川旅游业带来的致命打击。但只要不发生世界性的经济危机和战争，世界旅游业的发展将保持持续增长的态势。

三、地理集中性

现代旅游活动的开展在空间分布上的不均衡这一特点，被称为地理集中性。

从全世界国际旅游接待量的地区分布格局看，全球国际旅游者集中活动于欧洲、北美和亚太地区，其他地区所占的比重很小，并且这一分布格局在整个 20 世纪基本没有出现太大的变化。

就一个国家而言，旅游活动量在全国各地的分布格局往往也会呈现出相对集中的特点。以我国为例，无论是入境旅游者还是国内旅游者，都不会相对平均地分散在各个省市开展他们的旅游活动，而是沿着他们理想中的线路到他们向往的地区去旅游。

这种地区的不平衡，造成了我国旅游热点（地区）、旅游温点（地区）和旅游冷点（地区）的出现。大家都去的地方，旅游者人数较其他景区多的地区称为旅游热点。《2014 年中国旅游城市总收入排行榜》显示，北京以 2014 年度旅游总收入 4280.10 亿元高居榜首，紧随其后的九座城市为上海、广州、天津、重庆、武汉、杭州、苏州、成都和南京。以地区分布来看，共有 28 个省市区的 100 座城市上榜，其中浙江省有 11 个城市入选，山东省 10 个城市，江苏省 9 个城市。①

从来访旅游者在一个地区或一个城市中开展活动的地域分布情况看，同样也多是集中在某些区域甚至某些景点，而不是在各处平均分布。

【小贴士】

太空旅游

现代科技的发展和交通运输工具的进步，使得世界各地间的时间距离相对缩短，旅游活动的地域范围也因此而不断延伸，如今，南极地区早已有了旅游者的足迹，甚至在太空方面，太空旅游也开始出现。2001 年，世界上唯一一个提供太空轨道观光飞行的政府机构——俄罗斯联邦航天署将美国富商丹尼斯·蒂托送上太空，让后者成为人类首位太空游客。然而，蒂托为了这次太空飞行花费了 2000 万美元。美国《纽约时报》网站 2014 年 9 月 6 日报道，如果一切顺利，到 2016 年的时候，作为将首批乘坐商用航班脱离地球大气层的平民中的一员，41 岁的浙江茶叶商人盛天行将在地球上空 64 英里②的高度上遨游长达 6 分钟时间。因此有人将“旅游者的足迹无处不至”看作现代旅游活动的特点之一，然而能去南极这些地方的人毕竟只是旅游者中的极少数，而且从旅游业的角度考虑，组团去这些地方

---

①2014 年中国旅游城市总收入排行榜，旅游博览. http：//mt. sohu. com/20150521/n413487250. shtml. 2015-05-21.

②1 英里 = 1609. 344 米。

的旅行社其实寥寥无几，对旅游者足迹无处不至的强调不具有普遍的实际意义。

四、季节性

现代旅游活动的开展不仅在空间分布上具有地理集中性的特点，在时间分布上也往往呈现出不均衡的特点。这种在时间分布上的不均衡特点被称为旅游活动的季节性。

对于一个旅游目的地来说，旅游季节性的形成既有该地自身方面的原因，也有客源地方面的原因，概括起来有自然季节性因素、社会季节性因素及偶发性因素。

就旅游目的地自身方面的原因而言，该地的气候条件对来访旅游季节性的形成具有重大的影响。例如，主要依赖自然旅游资源吸引游客的国家和地区，旅游接待量的季节性波动比较大；主要依靠人文旅游资源吸引游客的国家和地区，旅游接待量的季节性波动就比较小。

客源地方面的原因主要有两个，一个因素是人们的出游目的，另一个因素则是人们带薪假期的放假时间。从总体上讲，以商务、探亲访友为目的的旅游外出中受季节性的影响不大。真正对当地出游季节性的形成以及对其季节性的程度具有重大影响的，是以消遣为目的的外出旅游。

五、旅游种类多样性、个性化

随着社会经济与高科技信息技术的发展，人们与外界的接触越来越多，从而使不同层次、不同类型的旅游者产生了各种各样的旅游需求。传统的商务旅游、宗教旅游、消遣旅游稳步发展，而消遣型的度假、休闲旅游和参与性旅游项目逐渐成为现代旅游活动的主体。另外，更多地适应旅游者个性、兴趣的旅游方式不断地丰富着旅游市场，如生态旅游、探险旅游、考察旅游、民俗旅游、美食旅游、购物旅游等。

第三节　旅游活动的性质

旅游活动究竟是一项什么性质的活动？不同领域的学者研究方向不一样，所持观点倾向也明显不同。现代旅游活动的开展涉及现代社会生活的众多层面，并在不同程度上对其有所反映或表现，从而使旅游活动成为多种现象的综合体现。因此，旅游可以说是社会经济和文化发展到一定阶段的产物。它具备经济活动和文化活动的特点，也必须综合反映社会环境中的多种现象。

一、旅游活动是多种现象的综合体现

（一）旅游是人类社会经济发展的产物

旅游是人类社会生产力发展到一定阶段产生的社会现象，也是社会经济和文化发展的产物，因此旅游的产生、发展与社会经济密不可分。原始社会，生产力极其低下，为了生存，人们被束缚在为谋求生活资料的生产劳动中，没有闲暇时间去游乐。尽管人们四处漂泊和迁徙，但这些都是为生活所迫，因此不能称为旅游。奴隶社会，生产工具更新，生产力进步，出现了阶级，有了贫富悬殊，有了剩余劳动资料，才有了少数贵族的旅行，他们或是经商，或是朝拜，或是游览，但是由于交通工具的落后，受社会条件和经济条件的制约，这种旅行

从人数到范围规模都很小。到了近代，受工业革命和科技进步的影响，生产力提高，社会财富急剧增长，人们的物质生活水平得到提高，城市化进程使人们的生活方式发生变化，19世纪的铁路革命、旅行社的诞生、旅游手册的出现、旅行支票的问世、旅游饭店的崛起、工作时间的缩短、闲暇时间的延长，使越来越多的平民加入旅游大军中，大众旅游的诞生丰富了今天的旅游市场，旅游逐步走向大众化。这些充分说明，人类旅游活动的产生、发展是社会经济发展的必然结果。

（二）旅游是一种社会文化现象

旅游在本质上是一种文化活动，它是一个人以获取新的感受和心理快感为宗旨的审美过程和自娱过程，是人类物质文化生活的一部分。中国有句古话“读万卷书，行万里路”，说明古人早就知晓旅游和文化的联系了。虽然在旅游活动中旅游者的旅游动机不一样，或观赏名胜古迹，或欣赏自然山水风光，或了解民俗民风和历史文化，或探亲访友、追怀古旧等，这一切都是为了追求一种不同于日常生活的新感受，扩大视野，提高文化素质和修养，培养高尚情操，体现出强烈的文化需求。

（三）旅游是精神层面的高层次消费活动

旅游是人们在满足了对基本生活必需品需求后产生的高层次、高档次的享受型消费活动。旅游者通过旅游活动，消除了紧张，使精神得到放松，进入了心旷神怡的意境。此外，人们通过旅游消费得到一种占有欲望的满足，但这不是平时的物质占有，而是一种精神文化占有欲的满足。人们通过旅游活动获得了人生乐趣，有利于精神的调剂和恢复，使身体、心智、精神得到良好和有益的锻炼。

二、旅游的基本属性

（一）休闲属性

旅游的休闲性主要是从时间角度和多功能娱乐方面来体现的。休闲是指人们在闲暇时间里所从事的各种自由活动，它是当今社会人们的一种重要的生活方式。旅游是发生在可自由支配时间之内的行为，虽然在这段时间里人们可以从事任何乐于从事的活动，但人们更多的是利用这段时间从事休闲活动。从某种意义上说，休闲是人们紧张工作后的一种精神补偿。

旅游是休闲的一种方式，其目的表现为通过各种娱乐和消遣性活动达到生理和心理的审美和愉悦体验。旅游往往与假期联系在一起，假期是休闲的最佳时期，也是休闲的象征。目前，我国全年有114天的假日，休闲度假成为人们重要的生活方式。

（二）消费属性

旅游，它不为社会也不为旅游者创造任何外在的可供消费的资料，相反，它耗费着旅游者的积蓄和他人的劳动成果，它是一种消费行为，并且这种消费，远远高于日常生活的消费水平。哪怕是一位平常生活俭朴的旅游者，一旦外出旅游，为了获得物质和精神上的享受，一般也会显得超乎寻常的大方。旅游者的消费不仅贯穿于旅游者的食、宿、行、娱、购的整个过程，同时还包含在娱乐、游览过程中所享受到的具有无形效用的精神价值之中。

（三）社交属性

在旅游活动中，不可避免地会促进不同地区人们之间的相互接触和了解，能增进各地人们之间的社会交往活动。通过交往拓展了解的途径，结交新友，增长见识，达到思想和感情上的交流。通过到异地旅游，人们不仅可以亲身了解其他地区的政治、经济、文化、历史、地理、社会面貌和风俗民情，而且在旅途中还可以接触当地不同性别、年龄和职业的居民，通过交往实现情感上的交流。这种接触和交往是自由自在的，既不受地域、种族和信仰的限制，又不存在固定的偏见，因而这种交往是自然的、大方的、纯真的，气氛也比较轻松、愉快，容易沟通彼此的思想感情，达到相互了解、增进友谊的目的。

（四）审美属性

审美活动是人类生活的基本内容，审美享受是人生中最有价值的财富。因此，人们之所以喜欢旅游，就是因为旅游能够满足人们对自然美、艺术美、生活美的欣赏和享受。老子在 2000 多年前就把“审美”“至乐”即一种超然至上的美感、快感归结为旅游的最高旨趣，可以说这是至今发现的关于旅游活动审美主题最早的命题。自然界中的名山大川、峻岭奇石、小桥流水、大漠孤烟、黄昏夕照、松柏竹梅……传统文化中的戏剧绘画、音乐舞蹈、园林建筑……乃至各种为适应旅游者求新、求奇、求险而出现的娱乐活动，无不处处洋溢着美、渗透着美，滋润着旅游者的心灵。

第四节　旅游活动的类型

随着大众化旅游时代的到来，世界各地参加旅游活动的人数越来越多，旅游活动的地域范围越来越大，旅游活动的类型也多种多样。因此，从旅游业的经营角度出发，需要对人们的旅游活动进行必要的类型划分，以便根据需要去分析和认识不同类型旅游活动的特点，指导旅游市场的开发。

一、按照地理范围划分标准

按旅游者到达目的地的地理范围划分，旅游活动可以分为国际旅游和国内旅游。

（一）国际旅游

国际旅游是指跨越国界的旅游活动，通常是指一个国家的居民跨越国界到另一个国家或几个国家的访问旅游活动。根据旅游者的流向，分为入境旅游和出境旅游。入境旅游是指他国公民到该国进行的旅游活动，出境旅游是指该国公民到他国的旅游活动。

按照在旅游目的国停留时间的长短，国际旅游活动又划分为过夜的国际旅游和不过夜的国际一日游。所谓国际一日游，通常是指来访旅游者不在旅游目的国停留过夜，而是当日离境的国际旅游活动。

根据国际旅游的范围大小，还可分为跨国旅游、洲际旅游和环球旅游三种形式。

跨国旅游：泛指离开居住国到另一个国家和多个国家进行的旅游活动。以不跨越洲界为界限，如亚洲本地区的旅游。

洲际旅游：指跨越洲际界限的旅游活动，如北美洲国家到欧洲国家的旅游。

环球旅游：指以世界各洲的主要国家（地区）的港口风景城市为游览对象的旅游活动。如英国的“伊丽莎白女王二世号”游船，属于环球旅游。

（二）国内旅游

国内旅游是指人们在其居住国境内开展的旅游活动，通常是指一个国家的居民离开自己的长住地，到本国境内其他地方去进行的旅游活动。需要注意的是，按照世界旅游组织（UNWTO）的解释，并不属于所在国居民的长驻外国人在所在国境内进行的旅游活动亦属国内旅游。这里所谓的长驻，是指该外国人在所在国的连续驻留时间已达一年或更久。例如，在桂林留学一年以上的外国留学生去我国其他省市进行的旅游活动，应该属于国内旅游。

同前述国际旅游活动的分类情况相类似，国内旅游活动也可根据旅游者是否在旅游目的地停留过夜，划分为过夜旅游和不过夜的一日游。

根据旅游活动范围大小，划分为地方性旅游、区域性旅游和全国性旅游三种形式。

地方性旅游：一般指当地居民在本区、本市、本县范围的旅游。这实际上是一种短时间、近距离的参观游览活动，多数与节假日的娱乐相结合，时间短、活动项目少，常是和亲朋好友或家庭、小集体自发组织的旅游方式。

区域性旅游：指离开居住地到邻近地区风景名胜点的旅游活动。例如，成都居民参加成都旅行社组织的九寨黄龙三日游。

全国性旅游：指跨多个省份的旅游活动，主要指到全国重点旅游城市和具有代表性的著名风景地的旅游活动。

二、按照旅行距离划分标准

按照旅行距离划分，旅游活动可以分为远程旅游和短程旅游。远程旅游的旅行路程比较遥远，所用时间较长，花费较大。短程旅游相对耗时较短，支出较少。

三、按照组织形式划分标准

按照组织形式划分，旅游活动可以分为团体旅游、散客旅游、组合旅游、自助旅游和互助旅游。

（一）团体旅游

团体旅游的主体一般是指由 10 人及 10 人以上的旅游者组成的旅游团。一般而言，团体旅游都选择包价形式的旅游产品，以团队的方式按照旅行社事先计划、组织和编排的项目进行旅游活动。

（二）散客旅游

散客是相对于团体而言的，主要是指 10 人以下的旅游者组成的旅游团，一般以个人、家庭或友人自行结伴。散客旅游通常根据个人的兴趣爱好选择旅游项目和路线，一般只委托旅行社购买单项旅游产品或旅游线路中的部分项目。但实际上，有些旅游散客也委托旅行社为其专门组织一套综合旅游产品，也采取包价的形式。

（三）组合旅游

组合旅游是介于团体旅游和散客旅游之间，是指旅游者分别从不同的地方来到旅游目的地，在旅游目的地组成旅游团，然后按当地旅行社事先的安排进行旅游活动的方式。

（四）自助旅游

自助旅游是人们不经过旅行社，完全由自己安排旅游行程，按个人意愿进行活动的旅游形式，如背包旅游。其特点是自由、灵活、丰俭由人。很多人认为自助旅游是一种省钱的旅游方式，旅游内容粗糙，可能会有很多危险，旅馆没有预定会有不安全的感觉，这是一种错误的认识。其实，如果深入了解自助旅游特性，会发现自助旅游是一种相当精致有特色的旅游形态。自助旅游使所有的花费都可依自己的喜好来支配，行程富有弹性，可调整，又可深入了解当地民情风俗。自助旅游绝非玩得多、花得少的旅游方式，而是一种在同一地方花上较多的时间深入了解该地的风俗民情、历史文化、自然风光、故事典故等的旅游方式。

（五）互助旅游

互助旅游是网络催生的一种旅游模式，以自主、平等、互助为指导思想的一种交友旅游活动，是一种经济旅行。通俗地说，互助游就是交朋友去旅游，使网络上的人脉关系走向现实世界，强调旅行不该只是“我路过”，而应该是“我体验”。互助旅游将成为当今人们主选的旅游模式之一，也是科技时代带给人们的现代社交观念与快乐生活的方式。

四、按照旅游目的划分标准

按人们出游的目的划分，旅游活动可分为以下几大类：

（一）休闲和度假类旅游

属于这一类旅游活动的有观光旅游、度假旅游等。

观光旅游：以游览观光为目的，就是传统的“游山玩水”，是自古以来国内外最常见、最普遍的一种旅游形式，通常以到异国他乡游览自然风光、观赏名胜古迹、领略民俗风情为目的。

度假旅游：以度假和休闲为主要目的和内容的一种旅游消费活动，越来越受到旅游者的青睐。近年来，随着人们生活水平的提高，可支配收入的增加和带薪假期的延长，人们想从紧张的工作节奏中脱离出来，逐渐由过去的观光旅游转向休闲的度假旅游。有的为疗养，有的为避暑，有的为避寒，有的为消遣。利用较长的假期到风景优美地，或森林，或海滩，或温泉，或山庄，以追求闲情逸致，消除疲劳，得到放松，增进身心健康。

（二）个人和家庭事务类旅游

这是一种以探亲、访友、修学为主要目的的旅游活动。

探亲访友旅游：探亲访友已成为一项比较普遍的旅游活动。改革开放以来，港澳台同胞及早年漂泊在外的华侨及子女，以及过去曾在中国生活、工作过的外国朋友，每年都有不少以探亲访友的形式来中国旅游，他们以寻根问祖、参加聚会或节庆活动等事务为目的。这类旅游在国外也很普遍，如美国黑人赴非洲的寻根探亲，一些白人到欧洲故国的寻梦求根活动等。

修学旅游：在中国古代，无论是文化教育还是社会教育都非常重视游历，学子们在学习过程中不断探访各地风景名胜、文化古迹、风俗民情，以陶冶情操、增长见识、锻炼才干。中国古代文化名人都有游学的经历，像孔子、荀子、司马迁等都是典型代表。修学旅游在古代由于人数多、范围广、消费量大，影响颇为深远。在现代，改革开放后，我国与世界各国的文化交往日益增加，作为一项有特色和有意义的专项旅游项目，修学旅游呈现出进出两旺的势头，入境、出境和国内修学旅游成为发展较好的旅游产品。比如美国游学夏令营、意大利夏令营等。

（三）商务和专业访问类旅游

属于这一类的旅游活动有商务旅游、公务旅游、会议旅游等。

商务旅游：指以商务为主要目的，离开自己的常住地到外地或外国所进行的商务活动及其他活动。通常包括谈判、会议、展览、科技文化交流活动以及随之带来的住宿、餐饮、交通、游览、休闲、通信等活动。总之，几乎与商务旅游者发生的所有活动相关的活动都可称为商务旅游活动。

商务旅游作为旅游业的一个重要的组成部分，自20世纪80年代以来，保持了比整个旅游业更高的速度快速发展。越来越成为全球旅游业发展的新趋势。商务旅游与普通的观光、休闲度假等旅游方式相比，具有消费水平较高、受旅游淡季与气候影响较小、活动地点较固定、活动方式重复等许多特点，发展商务旅游已经成为一个城市经济增长的重要支撑点。

公务旅游：指以某种公务为主要目的的旅游，它是旅行过程中产生的旅游行为，这种以某些功利性目的和旅游相结合的旅游形式是旅游内涵的一种延伸。这种旅游层次高，消费多，出行频繁，无季节性，可为旅游地带来高经济效益。

会议旅游：指通过接待大型国际性会议来发展旅游业，由跨国界或跨地域的人员参加的，以组织、参加会议为主要目的，并提供参观游览服务的一种旅游活动。由于会议出席人数多、规格高，大都需要提前进行筹备，因而具有时间长、消费大、计划性强等特点，比一般的旅游接待更能获得较高的经济效益，故成为世界各国，尤其是西方国家竞相发展的旅游项目。随着各国旅游业的普遍发展，国内会议旅游也成为国内旅游的一种重要形式，并成为各省、市，尤其是风景旅游城市旅游业重点开发的旅游项目之一。

（四）专项旅游

专项旅游是指人们以某项主题或专题作为自己的核心旅游活动的旅游形式。在专项型旅游活动过程中，人们对于旅游行为具有明显的指向性，是为了满足自身某一特殊需要的旅游。主要形式有购物旅游、探险旅游、乡村旅游、工业旅游、文化旅游、艺术旅游、民俗旅游、生态旅游、红色旅游、农业旅游、自驾车旅游、社会旅游等。

（五）健康医疗类

此类旅游主要是指体育旅游、保健旅游等以满足生理健康需要为主要目的的旅游形式。

体育旅游：在国内是一项新的旅游产品，是以体育资源为基础，吸引人们参加与感受体育活动和大自然情趣的一种新的旅游形式，是体育与旅游相结合的一种特殊的休闲生活方式，也是体育产业的一个重要组成部分。

保健旅游：一种既达到旅游目的，又达到健身目的的特殊旅游项目。旅游者在旅游过程中可一边旅游一边学习武术、学习气功，进行医学学术交流和求医治疗等，可使旅游者在旅游过程中，既了解中国的传统文化，又学到一些健身养生的方法。保健旅游还派生出了气功旅游、康复旅游、武术旅游、健身旅游等多种分支项目。

（六）宗教朝圣类旅游

宗教朝圣类旅游是一种以宗教朝觐为主要动机的旅游活动，这也是世界上最古老的旅游形式之一。自古以来，世界上三大宗教（佛教、基督教和伊斯兰教）的信徒都有朝圣的历史传统。凡宗教创始者的诞生地、墓葬地及其遗迹遗物甚至传说“显圣”地以及各教派的中心，都可成为教徒们的朝拜圣地。

五、其他划分标准

（一）按旅游者年龄特征划分

按照旅游者的年龄特征划分，可分为儿童旅游、青年旅游、中年旅游和老年旅游。据世界旅游组织的专家分析，目前两个年龄段的人旅游动向值得重视：一是老年旅游市场，截至2014年年底，中国60岁以上的老人占到总人口的15.5%，达到了2.12亿。老年游客已成为国内游客的重要组成部分之一，但受价值观和生活理念等客观因素的影响，老年游客拥有与“80后”“90后”完全不同的旅游方式、想法和习惯，可以概括为七个字——有闲、有钱、有情调。另一个是青年旅游市场，包括大学生在内的青年群体旅游市场正逐渐成为旅游消费的主力。

（二）按旅游形式划分

按照旅游形式的不同，可以分为汽车旅游、游船旅游、自行车旅游、热气球旅游、骑马旅游、徒步旅游等。

（三）按计价方式划分

按照计价方式可以划分为包价旅游和非包价旅游。包价旅游是指旅游者在旅游活动开始前将全部或部分旅游费用预付给旅行社，由旅行社根据同旅游者签订的旅游合同相应地为旅游者安排旅游途中的食、住、行、游、购、娱等活动。根据包价内容不同，还可细分为全包价旅游、半包价旅游、小包价旅游和零包价旅游。非包价旅游是旅行社根据旅游者的具体要求而提供的按单项计价的各种有偿服务，也就是指单项服务旅游产品，也称委托代办业务，如代办交通票据、旅游证件、旅游保险、代订酒店客房、景点门票、交通集散地接送服务等。

【知识归纳】

对于什么是旅游，长期以来，不同的学者基于不同的角度，对旅游的定义进行了多方面的界定。这些定义基本上可以划分为两类：一类是从理论抽象出发，自上而下的概念性定义或理论性定义；另外一类是人们出于某些工作，如统计工作的需要，而对旅游做出的具体的技术性定义或实践性定义。在分析几种代表性的定义基础上，本书认为旅游是人们出于主观审美、娱乐和对社会文化、生活和历史的体验等目的，暂时离开自己的常住地到目的地做短暂停留所引起的一切现象和关系的总和，并对旅行、观光与旅游等相关概念进行了辨析。

旅游活动是一种内容丰富、类型多样、涉及面极广的社会经济活动。就旅游活动本身而言，其有着普及性或大众性、增长的持续性、地理集中性、季节性、旅游种类多样性及个性化等基本特征。

现代旅游活动的开展涉及现代社会生活的诸多层面，并在不同程度上对其有所反映或表现，从而使旅游活动成为多种现象的综合体现。因此，旅游可以说是社会经济和文化发展到一定阶段的产物。它具备经济活动和文化活动的特点，也必须综合反映社会环境中的多种现象。同时，它还具备休闲属性、消费属性、社交属性及审美属性。

随着大众化旅游时代的到来，世界各地参加旅游活动的人数越来越多，旅游活动的地域范围越来越大，旅游活动的类型也多种多样。本文从地理范围、旅行距离、组织形式、旅游目的、旅游者年龄特征、旅行形式、计价方式等方面的不同对旅游活动类型进行了划分，并简单分析了不同类型旅游活动的特点，以指导旅游市场的开发。

【案例解析】

春暖花开，乡村游渐热。但是，并不是所有的乡村都能够在“城镇化”与“保持乡村特色”中找到均衡点。一些乡村游畸形发展，让游客屡屡失望：乡村游看不到田园风光，而宾馆、饭店等都市化的建筑群越来越多；土蛋、土鸡、土菜难觅，一些农家乐干脆从城镇菜市场直接购买；产品单一、形式单调、文化含量不足等弊端已经严重影响乡村游的质量与发展……随着乡村旅游规划不断走向成熟的同时，也有一些乡村规划呈畸形发展，存在下列一些问题：

1. 千村一面，没有特色

乡村游，游的就是一种乡土文化，享受的是一种乡土乐趣。可如今，“土”的东西越来越少了，乡村游名义上是游乡村，实质上却在自觉不自觉地“游城市”。

2. 贪大求洋，竭泽而渔

先说“贪大”。很多乡村游从一开始就是以挣钱为目的，因此，本来比较适合小型化发展的乡村游，也急功近利地采取大规模经营。本来乡村的资源是有限的，比如说人们津津乐道的土鸡、土蛋，因为乡村游的规模变“大”了，这些带着“土”字的东西就相对变少了，一些不法经营者便以假充真，有时候干脆从大商场里买东西供给游客。

再说“求洋”。一些乡村游的经营者，为了挣钱，对游客百般迎合，甚至大拆大建，令乡村越来越城镇化。

3. 原汁原味不可复制

乡村游要在挖掘乡村的特色上下功夫，真正让乡村游保持原汁原味。

思 考

1. 在乡村旅游规划过程中，如何解决这些问题？
2. 如何在乡村城镇化过程中保持乡土特色？

【案例评述】

乡村旅游规划一是要科学规划、合理引导，坚持宜发展就发展的原则，不要盲目发展和恶性竞争。要在创新上下功夫，坚持以特取胜，提升乡村游的文化品位。绝不能千村一面。而乡村千篇一律，到处都是一样的商业化、城市化氛围和人造景观，就会既失去了个性，又失去了乡村的魅力。

乡村旅游属于一种服务业，要在保持乡村独有田园风光和农家文化的基础上去引导需求。现在不少地方，在发展乡村旅游中大拆大建，以为这就是新农村之“新”，于是不仅重蹈许多城市建设中“只开发，不保护”的覆辙，而且随着新楼一片片崛起，承载历史的记忆也同时被抹去，使乡村传统文化的根脉面临从此全部切断的危险。为了避免这种灾难性局面的发生，我们要坚持可持续发展的道路。

乡村旅游是一种新型旅游业，讲究创新，这就要求不能够完全保持“乡土特色”。如果要完全保持乡土特色的话，就是顺其自然发展了，就不必有乡村旅游规划的诞生了。由此可见，发展乡村游若不在规模和层次上有所讲究的话，想长时间兴盛几乎是不可能的事，只有在充分开发本地特色的基础上做到“土洋结合”，才能吸引更多游客。当然，这并不是否认要保持乡土特色，因为乡村旅游本身就有别于其他旅游，首先要突出“乡村”特色。这就叫作“取乡村旅游之精髓，而去其糟粕”。只有通过这种方式，乡村旅游才能获得存在的土壤和发展的空间。

总之，开展乡村游既不能为满足少数客户需求而使之“城市化”，也并非越“土”越好，而要花大力气，逐步把现代化的服务和设施与农村古朴民居、民风、民俗紧密结合起来，让乡村城镇化和保持乡村特色找到一个可以持续发展的平衡点。

【复习思考】

1. 谈谈你对旅游概念的理解。
2. 旅游活动的特点有哪些？
3. 旅游活动的基本属性有哪些？
4. 简述旅游活动的几种主要分类方法。

第二章

旅游的产生和发展

【学习目标】

1. 了解人类旅游产生与发展的基本过程。
2. 熟悉托马斯·库克对旅游业的贡献。
3. 掌握第二次世界大战后现代旅游业迅速发展的基本状况及其原因。
4. 熟悉中国古代旅游的主要形式。
5. 掌握产业革命对近代旅游的影响。
6. 了解新中国旅游的发展。

第一节　旅游的产生

对于旅游具体起源时间，目前还没有确切的定论，但有一点是可以肯定的，即旅游不是随着人类的产生而产生的，而是人类社会经济发展到一定程度的产物。一般认为是在人类社会跨入文明阶段之后才产生的。

一、原始社会的迁徙和旅行

（一）原始社会的迁徙活动

迁徙行为，是人们出于谋生的目的，因为自然或人为原因的威胁而被迫离开定居地，在新的定居点定居下来，不再回到原来的定居点的行为。原始社会早期，生产力落后，人类的生产生活主要是在其常驻地的范围内活动，整个部落或部族的迁移，主要是受到了自然灾害或战争杀戮等因素的影响，多属不得已而为之，都是出于生存的需要。例如，非洲原始人类向亚洲、欧洲的迁徙；亚洲东北部的因纽特人、印第安人通过北令海峡向美洲大陆迁移，成为那里的原始居民。

这一时期人类客观上既无旅行的物质基础，主观上也无外出旅行的愿望。人类迁移活动的被迫性和求生性都说明他们的行为不属于现今意义上的旅行和旅游。

（二）人类旅行的产生

旅行，是人们出于迁徙以外的任何目的，可以是经商、学习，也可以是旅游，是离开自己的常住地到异地做短暂停留并按原计划返回的行为。

旅行作为一种经济活动产生于原始社会末期，它是伴随商业活动的兴起而产生的。在早期人类历史上，有三次社会大分工。第一次是畜牧业与农业的分离，第二次是手工业从农业、畜牧业中分离出来，第三次是原始社会末期和奴隶社会早期，商业从农业、畜牧业和手工业中分离出来。三次社会大分工使人类从流动性生活走向定居化，同时物质资料生产方式的改进，促使社会生产力水平的提高和剩余劳动产品的增多，于是产生了手工业，随着社会分工越来越细，承担不同分工的人们出于生活和生存的需要而必须交换他们的劳动产品，互通有无，因而，人们进行生产的目的已不是单纯的消费，而更多是进行交换，劳动剩余物的增多则加速了私有制的形成。

人类最初的外出旅行实际上并非消闲和度假活动，而是一种经济活动。商人们为了获取更大的利润，促使其到处奔走，扩大交易距离，旅行活动由此而开始。例如，历史上遗留下来的诸多著名的古老旅行线路，有“丝绸之路”“香料之路”等。

二、奴隶社会旅游的萌芽

人类的旅游行为虽然孕育于人类的迁徙和旅行行为中，但迁徙和旅行都不是人类纯粹意义上的旅游行为，旅游是人们处于闲暇状态中在异地进行的游览观赏行为，主要目的是满足精神文化的需求。

古代旅游的产生应以阶级的出现为标志。人们外出旅行是为了生存和商务交换，但这并不意味着没有以消遣为目的的外出旅行活动。在奴隶社会中，生产力的发展所带来的劳动剩余物全部被奴隶主占有，造成社会财富向少数奴隶主的集中，多余的劳动剩余物可以供奴隶主及其家庭成员外出巡视和游历时挥霍，他们具有了享乐的最初动机与条件。这就表现为奴隶主阶级的享乐旅行。在古代，这种享乐旅行有的自开始就具有非功利性享乐活动的自觉目的，而更多的则是在经商旅行过程中，留出一段时间所进行的游览观光活动。它标志着旅游的诞生，意味着旅游和旅行的分离。《易经》上有“观国之光”一语，这就是后来“观光”一词的由来，并成为旅游的代名词。

第二节　西方旅游业的产生和发展

一、古代西方的旅游活动

旅行和旅游首先是在世界最早进入文明时代的中国、古埃及、古巴比伦、古印度和古希腊、古罗马发展起来的。古代奴隶制经济、政治和文化的发展，为古代旅行和旅游奠定了基础，并在古希腊、古罗马时代达到了全盛时期。同时种类也呈现多样化，包括朝觐旅行、宗教旅行、保健疗养温泉旅行、修学求学旅行等。

（一）公元前的旅游活动

古代埃及的宗教旅行很发达，每年都要举行几次宗教节日集会活动，其中规模最大的是隆重的“巴布提斯市的阿尔铁米司祭”，前往参加盛会的男男女女，乘着大型游艇，妇女打着手板，男子吹着笛子，还有些人唱歌和拍手，途经临河镇、市，都要靠岸表演，到达巴布提斯市时，供上丰盛的祭品。

公元前4000年，苏美尔人发明了货币，其贸易发展标志着旅行时代的开始。苏美尔人是世界上第一个运用金钱进行商业交易的民族，他们使用钱或通过物物交换来支付交通和住宿费用。因此，人们普遍认为，他们就是旅游业的奠基者。

公元前3000年，被称为“海上民族”的腓尼基，很早就有发达的商业和手工业，造船业也高居榜首，这为商业旅行提供了条件，因此，腓尼基最早出现了商业旅行。

波斯帝国也是较早兴起商务旅行的国家，在公元前6世纪中叶，波斯帝国兴建了两条“御道”，第一条东起帝国首都苏萨，穿越美索不达米亚中心地区和小亚细亚，直抵爱琴海的以弗所，全长约2400公里①。另一条起自巴比伦城，横贯伊朗高原，直达巴克特利亚（大夏）和印度边境，这条路成为以后“丝绸之路”西端的基础。这两条道路的修建，为商业旅行的兴起和发展，起到了巨大的推动作用。

公元前3世纪，希腊旅游者开始外出旅行，前往药神所居住的胜地访问。公元前5世纪，宗教旅行鼎盛的时期是在古希腊时代，古希腊的提洛岛、特尔斐和奥林匹斯山是当时世界著名的宗教圣地。在建有宙斯神庙的奥林匹亚，奥林匹亚节是最负盛名的盛典，宙斯神大祭之日，前来参加者不绝于道。节庆期间，举行赛马、赛车、赛跑、角斗等体育活动，这种活动一直延续至今，发展成了现代的奥林匹克运动会。当时的奥林匹亚庆典，纯属一种宗教活动，但它却促进了周围剧院的建立和宗教旅行的发展。导游手册在公元前4世纪已经问世，其中介绍了雅典、特尔斐、斯巴达等地点，从这一时期开始，广告也以标牌的形式出现了，沿着标牌所引的方向，参观者可以找到路边的旅店。

（二）古罗马帝国时期的旅游活动

古罗马帝国（公元前30—前476年）的旅游活动最具有代表性。在其强盛时期，它的疆域广大，道路网络系统完善，以罗马为中心，修建了很多的公路网，它们分别由当地部门管理，并由军队保护，在公路边出现了专门的住宿设施，如驿站。罗马帝国的钱币为各国所接受，拉丁语成为当时的通用语言，这些有利条件促使罗马人做远途旅行。由于这些空间移动的基本条件越来越完备，在一部分特权阶层中开始了以寻求乐趣为目的的闲暇性旅行，旅行超越了商务、宗教信仰，出现了疗养、观览庙宇、欣赏建筑、游览古迹等各种各样目的的旅行。比如罗马人可以到西西里、希腊、罗得岛、特洛伊和埃及旅行。罗马人还推出了他们的导游手册，用不同的符号来表明各个客栈的等级。为适应旅行的发展，古罗马在去那不勒斯的沿途还建起了豪华别致的别墅，供旅游者享用。罗马帝国后期，基督教取得合法地位，从公元3世纪起还可以前往圣地旅行，朝拜圣地的宗教旅行随之兴起。

（三）阿拉伯帝国时期的旅游活动

公元七八世纪，地跨亚非欧的阿拉伯帝国，处于发展的顶峰时期。辽阔的地域、特殊的

---

①1公里=1千米。

地理位置以及宗教原因，促进了其旅行活动的发展。当时伊斯兰教已取得合法地位，并规定了朝觐制度，伊斯兰教规定每位信徒要到麦加、麦地那或耶路撒冷朝觐，所以在驿道上宗教朝圣的旅客，络绎不绝。

阿拉伯帝国以巴格达为中心，广修驿道，密置驿站，交通运输空前发展，驿道四通八达，驿站备有马、骡和骆驼。使每一个有能力的穆斯林者平生都做一次长途旅行。朝觐期间，各地的旅行团云集麦加，参加朝拜典礼，也云游于此做生意或献艺。驿站局还编写了许多旅行指南，对穆斯林、旅客、商贾有很大的用处。

阿拉伯帝国时期，开始出现以求知求学为主的旅行。穆罕默德曾教导穆斯林们“学问虽远在中国，亦当求之”。阿拉伯人是寻求知识而爱好旅行的突出代表。例如，阿拉伯的旅行家和历史学家马苏第，曾游历埃及、巴勒斯坦、印度等地。他在其遗著《黄金草原》中，多处提到中国，推崇中国人的手工技巧，认为中国人是世界上最聪明的人，特别长于塑像及其他技艺。

（四）中世纪黑暗时期的旅游活动

公元476年西罗马帝国灭亡后，欧洲经过一段时间的混战和动荡，逐渐进入封建社会。中世纪的欧洲，是欧洲历史上最黑暗的时代，旅行活动处于低潮。政治上，民族纷争，国家林立，大小领主拥有对自己土地上的绝对管理权，相互间攻伐不断，始终没有安宁的环境。在经济上，封建庄园自给自足，社会缺少需求。思想文化方面，罗马教会用宗教神学控制人们思想。

11世纪起的十字军东征，促成欧洲基督徒从事非军事行为的旅行商业或朝圣。到了13、14世纪，西欧社会经济才逐渐进入一个快速发展时期，外交、贸易旅行发展起来，中世纪的城市开始复兴，中产阶级迅速成长。旅行活动才开始复苏和发展。主要特点是温泉旅行的热潮和以教育、社会考察为目的的旅行活动的发展。马可·波罗就是其中典型的代表。1275年，马可·波罗随父亲和叔叔经两河流域，越伊朗高原和帕米尔来到东方，至上都，得到元世祖忽必烈信任，在元17年间，忽必烈曾安排他到中国各地和一些邻近国家进行游览和访问。1292年离开中国，从海路经苏门答腊、印度等地，于1295年回到威尼斯。3年后，在战争中被俘。马可·波罗口述游历的见闻，这就是著名的《马可·波罗游记》。此书对研究中世纪时期的中西交通及中意友好关系史等方面，具有重要的历史价值，而且对新航线的开辟和航海事业的发展有很大的影响。

（五）资本主义扩张时期的旅游活动

15世纪中叶，地中海贸易受阻，西方封建主对财富的追求，另寻出路，促进了远航探险热潮，终于促成16世纪的地理大发现。《马可·波罗游记》盛赞东方的富庶，驱使欧洲的商人、航海家、封建主从事海洋远航。例如当时著名航海家哥伦布，屡向葡萄牙国王建议向西环海航行以探索通往印度和中国的海上航线，未被采纳。后来他移居西班牙，1492年奉西班牙统治者之命，携带致中国皇帝的国书，横渡大西洋，到达巴哈马群岛和古巴、海地等地。在此后的三次航行中，又到达了中、美大陆沿岸地带，发现了新大陆，开辟了由欧洲到美洲的新航线。1498年又有葡萄牙人瓦斯科·达·伽马发现了绕过非洲南端的好望角通往印度的新航线。1519—1522年麦哲伦绕地球一周，证明了地圆说，对科学的发展及人们对宇宙的观念都具有重大意义。这一时期的航海旅行，兼有探险、考察旅行的性质。

（六）文艺复兴时期的旅游活动

从17世纪初开始，大旅游成为文艺复兴运动所预示的追求自由、渴望知识这一潮流的直接产物。在伊丽莎白的统治下，想在宫廷中谋求一职的年轻人都受到鼓励，纷纷到欧洲大陆旅行以完成学业。西方从17世纪初开始，上流社会的人认为完成绅士教育的人，“大旅游”是其必走的一步。1670年，“大旅游”一词已经得到使用，参与这种活动的人要在一位导师的陪同下，花3年或3年多的时间，遍游欧洲各大文化中心。旅游日程是：首先在法国长时间逗留，主要是巴黎，然后再在意大利待上一年，参观热那亚、米兰、佛罗伦萨、罗马和威尼斯，最后经德国和低地国家（荷兰、卢森堡和比利时三国），取道瑞士返回。

18世纪中叶，世界上第一次出现了真正自觉的、有特定目的的自然观光旅游。当时正值资本主义初期，资产阶级提出了个性解放的口号，以冲破中世纪宗教对人性的束缚。在资产阶级浪漫主义代表人物卢梭、歌德、海涅等的影响下，掀起了“回归大自然”的热潮。一些大文豪、画家、音乐家酷爱大自然，用文学作品、画卷和音乐鼓励人们到大自然中去，为自己的创作寻觅源泉，英国人就首先游览了阿尔卑斯山的自然风光。这种酷爱自然、崇尚自然、回归自然的浪漫主义时代精神，成为后来旅游业大发展的思想基础。18世纪中叶，还出现了科学考察旅行和带有掠夺性的探险旅行。英国为掠夺殖民地，组织了多次探险旅行队，其中包括自然科学工作者，从事航海路线、动物、植物和地质的研究。例如以库克船长为首的探险队，曾于1768—1771年、1772—1775年、1776—1779年进行了3次环球航行。达尔文在航行过程中，通过对各地的实地考察，找到了物种起源的科学解释，创立了伟大的进化论学说。这一时期具有科学意义的旅行，对人类的进步起到了重要的影响。

二、近代西方旅游的兴起

（一）产业革命对近代旅游的影响

18世纪中后期，欧洲率先开始了产业革命。产业革命是指资本主义机器大工业代替工厂手工业的过程，是资本主义政治经济发展的必然产物。它首先发生在18世纪60年代的英国，并于19世纪30年代在英国基本完成。之后很快向欧洲大陆和北美传播，一直持续到19世纪上半叶，各资本主义国家相继完成产业革命。产业革命以发明和使用机器为主要特征，它既是生产技术的巨大革命，也是生产关系的深刻变革，产业革命在生产领域和社会关系上引起了根本性变化，促进了生产力的迅速发展，提高了生产社会化程度，使资本主义制度建立在机器大工业的物质技术基础上，并最终战胜封建制度而居于统治地位。产业革命给人类社会带来了一系列的变化，对旅游的发展也有重大的影响和促进，为旅游业的诞生准备了条件。

1. 产业革命加速了城市化的进程，从而使很多人的工作和生活地点发生了变化，即从乡村转移到了工业城市

人口的高度集中带来拥挤、嘈杂、紧张、空气污染、心理紧张。这一变化最终会导致人们需要适时舒解紧张的城市社会所带来的身心压力，人们需要适时逃避城市生活的紧张节奏和拥挤嘈杂的环境压力，产生了回归自然的追求。因而这种工作和生活地点的变化对产业革

命后的旅游发展是一种新的刺激因素，社会的重心和中心转向城市。大量的事实证明，城市居民外出旅游的数量和出游率大大高于乡村居民，时至今日依然如此。

2. 产业革命改变了人们的工作性质

随着很多人工作和生活地点的变化，产业革命改变了人们的工作性质。随着大量人口进入城市，原来的忙闲有致的多样性农业劳动被枯燥、重复的单一性大机器工业劳动取代。促使很多人强烈要求假日，以便能从中获得喘息和调整的机会，成为人们追求休闲、轻松的动因。这一变化成为促使人们产生旅游动机的重要原因。

3. 产业革命也带来了阶级关系的新变化

在产业革命之前，往往只有封建贵族和大土地所有者拥有财力和时间参与非经济目的的消遣旅游活动。产业革命的发生却造就了新的阶级关系——资产阶级和工人阶级。这两大阶级都有可能加入旅游的行列当中来，因为资产阶级有一定的财力和时间，而且越来越多的财富流向了资产阶级。工人阶级的不懈斗争，使得资本家在增加工人工资以及给予工人休假机会等方面做出让步，提高他们的工资以及给予他们带薪假期。这就使得在经济上有条件外出旅游消遣的人数有了明显的增加。旅游休闲不再是王公贵族的专利，这就大大增加了旅游休闲消费的总量。

4. 科学技术的进步，改善了交通条件

产业革命使科学技术进步，特别是蒸汽技术在交通中的应用，使近代旅游业迅速发展起来。1769 年詹姆斯·瓦特改良蒸汽机之后，这一技术很快就被应用于制造新的交通运输工具，轮船和火车因此而出现。1814 年，史蒂芬孙研制了一台蒸汽机车，能以每小时 6 公里多的速度牵引 8 辆装有 30 吨煤的货车。1825 年 9 月，享有“铁路之父”之称的乔治·史蒂文森在英国建造的斯托克顿至达林顿的铁路正式投入运营，开创了陆路现代化运输繁荣新纪元，并不断向更远的地区延伸。此后，各地的铁路建设开始迅速发展。1835 年，英国铁路总长仅为 471 英里，1845 年发展为 3277 英里，1855 年增至 13411 英里，1865 年则发展到 21382 英里，30 年中增长了大约 44 倍。首例定期客运班次的出现始于 1830 年英国利物浦至曼彻斯特的线路上，但实际上也并非是专门的旅客列车，而是客货混合列车。此后，各铁路公司相继开办客运业务。到 1875 年，全英铁路运输业的年旅客周转量已超过 6 亿人次。1807 年罗伯特·高尔顿造出一艘长 45 米的蒸汽机船，用一台英国的博尔顿—瓦特发动机驱动两舷直径 4.5 米的明轮，由纽约溯哈得逊河，抵奥尔巴尼。240 千米航程历时 32 小时，而帆船需 4 昼夜。这艘船经加固加宽后，就是著名的“克莱蒙号”，是第一艘正式使用的蒸汽机船，又称汽船。它速度快，载量大，缩短旅游时间，降低旅行费用，直接推动了旅游活动的发展。

产业革命之前，欧洲人外出旅行时可供使用的最先进的交通运输工具莫过于公共马车。实际上，公共马车运输的速度和费用都制约着其使用范围的扩大，工业时代的到来使人们逐渐抛弃这一陈旧的旅行方式，越来越多的人开始乘轮船或是乘火车外出旅行和旅游，特别是选择乘坐火车外出旅行和旅游。

新兴的铁路旅行具有的主要优点：

1）费用低廉，同时人们不必再缴纳路税。这就使得更多的人有能力支付旅行费用，扩大了外出旅行和旅游的人数。

2）速度较快，旅行速度的提高缩短了旅途所需要的时间，从而为人们抽出短时间外出某地提供了可能。

3）交通工具的运载能力提高，这在技术上使得大规模外出旅游活动成为可能。

4）外出范围扩大，运营地域和运营网络的扩大，加之火车运行速度的因素，使人们外出旅行半径得以扩大。

（二）托马斯·库克的活动与旅游业的诞生

产业革命带来了社会经济的繁荣和交通运输手段的进步，使普通大众有了外出旅游的条件。但是当时绝大多数人，包括新兴的资产阶级在内，此前都没有外出旅游的传统和经验。他们对异国他乡的情况以及对必要的旅行知识都不大了解，语言以及其他方面的旅行障碍也是人们计划外出旅游时所担心的问题。因此，虽然社会经济和交通条件等方面的有利变化使得希望或有可能外出旅游的人数有了很大的增加，但是其中相当多数的人由于上述情况的制约，实际上未能加入旅游者的行列。这一情况说明，人们需要社会上有人或机构在这方面为他们提供帮助。特别应该指出的是，社会经济发展到当时的程度，这种需要已不再是为数很少的个别人的需要，而是已经发展成为一种具有社会性的需要。时代催生着一种新的行业的诞生，大众对观光旅游的强大需求需要一种专门的中介行业在其需求与供给之间实现顺利的对接。这时，近代旅游业之父——英国人托马斯·库克应运而生。他敏锐地观察到大众旅游的兴起和需要，决意成立一种新的业务组织去适应和满足这种社会需要，从而开创了旅游业经营的先河。

托马斯·库克生于 1808 年，英国人，是一个偶然的机会使他开始旅游业的生涯。他年幼时，曾给一花园管理员当助手，并从他那里学到许多人情世故。该管理员嗜酒如命，终于因一次饮酒过量而猝死。此后，他又跟姑父学木工，姑父也是暴饮之徒，因酒精中毒而死亡。这两件事使库克对饮酒十分痛恶。

1841 年在基督教的宣传和组织下，要召开一次禁酒大会，库克对此事十分积极，并进行了细心的组织工作。为了给禁酒大会的乘客打折优惠，1841 年 7 月 5 日他包租一列火车，组织并运送 570 名游客从莱斯特前往洛赫伯勒参加禁酒大会，往返全程 24 英里。这次活动的组织被当时的人们称为“伟大的创举”。托马斯·库克不仅发起、筹备和组织了这次旅游，而且自始至终随团陪同和照顾，这也为托马斯·库克旅行社的建立奠定了基础和提供了经验。人们普遍看重托马斯·库克组织的这次活动，并认为其标志着近代旅游业的开端。这次活动的成功，使很多嗜酒者戒了酒，走上了新的生活，也使得库克名声远扬，社会上对团体旅行感兴趣的人，都要求库克为他们提供条件和服务，这就使库克开始酝酿新的旅游发展的计划。之后，库克组建了一个旅游服务处，为旅客安排交通工具和筹划旅游活动项目，使他成了短途旅游的组织者和经营者。

从严格意义上说，托马斯·库克组织的不是世界上第一次团体火车旅游，这是因为：一是活动的根本目的是参加禁酒大会，不是单纯的消遣旅游；二是托马斯·库克组织这次活动也不是出于商业目的（只售出 1 先令的来回车票）。但这次团体旅游活动具有以下与众不同的特点：

1）这次活动具有广泛的公众性。参加者来自各行各业，甚至包括很多家庭妇女和儿童。

2）托马斯·库克本人不仅发起、筹备、组织这一活动，而且自始至终随团陪同照顾。这一点可以说是旅行社全程陪同的最早体现。

3）这次活动参加者的规模之大，不仅在当时是空前的，而且此后也不多见。

4）这次活动为以后托马斯·库克旅行社的正式创立打下了基础并提供了经验。

1845 年托马斯·库克旅行社（即通济隆旅行社）在莱斯特正式诞生，开始商业性旅游业务。同年 8 月托马斯·库克出于商业性目的组织了一次真正意义上的团体消遣旅游，成功地组织了 350 名游客赴苏格兰旅游，这次活动从莱斯特出发经过若干地区停留和访问，最后到达利物浦，整个过程历时 1 周。这次活动从考察线路、组织产品、宣传组团直到配有陪同和导游都体现了当今旅行社的基本业务，所以说这次活动开创了旅行社基本业务的基本模式。因此，它的意义是 1841 年第一次组织团体火车旅游活动所不能比拟的。托马斯·库克组织这次旅游活动具有以下特点：

1）这次组织旅游活动不再是业余活动，而完全是出于商业性目的。

2）此前托马斯·库克组织的团体旅游活动都是当日往返的一日游，而这一次则是沿途在多处停留访问并需在外过夜数日的长途线路旅游。

3）在策划和组织这次团体旅游活动过程中，托马斯·库克沿途做了大量的实地考察，以确定沿途所要停留的地点以及所要开展的参观游览活动，特别是注意了解当地有无足够的廉价旅馆。这对于当时并不富裕的旅游者特别是对于如此大规模的旅游团体来说，无疑是至关重要的。

4）编写并出版了世界上第一本旅游指南《利物浦之行手册》。其内容为全程活动过程中的有关时间安排、停留地点、活动内容、活动方式、有关要求和注意事项等。

5）托马斯·库克不仅本人担任该旅行团的陪同和导游，而且沿途在某些地方停留和游览时，还聘雇了当地人为旅行团解说和导游，可谓是最早使用地方导游的案例。

1851 年，在英国伦敦举办第一次世界博览会，库克所组建的库克父子公司共组织了 16 万多人次前往博览会。1855 年，托马斯·库克组织从英国莱斯特到法国巴黎参加世界博览会的团体旅游活动。这次活动在巴黎停留游览 4 天，全程采用一次性包价。人们一般认为这是世界上组织团体包价出国旅游的开端。

1865 年，托马斯·库克父子旅游公司成立，负责为游客安排食宿，讲解旅游知识，发行代金券。这种代金券被认为是当今旅行支票的最早雏形，实际上可以说是最早的旅行支票。1867 年，库克设计和推行旅馆代价券。

1872 年，托马斯·库克组织世界上第一例九人团体的环球旅游团，历时 220 天，使他的旅行社名声大振。1872 年，乘美国经济兴起之机，将库克父子公司迁移美国，改名为美国通济隆公司，由于业务发展迅速成为世界最大的旅游公司之一。1879 年，又增加了银行业务和外汇兑换业务。

总之，托马斯·库克的活动说明，近代国外的旅游需求已日渐成熟，托马斯·库克旅行社的问世标志着近代旅游业的诞生。

【小知识】

近代出现的其他旅游组织与企业

英国：1857 年成立登山俱乐部；1885 年成立帐篷俱乐部。

德国：1890 年成立观光俱乐部。

美国：1850 年运通公司开始旅行代理业务，1891 年发行旅行支票。

到 20 世纪初，英国托马斯·库克公司、美国运通公司、比利时铁路卧车公司成为当时世界旅行社业的三大公司。随着旅行社行业的发展和旅游需求的增大，很多其他类型的旅游企业和旅游设施的建设也相应有了新的发展。

三、现代西方旅游的发展

现代旅游是指第二次世界大战结束以后，特别是 20 世纪 60 年代以来，迅速普及于世界各地的社会化旅游活动。

19 世纪之后，现代意义上的旅游才真正出现。首先是以消遣目的而外出观光、休闲、度假的人数在规模上逐步占了上风，开始超过了以求生存为目的的商务旅行或其他旅行行为。其根本原因也是当时的社会经济发展状况使然。第二次世界大战以后，世界结束了长期战争局面，经济开始持续稳定地发展，交通稳步改善等，旅游业也得到快速的发展。旅游需求持续稳定的扩大，促进旅游供给不断地增长。同时，各地区之间、国家之间旅游竞争也越来越激烈。并且，旅游需求的增长，也推进旅游方式的改变，在传统度假旅游的基础上，各种新兴旅游活动层出不穷，如生态旅游、绿色旅游、探险旅游等。

随着第二次世界大战的结束，人们的旅游活动不仅迅速地重新恢复，而且出现了前所未有的快速发展。战后旅游活动之所以出现如此快速的发展，其主要原因还是同当时的社会经济发展状况有关。战后就整个世界总的政治环境而言，缓和与发展一直占据着主导地位。相对安定的和平环境，为战后世界经济的增长和旅游活动的发展，提供了必要的前提和保证。与此同时，科学技术的进步不断取得重大突破，世界经济和社会状况也不断出现新的发展。这些变化都对战后旅游活动的发展产生了巨大的促进作用。

（一）战后世界人口迅速增加

世界人口基数的扩大也带来旅游总需求的增长。第二次世界大战结束时，全世界仅 25 亿人口，到 1987 年 7 月 11 日，世界人口达到了 50 亿，2003 年达到 61.5 亿。虽然一些发展中国家还有大量人口没有解决温饱问题，但大多数人口的经济状况改善明显。庞大的人口基数，使旅游者绝对数大幅增长。

（二）战后世界经济迅速发展

“二战”以后，在相对稳定的国际环境下，各国都致力于经济建设，全球经济总量迅速增长，人们的收入水平不断提高，个人收入的增加和支付能力的提高对旅游活动的迅速发展和普及起到了重要的刺激作用，大众旅游的时代已经到来。

据统计，以 1979 年的美元价值计算，1949 年的全世界生产总值为 25000 亿美元，20 世纪 60 年代末为 62000 亿美元，到 20 世纪 90 年代末，仅美国就超过了 70000 亿美元，2002 年全世界生产总值达 327432 亿美元。20 世纪的最后 20 年，世界生产创造的财富相当于此前人类生产总财富之和。特别是发达国家经济增长速度更快，如美国人均国内生产总值在 1950 年为 1870 美元，1970 年为 4789 美元，1980 年达 11 319 美元，而 2001 年人均国民收入达 341 280 美元。在发达国家里，即使是社会下层的劳动群众，旅游支付能力也很强。如美国1999年的家庭收入调查表明，最穷的20%的家庭平均税后收入为13000美元。无论是发达国家，还是发展中国家，经济的发展、收入水平的提高，使人民生活大为改善，旅游消费支付能力大大增强，造就了众多的旅游者。

（三）交通运输工具的进步缩短了旅行的时间距离

交通工具在性能上的进步和在数量、种类上的发展不但使得人们的旅行时间缩短，也使得人们旅行费用减少，大大增强了运输能力，使数量庞大的游客出游成为可能。

1903年莱特兄弟发明飞机，在北卡罗来纳洲的上空开始了第一次空中飞行，从此，飞机与旅游的关系越来越密切。在飞机发明的早期，其主要是用于战争，但不久也开始转向民用。20世纪50年代末，以美国波音707为代表的世界第一代喷气式客机诞生，每小时平均飞行800~1000公里，使得空中旅游时代真正地到来。20世纪70年代初，泛美国际航空公司开始使用新型的波音747客机，将352名乘客从纽约送到伦敦，它标志着大型喷气式客机应用的开始。在洲际或国际以及国内长途旅行中，飞机因性能改善而成为最主要的交通工具。

1908年亨利·福特发明T型汽车，标志着汽车开始进入旅行的行列。随着私人交通工具的普及，人们开始积极地改善公路状况。1920年，美国建立全国的公路网。同时，汽车旅行者的出现产生了最早的汽车旅客旅馆，后来演变为现在的汽车旅馆。特别是在发达国家，拥有小汽车的家庭不断增多。长途公共汽车运营网络也不断扩大和完善，高速公路网络四通八达，汽车成为许多国家尤其是欧美发达国家人们中短程旅游的主要交通工具。

火车、轮船在竞争压力下不断改进技术，如欧洲和日本的磁悬浮和轮轨技术使列车速度达400多千米/时，巴黎到里昂的高速铁路更达500多千米/时。许多国家致力于完善铁路交通网络，使高效、安全、便捷、舒适的火车运输极大地方便了中程旅行。在远洋运输方面，巨型豪华游轮已发展到110多艘，古老而现代化的运输方式“寓游于旅”，吸引了不少游客。现在，水陆空各种交通运输在世界范围内形成网络。各种交通网相互衔接，连成一体，极大地方便了游客，促进了现代旅游业的快速增长。

（四）生产自动化程度的提高使劳动者的带薪假期得以增加

20世纪60年代后，发达国家在不同程度上实施了带薪假期，旅游活动作为休闲的重要形式，作为闲暇活动重要形式之一的外出旅游有了时间上的保证。这就使得参加旅游活动的人数增加，并且出游的距离和在外逗留的期限也大大加长。

（五）战后各国城市化进程普遍加快

战后各国城市化进程加快，大批人口涌向城市。城市数量不断增多，城市人口比重不断提高，使得人们产生了“城市病”，城市居民生活节奏相对比农村居民随农时变化而忙闲有致的生活方式要紧张单调得多，城市空气污染比农村严重，城市的视觉环境、声光电环境更易使人心理疲惫、情绪紧张，城市生活的拥挤、嘈杂、污染、紧张更加促使人们产生旅游的愿望和需求，他们需要定期使自己紧张的身体和精神得到放松，因而更向往重返大自然，向往能使人耳目一新的异域环境。这也是战后度假旅游迅速发展的重要社会心理原因之一。

（六）战后世界各国教育事业的发展以及信息技术的进步

战后世界各国都重视教育，使教育事业不断向深度和广度发展，增加了人们的求知欲。

教育的发展提高了个人素质，减少旅游者在旅行过程中的障碍，使旅游活动的效果更好。因此，人们可以信心十足地走出家门，参加各种旅游活动。越来越多的人对自己本乡土以外乃至本国以外的地区和国家的事物产生了强烈的兴趣，这种好奇心驱使他们希望有机会，或者创造机会去观察和体验异国异乡。

20世纪后期信息技术成就斐然，给人们的生产生活面貌带来巨大的改变，地球变得越来越小。对旅游者来说，信息网络技术的迅速发展，可以随时随地让人们掌握世界各地的情况，为旅游者提供各种服务及资源状况，帮助他们更精确地制订旅游计划，圆满地完成旅游活动。

（七）各国政府的鼓励和支持

由于旅游活动的巨大经济和社会作用，很多国家的政府在发展旅游业和便利旅游者来访方面采取支持的态度和鼓励的措施。发展旅游，可以创收外汇，增加国家财政收入，还可以改善和提高一个国家的政治形象，提高国际地位。各国纷纷加强景点的开发和旅游设施的建设，加强旅游宣传效果，通过能迅速传递信息的电视、电影、广播、互联网乃至幻灯、报纸、杂志来介绍世界各地的自然风光、文物古迹、风土人情，使更多的人对自己的乡土和异地、异国的风土人情、名山大川增加了解，并因此而产生兴趣，激发旅游需求。世界各国不仅扶持旅游业，也鼓励国民积极参与旅游活动，以起到扩大消费，增加就业，提高国民素质等作用。

（八）国际政治局势相对稳定，国际联系不断加强

第二次世界大战结束以后，出现了联合国和许多国际组织，加强了国与国之间的协调和联合。在经历了“二战”的灾难后，其他各国进一步认识到和平的重要性。半个多世纪以来，虽然世界出现了资本主义与社会主义两大阵营对峙的局面，世界很长时间处于“冷战”时期，并且局部地区战争和边境纠纷及政局动荡不断，但从全球整体看，世界处在相对持续和平稳定的状态。和平与发展成为世界人民的共识与国际政治形势的主流，以对话方式处理矛盾和冲突，使和平环境成为世界发展的前提。这种和平环境一方面十分有利于各国进行经济建设，提高人民生活水平，另一方面促进了各国人民之间开展政治、经济、文化的交流。这为世界旅游发展提供了必要的前提和保证，使得世界旅游迅速崛起。

第三节　中国旅游业的产生和发展

一、古代中国的旅游活动

中华民族历史悠久，源远流长，中华文化光辉灿烂，博大精深。中国古代的旅游活动，虽远不及现代旅游发达普及，却异彩纷呈，绚丽多姿。随着朝代的更迭，社会经济、政治和科技文化的发展变化，旅游活动也经历着兴衰起伏的发展变化过程。古代社会人们的旅行游览活动，归纳起来主要有以下几种基本形式：

（一）帝王巡游

帝王巡游是历代最高统治者对自己的国家或领土所进行的巡视游览活动。中国古代封建帝王，为了维护统治，弘扬功绩，炫耀武力，震慑臣民，往往巡游各地，同时，古代中国帝王巡游还有一个突出的特点就是热衷于封禅和祭祀活动。据载西周时期的穆王应为帝王巡游的第一人，他的《穆天子传》记述了西征路线和有关故事。秦始皇、汉武帝、隋炀帝、康熙、乾隆等都是帝王巡游的代表。

【小贴士】

秦始皇于公元前221年统一中国后，10年之间（公元前220—公元前210年）出游5次：公元前220年，他从咸阳出发，沿渭河河谷抵达陇西（今甘肃临洮），后北行经泾水上的北地（今甘肃庆阳）返回。公元前219年，他东行到山东邹县的峄山刻石记功，登泰山祭祀封禅，到烟台芝罘岛，沿渤海向东到成山头，向南到琅邪郡（今山东胶南市西南夏河城），又南到彭城（今江苏徐州），在泗水寻觅周朝九鼎，后南行过淮河到衡山，由汉水经南阳返回。公元前218年，他又向东游历，经河南、山东到芝罘、琅邪（今琅琊山），沿漳水从上党返回。公元前215年秦始皇东巡至碣石（在今河南昌黎海中，一说在今河北乐亭西南，一说在今山东无棣），刻石立碑。公元前210年，他出武关，沿汉水南下到湖北云梦，乘船顺长江东渡到丹阳（今安徽当涂东），又到钱塘（今浙江杭州），再渡浙江到会稽（今浙江绍兴）祭大禹陵，后又北上琅邪、荣城、芝罘游历。在这5次巡游中，他4次在7个地方立巨石刻字建碑以记其功绩。

（二）官吏宦游

官吏宦游也称外交旅行，指的是中国古代封建官吏，常受帝王派遣，为完成某项任务而出使各地。其中以张骞出使西域和郑和七下西洋影响最大。

【小贴士】

张骞（约公元前175—公元前114年）是西汉杰出的外交家、探险家和旅行家，汉建元三年（公元前138年），奉武帝之命，带100多人出使大月氏（今新疆西部伊犁河流域）。他从长安出发，经陇西（今甘肃临洮），穿河西走廊，出阳关，走大宛（今乌兹别克斯坦费尔干纳），过康居（今巴尔喀什湖一带），到大月氏，行程7000多公里。在大月氏，他考察了那里的山川地形、风土民情、特有产品、政治军事，并涉足大夏（今阿富汗北部）许多城市。然后，他取道葱岭（原帕米尔高原和喀喇昆仑的总称），从祁连山过羌人区，进入陇西，于元朔三年（公元前126年）返回。元寿四年（公元前119年），他又率300人前往乌孙（今新疆伊犁和巴尔喀什湖一带），走访了大宛、康居、大月氏、大夏、安息（今伊朗、伊拉克等地），于元鼎二年（公元前115年）在乌孙使节的护送下返回。他两次出使西域，被誉为“凿空”（司马迁语）的人，为“丝绸之路”的畅通建立了不朽功绩。

郑和（1371—1435年）是明代伟大的航海家，在世界航海史上居于重要地位。公元1405年7月11日，奉明成祖朱棣之命，率船队七下西洋（南洋群岛婆罗洲以西的南中国海、印度洋及其沿海地区），完成了举世瞩目的壮举。他南到爪哇，北到波斯湾和伊斯兰教圣地麦加，西到索马里摩加迪沙，涉海5万多公里，经历了亚非30多个国家和地区。此举比1487年欧洲人迪亚士发现好望角、比1492年哥伦布发现新大陆、比达伽马绕过好望角到达印度洋早半个多世纪，比麦哲伦环球旅行早1个多世纪，可以说在世界史上是前无古人的。2005 年 7 月 11 日是郑和下西洋 600 周年纪念日。经国务院批准，自 2005 年起，每年 7 月 11 日为中国“航海日”，同时也作为“世界海事日”在中国的实施日期。

（三）商贾旅行

往返各地做买卖的活动为“商旅”，做买卖所经之路为“商路”。在中国古代社会，不仅各地漕运水路四通八达，驿道陆路遍及各地，而且西南各省有栈道，沿海地区有海运。商路的开辟，为商旅的兴起提供了前提，是商务旅行发达的重要标志。据翦伯赞《中国史纲》说，早在商代时期，东北到渤海沿岸乃至朝鲜半岛，东南达今日浙江，西南到今日鄂皖乃至四川，西北达陕甘宁绥乃至新疆，到处都有商人的足迹。春秋战国时期的陶朱公、吕不韦等都曾周游天下，是中国古代著名的商人。

被历史上称为“海上丝绸之路”的是海上商贸旅行线路。《汉书 · 地理志》说，汉武帝曾派遣官员率领“应募者”带着大量黄金和丝织品，从雷州半岛乘船驶过南海，进入暹罗湾，绕印度支那半岛和马来西亚半岛，通过孟加拉湾到印度半岛东海岸的黄支国（今印度东南海岸之康契普腊姆），与当地交换明珠、璧琉璃（宝石名）等物品。印度商人也穿过马六甲海峡来中国进行商业贸易。由此可见当时买卖商游规模之巨大。

（四）文人漫游

文人漫游主要是指文人为了实现各种目的而进行的旅行游览活动。代表人物主要有屈原、陶渊明、李白、杜甫、欧阳修、陆游等。文人漫游起始于先秦，各个时期的目的又各有侧重，其形式和内容也有相应的变化，如先秦时期的文人漫游主要是从政、游说之士较多。魏晋南北朝主要是政治上不得志而追求消遣排忧，故多走上寄情山水的漫游道路。唐以后因科举制度调动了中下层知识分子的从政热情，因而为谋取官职的旅游和考察旅游就十分盛行。

【小贴士】

唐代大诗人李白（701—762 年），他 25 岁时“仗剑去国，辞亲远游”，到过湖南、江苏、湖北、河南、山西、山东、浙江、陕西、河北、安徽、江西、四川等地。他那感情热烈、想象丰富、语言清新而又洋溢着爱国主义和浪漫主义精神的诗篇，是他“五岳寻仙不辞远，一生好入名山游”的真实写照。旅行游览为他提供了题材、意境和灵感，他为祖国留下了脍炙人口、动人心弦的诗歌遗产。在他的笔下，万里长江上，“孤帆远影碧空尽，惟见长江天际流”；九曲黄河是，“黄河西来决昆仑，咆哮万里触龙门”；庐山瀑布为，“飞流直下三千尺，疑是银河落九天”；西北高原是，“明月出天山，苍茫云海间。长风几万里，吹度玉门关”。他的诗，如日月经天、江河行地，流传千古、与世长存。

（五）宗教云游

中国古代社会的高僧云游非常盛行，它是以朝拜、取经、求法、布道等为目的的一种古老的旅游活动形式，至今仍有很大的吸引力，其代表人物主要是法显、玄奘、鉴真等。

【小贴士】

唐代高僧玄奘（公元 602—664 年），13 岁就出家为僧，先后在四川、湖北、河南、陕西等地，拜会高僧名师，寻求佛教真谛，通晓大乘小乘佛教。他深感国人对佛教众说纷纭，莫衷一是。为解惑释疑，提高佛教地位，他于太宗贞观三年（公元629年）从长安出发，经秦州（今甘肃天水）、兰州、凉州（今甘肃武威）、瓜州（今甘肃安西）出玉门关，沿天山南路西行，经西域16国，最后到达天竺（古代印度）。他遍游天竺五部（即东、西、南、北、中印度），尽取佛学要义，著有《会宗论》和《制恶论》。公元642年，他应邀主持了有18个国王、近万名僧侣和教徒参加的经术辩论大会，显露出他的渊博知识和精辟议论。公元645年，他从印度回国，带回650多部佛教书籍，在长安、洛阳集结高僧、学者进行佛经翻译；并把中国道教哲学著作《老子》译成梵文，传入印度等地；还奉唐太宗之命，著《大唐西域记》，记述了他16年间亲自游历的一百一十个国家和传闻的二十八个国家的地理、历史、宗教、习俗。这部书，文辞绚丽雅致，叙述生动真实，被译成英、法等国文字，是研究中国西北地区、印度、尼泊尔、巴基斯坦、孟加拉国、中亚等地的地理、历史、文化的重要史籍。

（六）科学考察旅行

在我国古代历史上，很多专业技术水平都远远领先于当时世界其他国家，这就要求有众多的有识之士投身于专业研究中。而很多的专业研究都要求一定的旅行经历，这就形成了另外一种旅行形式——专业旅行。其中比较有代表的是郦道元、徐霞客和李时珍。郦道元有志于江河水利事业，游历秦岭、淮河以北和长城以南的广大地区，考察河道沟渠，搜集有关的风土民情、历史故事、神话传说，撰《水经注》四十卷。且其文笔隽永，描写生动，既是一部内容丰富多彩的地理著作，也是一部优美的山水散文汇集。李时珍自公元1565年起，先后到武当山、庐山、茅山、牛首山及湖北、安徽、河南、河北等地收集药物标本和处方，并拜渔人、樵夫、农民、车夫、药工、捕蛇者为师，参考历代医药等方面书籍925种，考古证今、穷究物理，记录上千万字札记，弄清许多疑难问题，历经27个寒暑，三易其稿，于明万历十八年（公元1590年）完成了192万字的巨著《本草纲目》。徐霞客，名弘祖，字振之，号霞客，明朝南直隶江阴（今江苏江阴市）人。明地理学家、旅行家和文学家，他经30年考察撰成60万字地理名著《徐霞客游记》，被称为“千古奇人”。徐霞客一生志在四方，足迹遍及今21个省、市、自治区。“达人所之未达，探人所之未知”，所到之处，探幽寻秘，并记有游记，记录观察到的各种现象、人文、地理、动植物等状况。

【小知识】

中国旅游日

中国旅游日，是每年的5月19日，非法定节假日。该节日起源于2001年5月19日，浙江宁海人麻绍勤以宁海徐霞客旅游俱乐部的名义，向社会发出设立“中国旅游日”的倡议，建议《徐霞客游记》首篇《游天台山日记》开篇之日（5月19日）定名为中国旅游日。2011年3月30日，国务院常务会议通过决议，自2011年起，每年5月19日为“中国旅游日”。

（七）民俗节庆游

中国自古以来便有重视节庆的民族传统，每逢佳节常常有各式各样的节庆聚会。春节的庙会、元宵节的灯市、清明节的踏青春游、端午节的龙舟庙会、中秋节的赏月家庭聚会、七夕节的观星鹊桥会、重阳节的登高会等都会吸引各地的人们做长途或短途的旅行。

二、近代中国旅游的兴起

中国的近代旅游指的是1840年鸦片战争到1949年新中国成立这一历史时期的旅游。这一时期的中国已由一个独立的封建国家沦为西方列强的半封建半殖民地社会，虽然有一些有识之士和革命先行者如孙中山、严复等人多次到西方国家考察和游历，但因特殊的历史背景这一阶段我国的旅游未能获得较快发展。

1840年以后，帝国主义列强用坚船利炮打开了中国封建社会闭关锁国的大门，西方商人、传教士、学者和一些冒险家纷纷来到中国。有的还在中国的名胜地区，如北戴河海滨、庐山等地建造房屋，作为居住区，中国几乎成为外国冒险家的乐园。所以，外国人来华的旅行和旅游，与帝国主义的殖民侵略活动是密不可分的。

这一时期，出境旅行也有开展，出国旅游的人数也大大增加。其中有的是出国考察游历的旅行者，有的是出国自费留学的学生。19世纪70年代洋务运动时期，出现了“留学热潮”。清政府为了培养“洋务人才”，先后派了许多留学生到美国和欧洲国家去直接学习西方的科学技术。中国第一个铁路工程师就是第一批去美国的幼童留学生。1873年，李鸿章和航政大臣沈葆桢奏请清政府批准由福州船政学堂挑选学生到英、法学习，其中就有严复。19世纪末20世纪初，戊戌变法时，又派出大量留学生，其中以去日本者居多。至1906年，官费、自费留学生增至8000多人。他们中的大多数勤奋学习，了解国外各方面的情况，经受资产阶级民主思想的洗礼。所以，留学生中不少人如黄兴、陈天华、邹容、朱执信、何香凝、廖仲恺等，成为资产阶级民主革命的积极宣传者和实践者。

到了20世纪20年代，我国也出现了现代意义上的旅游，表现在开办旅行社、出版旅游杂志、开发旅游资源、参加旅游博览会等方面。

中国近代旅游业最早产生于上海。当时的上海，交通较为发达，民族资本集中，是中国与国际联系密切的城市。这为上海旅游业的发展，提供了较好的环境条件。1923年8月，上海商业银行的陈光甫在国外旅行社蓬勃发展，外国旅游企业侵入中国市场的情况下，为了给上海商业银行扩大生财之道，也为开办中国人自己的旅行社，毅然成立了上海商业银行储蓄银行旅行部。此旅行部一经成立，很受国内外人士欢迎，加上刻苦经营，业务大有发展。1924年春，该部组织了第一批国内旅游团，由上海赴杭州游览。1925年春，该部开始承办出国旅游业务，第一次组织由20余人组成的赴日本“观樱”旅行团。在3周时间内，游客游览了日本的长崎、京都、东京、大阪等地。1927年春，该部出版了中国第一本《旅行杂志》，先是出季刊，后改为月刊，专门宣传祖国的风景名胜，秀丽风光。后来此杂志一直出版、发行至1954年。1927年6月旅行部更名为“中国旅行社”，分设7部1处，即运输、车务、航务、出版、会计、出纳、稽核7部和文书处。业务范围也相应扩大，包括代售国内外各种交通票据，办理和提供住宿招待所与餐事，举办赴国内外的团体旅行，出版期刊和各种宣传品，代办各种出国手续和证件等。除上海的中国旅行社外，当时还出现过几家地方性的旅行社，组织以集体旅游为唯一业务的旅行团，但规模都不大。

近代的交通也获得了一定的发展和进步。出于侵略和掠夺的需要，帝国主义列强在中国境内修建和经营铁路。例如德国修建的胶济铁路，法国修建的滇越铁路，英国修建的广九铁路，俄国修建的中东铁路。虽然 1881 年以后，中国也自行修建了部分铁路，例如京张铁路、大冶铁路、山海关内外铁路、台湾铁路、粤汉铁路广韶段、长株段和株萍段、广东新宁铁路等，受某些条件的限制，这些铁路不仅数量少、分布偏、标准杂、质量低，而且运营及管理落后，但是在当时背景下，铁路运输毕竟是一种更为先进的陆路运输方式，对我国旅游的发展还是起到了一定的推动作用。

近代饭店业也是在清代末期发展起来的，主要有外资经营的西式旅馆，民族资本经营的中西式旅馆，铁路沿线的招商旅馆以及公寓等。

另外，在旅游资源开发方面，也曾利用外资，在庐山、北戴河、莫干山、鸡公山等地建设了避暑区。在旅游促销方面，参加过芝加哥、伦敦博览会，另在上海、杭州举办过相当规模的国货博览会和西湖博览会。

以上所述只是这一时期所取得的相关成就，但总而言之，这时期我国半封建半殖民地社会制度下的近代旅游只是刚刚起步，在列强干预、内政腐败、战火连绵的情况下，未能全面发展。

三、现代中国旅游的繁荣

中国的现代旅游是指 1949 年中华人民共和国成立以来的旅游历史，大体经历了崛起、开拓、停滞、改革振兴、全面发展五个阶段。

（一）崛起阶段（1949—1955 年）

由于新中国刚成立，生产力低下和经济落后的影响，制约了国人旅游需求的发育，从而使国内旅游业很难具备实现发展的市场条件。这一阶段的旅游业务主要还是国际旅游。从人数看，首先是接待全世界各地的华侨，其次是来自苏联和东欧等国家的旅游者，西方国家的旅游者占极少数。基本特点是旅游接待多为单纯政治接待，不计成本，不讲效益。新中国成立的第一家旅行社是厦门的华侨服务社。厦门于 1949 年 10 月 17 日解放，当时因美国和国民党军队、土匪的破坏，海陆空交通几近瘫痪。此时，滞留在厦门的上千名旅客无法出境，而在香港候轮的也有千余人。于是一些私人旅行社便应运而生。这些私人旅行社同客栈、汽车、船务公司层层加价，对旅客进行盘剥。为了保护华侨、侨眷的正当权益，便于他们出入境，1949 年 11 月 19 日，厦门市有关部门接管了旧“侨务服务社”，并对其进行整顿，于同年 12 月正式开业，创立了新中国第一家旅行社——华侨服务社。随后，广东省的深圳、广州、汕头、拱北等十几个城市都建立起华侨服务社。从此，新中国旅游业从早期的公费接待少量观光团，发展到组织华侨、港澳同胞自费来祖国内地观光、旅游、探亲。

1954 年 4 月 15 日成立的“中国国际旅行社”，是新中国第一家面向外国人的旅行社。成立之初的基本任务是承办除政府代表团以外的所有机关团体单位委托的对外宾的食、住、行、游等生活接待，并办理中国铁道部与苏联政府签订的国际铁路旅客联运业务。由此看出，中国国际旅行社是为适应日益繁重的外宾接待工作而设立的。1954 年以后，该社开始接待外国自费旅游者。自 1954 年“日内瓦会议”后，特别是 1955 年“万隆会议”召开后，中国的国际地位得到空前提高，国际影响日益扩大，与中国建立外交关系的国家的数量明显增加。到 1957 年年底，中国国际旅行社已和 11 个社会主义国家的旅行社有业务往来，另外还与西方国家的 113 个旅游机构建立了联系。据不完全统计，自 1956 年年初到 1957 年 10

月，国际旅行社总社共接待了各国自费旅游者3885人，其中主要是苏联及东欧等国家或地区的旅游者，西方资本主义国家的旅游者只占其中的17%。

1957年，由各地的华侨服务社组建而成“华侨旅行社”（1974年改名为中国旅行社），主要负责接待海外华侨、外籍华人、港澳及台湾同胞，属于政府的侨务系统。

（二）开拓时期（1956—1966年）

新中国旅游业的拓展是以“中国旅行游览事业管理局”的建立和中国客源市场的转移以及旅游者构成的变化为标志的。1964年7月22日，中国旅行游览事业管理局成立，其直接意义是中国旅游事业从此有了专门领导机构。

1956—1960年，我国国际旅游和华侨、港、澳同胞回内地旅游呈平稳上升趋势。1961—1963年，国内形势不稳，同时自然灾害爆发，再加上国际政治关系恶化，苏联和东欧来华的旅游者逐年下降，而西方国家旅游者大幅增加。到1965年，来华旅游者总数的86%来自西方国家，我国国际旅游市场发生了根本变化。1964—1966年，随着周恩来总理访亚、非14国、中法建交以及中国和古巴通航等一系列外交成果的出现，我国旅游事业的发展有了新的契机。同时，来华旅游者人员构成也有较大变化，散客增多，民间组织的旅游团所占的比重日益增长，其经济效益也有较大提高。1965年，接待国际旅客12877人次，创造了新中国成立后10多年来的最高纪录。

（三）停滞时期（1967—1977年）

正当我国的旅游业步入正轨，却遭到“文化大革命”的厄运，使我国刚刚起步的旅游事业横遭摧残，处于十分萧条的停滞阶段。

1968年，全国仅接待外宾303人。20世纪70年代初期，毛泽东主席要求做好国际交流工作，国际旅游接待才有所恢复。1974年经国务院批准，中国旅行社成立，并与华侨旅行社合并办公。

1972年中美《上海公报》的发表和中日建交等一系列重大国际关系的发展，为我国旅游业的恢复和发展提供了有利的国际环境，美、日游客数量逐渐增多，接待人数有所增加。

（四）改革振兴阶段（1978—1990年）

1978年底召开的党的十一届三中全会，开创了中国改革开放的新局面。邓小平同志作为中央第二代领导集体的核心，是我国改革开放的总设计师，也是积极发展旅游业的倡导者和奠基人。1979年1—7月，邓小平同志连续发表了《旅游业要变成综合性的行业》《旅游事业大有文章可做》《发展旅游事业，增加国家收入》《把黄山的牌子打出去》四篇讲话，在邓小平同志的积极倡导下，发展旅游业得到了党中央、国务院的高度重视。1978年11月23日，国务院批转《全国旅游工作座谈会纪要》。

1979年，国家旅游总局成立了中国旅游服务公司、北戴河海滨旅游公司和中国旅游出版社，办起了第一家旅游报刊《旅游通讯》（后改名为《中国旅游报》）。1979年8月6日，国务院决定将全国各地的高级饭店划归地方旅游局和国际旅行社分、支社管理，实行企业化经营；1979年11月29日，国务院批转了国家旅游局关于大力发展旅游事业若干问题的报告。

1979年，国家旅游总局创建了上海旅游专科学校。1980年，开始在一批大学里开办旅游系或旅游专业，又决定将北京第二外国语学院划归国家旅游总局领导，作为培养翻译、导游和高级旅游管理人才的基地。1980 年 6 月，中国青年旅行社诞生了，为中国旅游事业的发展增添了一支新生力量。1982 年 8 月 23 日，五届人大常委会第 24 次会议确定中国旅行游览事业管理总局更名为中华人民共和国国家旅游局，为国务院直属机构；1983 年 10 月，印度新德里会议一致通过接纳中华人民共和国为正式成员国，标志着中国旅游业已跨入世界旅游业的行列；1985 年 12 月 20 日，国务院常务会议决定，把旅游业发展列入国家的“七五”计划，这是旅游业第一次在国家计划中出现，是我国旅游业发展史上的一个里程碑。党中央、国务院按照邓小平同志指示陆续采取的这一系列重大举措，为中国旅游业走上产业化大发展的道路奠定了基础。

在一系列正确的旅游方针政策指引下，通过不断改革，突破了我国旅游业长期以来基本属外事接待的模式，旅游业作为一个综合性的经济事业的性质得到肯定。

（五）全面发展阶段（1991 年至今）

这是中国旅游产业大发展并成长为国民经济新的增长点的阶段。进入“八五”计划期间以后，随着我国旅游基础设施的逐步配套完善，我国旅游业发展开始走上了快车道。党的第三代领导集体更加重视发展旅游业。1992 年 6 月，党中央、国务院做出《关于加快发展第三产业的决定》，进一步明确旅游业是第三产业的重点；1992 年 8 月，国务院做出《试办国家旅游度假区的决定》，并为此出台了八个方面的优惠政策；1993 年 11 月，国务院办公厅转发了国家旅游局《关于积极发展国内旅游业的意见》，明确了国内旅游要纳入国民经济和社会发展计划等一系列支持发展国内旅游业的方针；1997 年 7 月 1 日正式实施了《中国公民自费出国旅游管理暂行办法》，标志着中国出境旅游市场的形成；2001 年 4 月发出《国务院关于进一步加快旅游业发展的通知》，明确了新世纪前期我国旅游业发展的指导思想、奋斗目标和主要工作举措。这些大决策、大政策、大举措，有力地推动和保障了我国旅游业的持续快速健康发展。

中国旅游业产业规模不断扩大，入境旅游、国内旅游、出境旅游三大市场繁荣兴旺。中国已成为世界第四大入境旅游接待国，世界第一大出境旅游消费国，拥有世界最大的国内旅游市场。2013 年，中国旅游业保持稳步发展，全年入境过夜旅游人数 5569 万人次，旅游外汇收入 517 亿美元；出境旅游人数 9819 万人次，增长 18%；国内旅游人数 32. 6 亿人次，增长 10. 3%。① 2014 年国际游客到访量和旅游收入方面，中国以 5560 万人次国际游客到访量，继续稳居第四位。就旅游外汇收入排名而言，中国位居第三。中国作为全球第一大旅游客源市场，在 2014 年中国游客海外花费同比增加 27%，达 1650 亿美元，中国贡献了全球旅游收入的 13%，② 让全球一批旅游目的地，特别是亚太地区的目的地获益匪浅。

【知识归纳】

对于旅游具体起源时间，目前还没有确切的定论，但有一点是可以肯定的，旅游是人类社会经济发展到一定程度的产物，一般认为是在人类社会跨入文明阶段之后才产生的。从原始社会的迁徙活动发展到为了商品贸易而主动的外出经商活动，再到阶级社会以后，开始出

①我国成为世界第一大出境旅游消费国 . http：//politics. people. com. cn/n/2014/0903/c70731-25598039. html.

②世界旅游组织 2015 年全球旅游报告 . http：//www. 199it. com/archives/394112. html.

现非功利性的享乐活动，旅游才算真正的诞生。

旅行和旅游首先是在世界最早进入文明时代的中国、古埃及、古巴比伦、古印度和古希腊、古罗马发展起来的。古代奴隶制经济、政治和文化的发展，为古代旅行和旅游奠定了基础，并在古希腊、古罗马时代达到了全盛时期。同时种类也呈现多样化，包括朝觐旅行、宗教旅行、保健疗养温泉旅行、修学求学旅行等。18 世纪中后期的产业革命给人类社会带来了一系列的变化，为旅游业的诞生准备了条件。近代旅游之父托马斯·库克为旅游业做出了很多贡献，开创了旅游业的很多第一次活动，其中托马斯·库克旅行社的问世标志着近代旅游业的诞生。第二次世界大战以后，世界结束了长期战争局面，经济开始持续稳定地发展，交通稳步改善等，旅游业也得到快速的发展。旅游需求持续稳定的扩大，促进旅游供给不断地增长。同时，各地区之间、国家之间旅游竞争也越来越激烈。

中国古代的旅游活动，主要体现为帝王巡游、官吏宦游、商贾旅行、文人漫游、宗教云游、科学考察旅行、民俗节庆游等形式。中国的近代旅游在旅行社业、旅游交通、旅游饭店、旅游资源开发方面有一定的成绩，但在国家沦为半封建半殖民地社会这一特殊的历史背景下，未能全面发展。新中国成立后，旅游的发展大体经历了崛起、开拓、停滞、改革振兴和全面发展五个阶段。中国旅游业产业规模不断扩大，入境旅游、国内旅游、出境旅游三大市场繁荣兴旺。中国已成为世界第四大入境旅游接待国，世界第一大出境旅游消费国，拥有世界最大的国内旅游市场。

【案例解析】

2015 年 1 月 13 日，由中国旅游协会、中国旅游报社联合主办的第四届中国旅游产业年会在南昌召开。本届年会以“新常态下的旅游业改革发展”为主题，共设主题论坛、年度发布、产业论坛三大板块。

北京大学旅游研究与规划中心主任吴必虎教授在发言中指出，从 2007 年开始，中国的入境旅游出现了一种下滑的趋势。到了 2010 年，又有所恢复。可是到了 2011、2012 年以后又下滑，这是不断地下降，是一个很大的挑战。中国主要的 10 大入境国，或者是 20 大入境国，几乎都出现了下滑趋势。可是我们周边的国家，它们的入境旅游并没有下滑。比如日本入境游增长 24%，印度增长 5.9%，泰国增长 18%，也就是说大家都在增长，但是中国在下滑，这就有点不对劲，这就需要思考。

思　考

1. 为什么中国周边国家的入境旅游都在增长，而中国在下降？
2. 造成这种现象的原因是什么？

【案例评述】

近年来，中国入境旅游下降的原因很多，除了雾霾，除了贫富差异，除了各种原因以外，另外有一个很大的问题，就是营销的问题。大部分入境市场更多的是通过网络营销，而我国的网络营销存在很大的问题。从谷歌、百度的搜索来看，很多国家从 2008 年到 2013 年，搜索量都在不断地增长，但是 2012 年和 2013 年全球的谷歌用户，对中国各个城市的搜索次数却出现了下降。北京、广东、上海、江苏、浙江、陕西、河北、云南、西藏等省，搜索得比较多，但对地级市的搜索，每一个省都不一样，其中一个主要原因，应该是产品和目的地营销本身出了问题。中国的目的地营销，不应该是整个国家对中国的营销，而要把每个省作为一个单独的国际目的地进行营销，就是把每一个省单作一个旅游目的地进行网络营销推广。

【复习思考】

1. 比较迁徙、旅行、旅游之间的差别。
2. 为什么说托马斯·库克是旅游业的先驱?
3. 产业革命对旅游的发展具有哪些重大影响?
4. 简要分析现代旅游崛起的原因和背景。
5. 中外著名的旅行家对旅游文化有何贡献?
6. 中国古代旅行方式有哪几类?

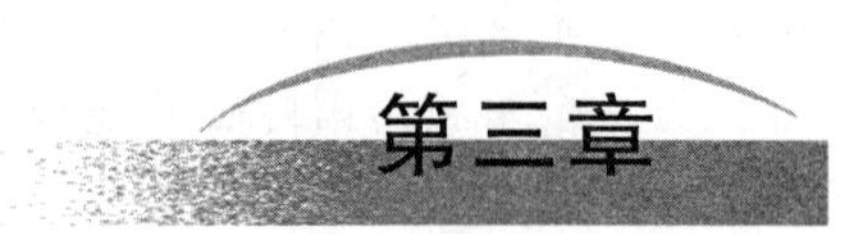

旅游组织

【学习目标】

1. 了解旅游组织、旅游行业组织、旅游行政组织的含义。
2. 掌握旅游行业组织的职能。
3. 熟悉主要旅游组织的相关情况。

旅游组织是为了加强对旅游行业的引导和管理，为了旅游业的健康发展而建立起来的具有管理、协调等职能的旅游业专门机构。旅游组织的出现是社会经济发展到一定程度、旅游活动扩大到一定阶段的产物，一般都遵循着先成立国内旅游组织，再设立国际旅游组织的规律。成立于 1901 年的新西兰旅游局被认为是最早的国家旅游组织代表。最早的国际旅游组织是 1919 年 5 月成立于巴黎的国际旅游联盟（Alliance International de Tourism）。

旅游组织按照旅游组织的职能范围不同，可分为国际性旅游组织、国家级旅游组织和地方性旅游组织。按照旅游组织的职能性质不同，可分为旅游行政组织和旅游行业组织。

由于各国政治经济制度的不同、各国旅游业发展水平及政府产业政策的不同、旅游业在各国国民经济中地位不同，各国旅游组织模式存在很大差异。

第一节　国际旅游组织

一、国际旅游组织概况

国际旅游组织是指若干国家或社会团体为了协调政府间和非政府间以及全球性和区域性的旅游事务，通过条约或协议建立的有一定规章制度的组织实体。

对国际性旅游组织可使用多种标准对其进行类型划分，常用的划分标准主要有以下四种：

1）按组织的成员划分，可分为以个人为成员的国际性组织、以公司企业为成员的国际性组织、以机构团体为成员的国际性组织、以国家政府代表为成员的国际性组织。

2）按组织的地位划分，可分为政府间组织和非政府间组织。

3）按组织的范围划分，可分为全球性组织和地区性组织。

4）按组织的工作内容划分，可分为部分地涉及旅游事务的一般性国际组织、全面涉及旅游事务的专门性组织以及专门涉及旅游事务某一方面的专业性组织。

二、国际旅游组织类别

（一）世界旅游组织（UNWTO）

世界旅游组织（World Tourism Organization，UNWTO）是联合国下属的专门旅游机构，最早由国际官方旅游宣传组织联盟（IUOTPO）发展而来。1925 年 5 月 4 日至 9 日在荷兰海牙召开了国际官方旅游协会大会。1934 年在荷兰海牙正式成立国际官方旅游宣传组织联盟。第二次世界大战中停止活动。1946 年 10 月 1 日至 4 日在伦敦召开了首届国家旅游组织国际大会，并成立专门委员会研究重建该联盟。1947 年 10 月在巴黎举行的第二届国家旅游组织国际大会上决定正式成立官方旅游组织联盟（International Union of Official Tourist Organizations，IUOTO），即世界旅游组织的前身，总部设在伦敦，1951 年迁至日内瓦。1975 年 5 月该组织改为现名，总部迁至马德里。1976 年成为联合国开发计划署在旅游方面的一个执行机构。2004 年，该组织成为联合国下属专门机构。为了避免混淆，从 2005 年起，世界旅游组织的英文缩写由原来的“WTO”改为“UNWTO”，以示与世界贸易组织（World Trade Organization，WTO）的区别。

1971 年，世界旅游组织的前身国际官方旅游组织联盟根据非洲国家官方旅游组织的意见，提出创立世界旅游日的设想。1979 年 9 月 27 日，世界旅游组织第三次代表大会正式决定将每年的这一天（9 月 27 日）确定为世界旅游日，它是旅游工作者和旅游者的节日。创立该节日的目的在于给旅游宣传提供一个机会，引起人们对旅游的重视，促进各国在旅游领域的合作。其由来是因为国际官方旅游组织联盟于 1970 年 9 月 27 日在墨西哥城的特别代表大会上通过了将要成立的世界旅游组织的章程。此外，这一天恰好是北半球的旅游旺季刚过去，而南半球的旅游季节即将到来的时候，正是世界人民旅游、度假的好时节。世界旅游组织为每年世界旅游日都要提出一个宣传口号，以便突出一个旅游宣传的重点。世界各国根据这一口号的精神，开展旅游宣传，从而推动世界旅游业的共同发展。

【小贴士】

历年世界旅游日的主题口号：

1980 年：旅游业的贡献：文化遗产的保护与不同文化之间的相互理解

1981 年：旅游业与生活质量

1982 年：旅游业的骄傲：做文明的主人、文明的客人

1983 年：旅游和度假对每个人来说既是权利也是责任

1984 年：为了国际的理解、和平与合作的旅游

1985 年：开展青年旅游：让文化和历史遗产为和平与友谊服务

1986 年：旅游：世界和平的促进力量

1987 年：旅游与发展
1988 年：旅游：从中获得教益
1989 年：自由旅游促进世界一家
1990 年：旅游：一个还未被完全认识的产业，是一个有待开发的服务
1991 年：通信、信息与教育：旅游业发展的生命线
1992 年：旅游：社会经济的稳定和人民之间交流的重要因素
1993 年：旅游业发展和环境保护：营造持续的和谐与发展
1994 年：高质量的服务、高质量的员工、高质量的旅游
1995 年：通过负起责任而受益
1996 年：旅游业：宽容与和平的因素
1997 年：旅游业：21 世纪提供就业机会和倡导环境保护的先导产业
1998 年：政府与企业的伙伴关系：旅游的开发和促销的关键
1999 年：旅游：为新千年保护世界遗产
2000 年：技术和自然：21 世纪旅游业的双重挑战
2001 年：旅游业：和平和不同文明之间对话服务的工具
2002 年：生态旅游：可持续发展的关键
2003 年：旅游业：消除贫困、创造就业和社会和谐的推动力
2004 年：体育与旅游：增进相互了解、文化与社会发展的动力
2005 年：旅游与交通：从儒勒·凡尔纳的幻想到 21 世纪的现实
2006 年：旅游让世界受益
2007 年：旅游为妇女敞开大门
2008 年：旅游：应对气候变化挑战
2009 年：庆祝多样性
2010 年：旅游与生物多样性
2011 年：旅游：连接不同文化的纽带
2012 年：旅游业与可持续能源：为可持续发展提供动力
2013 年：旅游与水：保护我们共同的未来
2014 年：旅游与社区发展 2015 年：十亿名游客，十亿个机会

（二）太平洋亚洲旅游协会（PATA）

太平洋亚洲旅游协会（Pacific Asia Travel Association，PATA），成立于 1951 年。最初用名为太平洋地区旅游协会（Pacific Area Travel Association），1986 年更名为太平洋亚洲旅游协会。是一个民间性、行业性、地区性的，非政府间的国际旅游组织，其成员有国家旅游组织，也有各种旅游协会和旅游企业。

现总部设在泰国首都曼谷。设有两个分部：一个在菲律宾马尼拉，分管东亚地区事务；一个在澳大利亚悉尼，分管南太平洋地区事务。在我国，人们通常将太平洋亚洲旅游协会简称为亚太旅游协会。

我国于 1993 年加入该协会，1997 年第 46 届年会在北京和上海两大城市举行，2005 年第 54 届年会在澳门特别行政区举行。

（三）世界旅行社协会联合会（UFTAA）

世界旅行社协会联合会（Universal Federation of Travel Agents'Association，UFTAA）于1966年11月22日成立于意大利的罗马。它由1919年在巴黎成立的欧洲旅行社组织和1964年在纽约成立的美洲旅行社组织合并而成，总部设在比利时的布鲁塞尔。

世界旅行社协会联合会是一个专业性和技术性组织，其会员是世界各国的全国性旅行社协会，每个国家只能有一个全国性的旅行社协会代表该国参加。联合会共有近100个国家的全国性旅行社协会参加，代表1500多家旅行社和旅游企业。此外，联合会还接纳有营业执照的旅行社为“联系会员”。联合会的组织机构包括全体大会、理事会、执行委员会和总秘书处。主要活动为每年一次的世界旅行代理商大会，并出版月刊《世界旅行社协会联合会信使报》。

自1974年以来，该联合会便一直同我国保持友好联系。1995年8月，中国旅游协会正式加入世界旅行社协会联合会，作为国家级会员，属亚太地区联盟。

（四）国际民用航空组织（ICAO）

国际民用航空组织（International Civil Aviation Organization，ICAO）是协调世界各国政府在民用航空领域内各种经济和法律事务、制定航空技术国际标准的重要组织。1944年11月1日至12月7日，52个国家代表在美国芝加哥举行国际民用航空会议，签订了《国际民用航空公约》（简称《芝加哥公约》），并决定成立过渡性的临时国际民用航空组织。1947年4月4日《芝加哥公约》生效，国际民用航空组织正式成立，同年5月13日成为联合国的一个专门机构。其秘书处为处理日常工作的机构。总部设在加拿大的蒙特利尔。

中国1974年恢复参加国际民用航空组织活动。2004年国际民用航空组织第35届大会上，中国当选一类理事国。2007年9月，在加拿大蒙特利尔举行的国际民用航空组织第36届大会上，中国高票连任国际民用航空组织一类理事国。2010年10月，中国再次当选国际民用航空组织一类理事国。2013年9月28日，中国在加拿大蒙特利尔召开的国际民用航空组织第38届大会上再次当选为一类理事国。

（五）国际航空运输协会（IATA）

国际航空运输协会（International Air Transport Association，IATA）是一个由世界各国航空公司所组成的大型国际组织，其前身是1919年在海牙成立并在“二战”时解体的国际航空业务协会。1944年12月，出席芝加哥国际民航会议的一些政府代表和顾问以及空运企业的代表聚会，商定成立一个委员会为新的组织起草章程。1945年4月16日在哈瓦那会议上修改并通过了草案章程后，国际航空运输协会成立。总部设在加拿大蒙特利尔，执行机构设在日内瓦。

1993年8月，中国国际航空公司、中国东方航空公司和中国南方航空公司正式加入该组织。1994年4月15日，该协会在北京设立了中国代理人事务办事处。1995年7月21日，中国国际旅行社总社正式加入该组织，成为该协会在中国（港、澳、台除外）的首家代理人会员。

（六）世界旅游及旅行理事会（WTTC）

世界旅游及旅行理事会（The World Travel & Tourism Council，WTTC）是全球旅游业的

商业领袖论坛组织，其成员包括全球旅游业中近百位最著名企业的总裁、董事长和首席执行官。作为全球范围内代表世界旅游业界企业们的唯一机构，对全球旅游业有着其独特的影响力和见解。

WTTC 的创立起始于 20 世纪 80 年代后期，从当时旅游业 CEO 之间最初的设想到理事会的今天，WTTC 的发展取得了巨大的成就，并始终坚持执行了其“提高公众对发展旅游业重要性的认知”的核心使命。现在，WTTC 和其合作伙伴牛津经济研究院提供年度 TSA 预测，并且正在每年为越来越多的国家和地区提供深度研究报告。

理事会主办的首次全球旅游业峰会于同年在葡萄牙城市维拉穆拉举行，会议的主要议题就是就业，会议以“维拉穆拉宣言”的形式号召各国政府的政策制订者在制订雇佣政策时需特别考虑到旅游业。

2003 年，WTTC 在旅游卫星账户（TSA）研究的基础上，为中国政府及中国旅游局展示了一份详细的中国旅游和旅行业报告。此外，WTTC 在中国成功举办了世界旅游业推广峰会，还成立了中国区指导委员会。2005 年 6 月，首都旅游集团（北京）和信德集团有限公司（香港）正式成为 WTTC 会员。

第二节　我国的旅游组织

一、旅游行政组织

旅游行政组织是指通过对旅游进行组织、领导、控制、协调和监督等一系列活动，行使旅游管理职能，实现对旅游发展进行宏观管理和调控目的的组织。我国的旅游行政组织是政府的一个组成部分，按照管理权限可以划分为国家旅游局、省（直辖市、自治区）及省以下地方旅游行政组织三种等级。

（一）国家旅游局

中华人民共和国国家旅游局，简称国家旅游局（China National Tourism Administration, CNTA），是国务院主管旅游工作的直属机构。中华人民共和国国家旅游局的前身是 1964 年成立的中国旅行游览事业管理局，是国务院管理全国国际、国内旅游事业的职能部门。1993 年，国务院决定国家旅游局为国务院直属机构。于 1985 年确定选用“马踏飞燕”作为中国旅游业的图形标志。

【小贴士】

中国旅游主题及宣传口号

1992 年中国旅游宣传主题“友好观光游”，宣传口号为“游中国、交朋友”。

1993 年中国旅游宣传主题“山水风光游”，宣传口号为“锦绣河山遍中华，名山圣水任君游”。

1994 年中国旅游宣传主题“文物古迹游”，宣传口号为“五千年的风采，伴你中国之旅”“游东方文物的圣殿：中国”。

1995 年中国旅游宣传主题“民族风情游”，宣传口号为“中国：56 个民族的家”“众多的民族，各异的风情”。

1996年中国旅游宣传主题“休闲度假游”，宣传口号为“96中国：崭新的度假天地”。

1997年中国旅游宣传主题“中国旅游年”，宣传口号为“12亿人喜迎97旅游年”“游中国：全新的感觉”。

1998年中国旅游宣传主题“华夏城乡游”，宣传口号为“现代城乡，多彩生活”。

1999年中国旅游宣传主题“生态环境游”，宣传口号为“返璞归真，怡然自得”。

2000年中国旅游宣传主题“神州世纪游”，宣传口号为“文明古国，世纪风采”。

2001年中国旅游宣传主题“体育健身游”，宣传口号为中国——新世纪、新感受”和“跨入崭新世纪，畅游神州大地”等。

2002年中国旅游宣传主题“民间艺术游”，宣传口号为“民间艺术，华夏瑰宝”“体验民间艺术，丰富旅游生活”等。

2003年中国旅游宣传主题“烹饪王国游”，宣传口号为“游历中华胜境，品尝天堂美食”等。

2004年中国旅游宣传主题“百姓生活游”，宣传口号为“游览名山大川、名胜古迹，体验百姓生活、民风民俗”等。

2005年中国旅游宣传主题“中国旅游年”，各地宣传口号不一。

2006年中国旅游宣传主题“2006中国乡村游”，宣传口号为“新农村、新旅游、新体验、新风尚”。

2007年中国旅游宣传主题“和谐城乡游”，宣传口号为“魅力乡村、活力城市、和谐中国”。

2008年中国旅游宣传主题“2008中国奥运旅游年”，宣传口号为“北京奥运、相约中国”。

2009年中国旅游宣传主题“中国生态旅游年”，宣传口号为“走进绿色旅游、感受生态文明”。

2010年中国旅游宣传主题“中国世博旅游年”，宣传口号为“相约世博，精彩中国”。

2011年旅游宣传主题“2011中华文化游”，宣传口号为“游中华，品文化”“中华文化，魅力之旅”。

2012年旅游宣传主题“中国欢乐健康游”，宣传口号为“爱旅游，爱生活”，活动主题“健康生活，欢乐旅游”。

2013年旅游宣传主题“中国海洋旅游年”，宣传口号为“美丽中国，海洋之旅”“体验海洋、游览中国”“海洋旅游，精彩无限”。

2014年旅游宣传主题“美丽中国之旅——2014智慧旅游年”，宣传口号：“美丽中国，智慧旅游”“智慧旅游，让生活更精彩”“新科技，旅游新体验”。

2015年旅游宣传主题：“美丽中国——2015丝绸之路旅游年”，宣传口号“游丝绸之路，品美丽中国”“新丝路，新旅游，新体验”。

（二）省、自治区和直辖市旅游局

我国各省、自治区、直辖市均设有旅游局或旅游管理委员会。它们分别主管其所在省、自治区和直辖市的旅游行政工作。这些旅游行政机构在组织上属于地方政府部门编制，在业务和工作上接受地方政府的领导和国家旅游局的指导。

省、自治区和直辖市旅游局的主要职能包括编制本省、自治区和直辖市的旅游业发展规划，开发本地区的旅游资源，负责本地区旅游业的管理工作，促进本地区的旅游宣传和旅游产品的销售。

（三）省级以下的地方旅游行政机构

在省级以下的地方层次上，很多市、县也设立了旅游行政管理机构，负责其行政区域范围内的旅游业管理工作。在未设专职旅游行政机构的县、市，有关旅游方面的事务则在上级旅游行政部门的指导下，由当地政府中的有关部门来具体承担。

二、旅游行业组织

旅游行业组织是指为加强行业间及旅游行业内部的沟通与协作，实现行业自律，保护消费者权益，同时促进旅游行业及行业内部各单位的发展而形成的各类组织。旅游行业组织通常是一种非官方组织，各成员采取自愿加入的原则，行业组织所制定的规章、制度和章程对于非会员单位不具有约束力。

旅游行业组织是对政府官方旅游行政管理机构的补充，在旅游行业管理中，发挥着重要作用。2002 年，在国内引起极大反响和广泛讨论的《中国旅游饭店行业规范》就是由我国旅游行业协会——中国旅游饭店业协会制定和颁布的。它不仅是中国旅游饭店行业第一部行业规范，而且是整个旅游行业，乃至国内整个消费行业第一部行业规范，因而具有划时代的意义。

总的来说，旅游行业组织具有服务和管理两种职能。但需要指出的是，行业组织的管理职能不同于政府旅游管理机构的职能，它不带有任何行政指令性和法规性，其有效性取决于行业组织本身的权威性和凝聚力。

具体而言，旅游行业组织具有以下基本职能：

1）作为行业代表，与政府机构或其他行业组织商谈有关事宜。

2）加强成员间的信息沟通，通过出版刊物等手段，定期发布行业发展的统计分析资料。

3）开展联合推销和市场开拓活动。

4）组织专业研讨会，为行业成员开展培训班和专业咨询业务。

5）制定成员共同遵循的经营标准、行规会约，并据此进行仲裁与调解。

6）对行业的经营管理和发展问题进行调查研究，并采取相应措施加以解决。

7）阻止行业内部的不合理竞争。

目前，我国全国性的旅游行业组织有如下几个：

（一）中国旅游协会

中国旅游协会（China Tourism Association，CTA）是由中国旅游行业的有关社团组织和企事业单位在平等自愿基础上组成的全国综合性旅游行业协会，具有独立的社团法人资格，中国旅游协会由旅游部门与旅游业有关部门的人员和从事旅游实际工作、研究工作的专家学者组成。它是 1986 年 1 月 30 日经国务院批准正式宣布成立的第一个旅游全行业组织，1999

年3月24日经民政部核准重新登记。协会接受国家旅游局的领导、民政部的业务指导和监督管理。

中国旅游协会现有理事238名，各省、自治区、直辖市和计划单列市、重点旅游城市的旅游管理部门、全国性旅游专业协会、大型旅游企业集团、旅游景区（点）、旅游院校、旅游科研与新闻出版单位以及与旅游业紧密相关的行业社团都推选了理事。协会的组成具有广泛代表性。

（二）中国旅行社协会

中国旅行社协会（China Association of Travel Services，CATS）成立于1997年10月，是由中国境内的旅行社、各地区性旅行社协会或其他同类协会等单位，按照平等自愿的原则结成的全国旅行社行业的专业性协会，是经中华人民共和国民政部正式登记注册的全国性社团组织，具有独立的社团法人资格。协会接受国家旅游局的领导、民政部的监督管理和中国旅游协会的业务指导。

（三）中国旅游饭店业协会

中国旅游饭店业协会（China Tourist Hotels Association，CTHA）成立于1986年2月25日，是由经营接待国内外旅游者的饭店及其主管部门和相关部门组成的行业性组织。旨在研究改善旅游饭店的经营管理，帮助提高服务质量和经济效益，促进旅游饭店业的发展。协会面向基层，为会员饭店服务。

中国旅游饭店业协会挂靠在国家旅游局，受国家旅游局的指导。中国旅游饭店业协会已接受委托，协助国家旅游局检查旅游涉外饭店星级评定工作。中国旅游饭店业协会成立以来，组织机构逐渐健全，会员队伍逐渐扩大，具有越来越大的凝聚力，在中国旅游饭店行业的发展和壮大中，发挥着越来越重要的作用。1994年3月该协会以国家会员资格加入国际饭店协会。

（四）中国旅游车船协会

中国旅游车船协会（China Tourism Automobile And Cruise Association，CTACA）成立于1988年1月，是由中国境内的旅游汽车、游船企业和旅游客车及配件生产企业、汽车租赁、汽车救援等单位，在平等自愿基础上组成的全国性的行业专业协会，是非营利性的社会组织，具有独立的社团法人资格。

该协会前身是“中国旅游汽车理论研讨会”，成立于1988年1月，1989年1月召开第二届研讨会时，更名为“中国旅游汽车联合会”，1990年3月，召开了第一届会员大会，通过了新的协会章程和领导机构，正式定名为“中国旅游车船协会”，会址设在北京，现有会员200余家。协会接受中华人民共和国民政部和业务主管单位国家旅游局的业务指导和监督管理。

（五）中国乡村旅游协会

中国乡村旅游协会（China Rural Tourism Association），原名中国农民旅游业协会，于1987年12月成立。1990年10月29日协会第六次常务理事扩大会议上原则同意更名为“中国乡村旅游协会”。该协会是由广大乡村旅游事业的专家、学者、知名人士和有关的单位、团体等组成的乡村旅游领域中的全国性行业组织。协会挂靠国家旅游局，业务上受国家旅游局领导，具有社会团体法人资格。该协会是中国旅游协会团体会员。

（六）中国旅游报刊协会

中国旅游报刊协会（China association of Tourism Journals）正式成立于1993年8月25日，会址设在北京。协会接受国家旅游局的领导、民政部的监督管理和中国旅游协会的业务指导。中国旅游报刊协会是由中国境内与旅游信息传播相关的报纸、期刊、大众传媒单位及相关单位报刊，按照平等自愿的原则组成的全国性的行业专业协会，是非营利性的社会组织，具有独立的社团法人资格。其宗旨是遵守中华人民共和国的宪法和法律，遵守国家有关旅游和新闻的法规，遵守社会道德风尚，代表和维护会员的共同利益和合法权益，努力为会员服务，为政府服务，为行业服务，在政府部门和会员之间发挥桥梁和纽带作用，团结全国各类传播旅游信息的报刊和大众媒体，为促进旅游业持续、快速、健康发展做出积极贡献。

【知识归纳】

旅游组织是为了加强对旅游行业的引导和管理，为了旅游业的健康发展而建立起来的具有管理、协调等职能的旅游业专门机构。按照旅游组织的职能范围不同，可分为国际性旅游组织、国家级旅游组织和地方性旅游组织。按照旅游组织的职能性质不同，可分为旅游行政组织和旅游行业组织。

与我国相关的几个代表性的国际旅游组织主要包括世界旅游组织、太平洋亚洲旅游协会、世界旅行社协会联合会、国际民用航空组织、国际航空运输协会、世界旅游及旅行理事会。我国的旅游组织主要分为两大类，第一类是旅游行政组织，包括国家旅游局、省（自治区和直辖市）旅游局以及省级以下的地方旅游行政机构，它们对旅游进行组织、领导、控制、协调和监督，行使旅游管理职能，实现对旅游发展进行宏观管理和调控的目的；第二类是旅游行业组织，包括中国旅游协会、中国旅行社协会、中国旅游饭店业协会、中国旅游车船协会、中国乡村旅游协会、中国旅游报刊协会等，它们为加强行业间及旅游行业内部的沟通与协作，实现行业自律，保护消费者权益，同时促进旅游行业及行业内部各单位的发展而做出了重大贡献。

【案例解析】

近年来，我国行业协会发生着巨大的变化，全国近7万家行业协会在经济社会各个领域发展成绩斐然。我国的旅游行业协会在旅游业发展中也发挥着积极的作用。2014年，中国旅游协会及专业协会、分会共举办各类活动50余项，上报和出版各类调研报告、蓝皮书等30余个（本），向国家发改委、法制办、税务总局等反映会员诉求5项，还设立中国妇女基金会旅游类专项基金，受到会员企业的广泛好评，凝聚了业界力量，扩大了协会的影响力。

但在自身管理、发展对内外关系等方面还存在很多不足，比如相关的法律建设滞后，协会之间关系不顺，各项职能发挥不到位以及人才和经费瓶颈的制约，这些因素互相纠缠、互相渗透，共同影响着旅游行业协会的发展。

2015年全国旅游工作会议上提出了“改革旅游行业协会的领导体制”的战略，新常态下旅游行业协会面临体制优化、面目归真、治理完善、效能提高的问题。

思 考

旅游行业协会如何进行改革转型，突破制约，从而更有效地发挥协会重要作用？

【案例评述】

鉴于国际惯例，从我国现阶段的实际情况出发，国家应逐步制定和形成系统、配套的不同层次法律法规体系，并设置能适应旅游行业协会健康发展的监管机构和执法机构，使旅游协会开展各项业务经营活动时真正做到有法可依，违法必究。政府部门对中国旅游行业协会应进行统一的战略性规划，协调好旅游协会与其他各行业各部门的关系，努力保证旅游协会组织体系的规范性、独立性以及与总体目标的一致性。

明确协会角色定位。协会为行业中介组织，去掉行政色彩，实现民间化、市场化和专业化。旅游行业协会与行政主管“脱钩”，但“脱钩”不等于不管，“放权不等于放任自流”。旅游局仍然是旅游行业协会的行业领导机构，需对协会进行有效的管理和监督。

加强行业自律自治。协会要大力推动行业诚信体系建设，加强协会的自治和自我发展能力，公平、公正、公开地处理行业事务。通过共同订立行规行约、诚信经营，提高服务质量，抵制不正当竞争，营造良好的市场环境。制定协会会员内部惩戒制度，通过会员自愿的“抱团”行为，树立旅游行业协会会员的良好形象和声誉，建立游客对行业协会会员服务品质的信任，从而带动整个旅游行业的全面发展。

增强发展的内生动力。协会除了承接好政府转移的相关职能外，还要探索行业协会发展的立足点，开拓生存发展空间。建立健全权责明确、运转协调、制衡有效的法人治理结构；服务好会员，不断丰富服务内容，创新服务方式，反映会员诉求；打造协会工作品牌，提升专业管理水平。

拓展协会工作新领域。根据《国务院关于促进旅游业改革发展的若干意见》，旅游行业协会应在体育旅游、医疗旅游、森林旅游、海洋旅游、邮轮游艇旅游、低空飞行旅游、研学旅行、老年旅游、文化旅游等方面积极拓展工作思路，创新工作方法。根据市场需要和会员诉求，行业协会可适时成立相关领域的分会和专业委员会。成立专业委员会条件不成熟的，可开展针对该领域的专项活动，及时把握市场动向，抢占行业先机，使旅游行业协会工作覆盖全产业链。

【复习思考】

1. 什么是旅游行业组织？
2. 什么是旅游行政组织？
3. 简述我国旅游行业组织的基本状况。
4. 简述我国国家旅游局的基本职能。

第四章

旅游者

【学习目标】

1. 了解旅游者、国际旅游者和国内旅游者的不同概念界定。
2. 掌握旅游者形成的主观条件和客观条件。
3. 掌握旅游者的类型。
4. 理解旅游者的旅游动机和需求心理。

第一节　旅游者的界定

旅游者是旅游活动的主体和核心，是旅游三大基本要素之一，没有旅游者就没有旅游活动，自然也就没有了旅游业。在旅游中，一切活动的开展都是围绕旅游者这一主体展开的。旅游者，从字面上解释，就是从事旅游活动的人们。旅游者在英文中写作“tourist”，最早出现在 1881 年出版的《牛津词典》中，意思是出于一种好奇心，为了得到愉快而进行旅行的人。随后，又出现了游客（visitor）、旅行者（traveler）、旅客（passenger）等一些相近的名词。这些没有经过严格学术界定的名词在翻译和使用中造成了对旅游者概念理解的混淆。随着世界经济和现代旅游业的蓬勃发展，旅游者的类型呈现出多样化发展的趋势，人们对旅游者的认识也在不断地深化，国内外的各种旅游相关组织和学者出于不同的目的和用途，对“什么是旅游者”展开了大量的讨论与解释，使旅游者的各种概念不断涌现，有力地推动了对旅游者这一旅游活动主体的认识。

一、国际旅游者

目前，对于国际旅游者的定义，世界各国基本上达成了统一的共识，以罗马会议和世界旅游组织对旅游者的解释为基础对国际旅游者进行了概念界定和统计（见表 4-1）。

表 4-1　国际组织和我国对国际旅游者的概念界定

来源	时间	内容	包含	不包含
国际联盟	1937	离开自己的居住国，到另一个国家访问至少 24 小时的人	①出于消遣、家庭事务及身体健康方面的目的而出国旅行的人 ②为出席会议或作为公务代表而出国旅行的人（包括科学、管理、外交、宗教、体育等会议或公务） ③因工商业务而出国旅游的人 ④在海上巡游过程中前来访问的人员，即使其停留时间不足 24 小时，亦视为旅游者（停留时间不足 24 小时者应分开作为一类，必要时可不管其长居何处）	①抵达某国就业任职，不管是否订有合同，或者在该国从事营业活动者，均不能列为旅游者 ②到国外定居者 ③到国外学习，膳宿在校的学生 ④凡属边境地区居民及落户定居而又越过边界去工作的人 ⑤临时过境而不停留的旅行者，即使在境内时间超过 24 小时也不算旅游者
国际旅游会议（罗马会议）	1963	除为获得有报酬的职业以外，基于任何原因到一个不是自己通常居住的国家访问的人	①旅游者：指到一个国家做短期访问至少逗留 24 小时的游客。其访问目的为消遣（包括娱乐、度假、疗养保健、学习、宗教、体育活动等）或工商业务、家庭事务、公务出使、出席会议 ②短程旅游者：指到一个国家做短暂访问，逗留不足 24 小时的游客（包括海上巡游旅游者）	
世界旅游组织 UNWTO	1981	是指任何一个到其惯常环境以外的地方旅行，连续停留时间不超过 12 个月，并且其旅行的主要目的不是通过所从事的活动从访问地获取报酬的人	①为了娱乐、医疗、宗教仪式、家庭事务、体育活动、会议、学习或过境进入另一国家者 ②外国轮船船员或飞机机组成员中途在某国稍事停留者 ③停留时间不足一年的外国商业或公务旅行者，包括为安装机械设备而到达的技术人员 ④负有持续时间不足一年使命的国际团体雇员或回国进行短期访问的旅行侨民	①企图向目的国移民或在该国谋求就业的 ②以外交官身份或军事人员身份进行访问的 ③上述人员的随从人员 ④流亡者、流浪者或边境上的工作人员 ⑤打算停留 1 年以上者
中国	1979	来我国观光、度假、探亲访友、就医疗养、购物、参加会议或从事经济、文化、体育、宗教活动，连续停留时间不超过 12 个月，且其主要目的不是通过所从事的活动获取报酬的人	外国人、华侨和港澳台同胞，被统称为海外游客	①应邀来我国进行访问，由部长以上人员率领的党、政、议会、军队代表团成员 ②各国驻华使馆官员及其随行人员 ③驻期达一年以上的外国专家、留学生、记者、商务机构人员等 ④乘国际班机直接过境，不需要通过护照检查进入我国口岸的中转旅客与机组人员 ⑤因日常工作和生活在边境地区往来的居民 ⑥归国定居的华侨、港澳台同胞 ⑦到我国定居的外国人和原已出境又返回我国定居的外国侨民 ⑧归国的我出国人员

二、国内旅游者

对于如何界定国内旅游者，由于各国的统计方法各异，目前国际上还未形成统一的认识（见表 4-2 和表 4-3）。

表 4-2　国际组织和其他国家对国内旅游者的概念界定

地区或组织	定义内容
世界旅游组织（UNWTO）	①国内过夜旅游者，是指在某一目的地旅行超过 24 小时而少于一年的人，其目的是休闲、度假、运动、商务、会议、学习、疗养、宗教、探亲访友等，不包括外出就业者 ②国内不过夜旅游者，是指基于以上任一个目的并在目的地逗留不足 24 小时的人
加拿大	离开居住地边界至少 50 英里去旅行的人
美国	出于工作上下班之外的其他任何原因而离家外出旅行至少 50 英里的人，而不管其在外过夜还是当时返回
英国	基于上下班之外的任何原因，离开居住地外出旅行过夜至少一次的人
法国	基于消遣、健康、会议、商务或修学目的，离开自己的主要居所，外出旅行超过 24 小时但未超过 4 个月的人

表 4-3　我国旅游统计对国内旅游者的界定

定义	包括	不包括
是指任何因休闲、娱乐、观光、度假、探亲访友、就医疗养、购物、参加会议或从事经济、文化、体育、宗教活动而离开常住地到我国境内其他地方访问，连续停留时间不超过 6 个月，并且访问的主要目的不是通过所从事的活动获取报酬的人	①国内旅游者，是指在旅游住宿设施内至少停留一夜，最长不超过 6 个月的国内游客 ②国内一日游游客，是指离开长住地外出距离在 10 公里以上，时间超过 6 小时但不足 24 小时，未在旅游住宿设施内过夜的国内游客	①到各地巡视工作的部以上领导 ②驻外地办事机构的临时工作人员 ③调遣的武装人员 ④到外地学习的学生 ⑤到基层锻炼的干部 ⑥到其他地区定居的人员 ⑦无固定居住地的无业游民 ⑧到外地务工的农民

第二节　旅游者形成的条件

一、客观条件

旅游业的发展历程已经证明，国际性大众旅游的兴起，与国民收入水平的提高和带薪假期的增加是分不开的。因此，以可自由支配收入为根本的收入水平和以带薪假期为代表的闲暇时间，便成为影响一个人能否成为旅游者的最重要的客观因素，也是旅游活动实现的两个最主要条件。

（一）收入水平

现代旅游活动是建立在经济关系基础上的一种活动。在旅游过程中，旅游者在食、住、行、游、购、娱各方发生经济往来关系。一个人的收入水平，实际指的是其家庭的收入水平或富裕程度。这将决定旅游者能否产生旅游需求、能否实现旅游及其旅游消费水平的高低。当然，一个家庭的收入不可能全部用于旅游。因此，决定一个人能否实现旅游的家庭收入水平指的是其家庭的可支配收入，或者更确切一点说是其家庭的可自由支配收入的水平。

所谓可支配收入是指扣除全部纳税后的收入。而可自由支配收入则是指扣除全部纳税及社会消费（如健康人寿保险、老年退休金和失业补贴的预支等），以及日常生活必须消费部分（衣、食、住、行等）之后所余下的收入部分。一个家庭的收入首先需要支付的是必须的生活基本消费，在其收入不足以支付这一部分的消费时，该家庭外出旅游的可能性极小。而当一个家庭的收入水平超过这一临界点，即家庭收入高于购买生活必需品的费用时，该家庭用于旅游的消费就可能增加。当然，在不同的国家和地区，这一收入临界点是不尽相同的。

收入水平的高低不仅影响着人们的旅游消费水平，而且会影响到人们的旅游消费构成。可自由支配收入是决定人们能否成为旅游者的物质条件，可自由收入水平的高低将导致不同的旅游者表现出不同的消费水平。

总而言之，一个人的收入水平的高低将意味着其支付能力的水平。它影响着一个人能否成为旅游者，同时影响旅游者的消费水平和消费构成。所以，以可自由支配收入为根本的收入水平是影响旅游需求的最重要的经济因素。当然，这并不代表凡是收入水平高的人就一定会外出旅游，即使是在最重要的旅游客源地，也会有一些高收入者不曾或者不愿外出。

（二）闲暇时间

旅游活动需要花费金钱，也需要花费一定的时间。一个如果具备足够的经济支付能力且有强烈旅游愿望的人，如果没有充足的闲暇时间，也成为不了旅游者。因此，闲暇时间也是旅游者产生旅游需求和实现旅游活动的必要时间。

闲暇时间按时间的长短可分为：

1）每日工作之后的闲暇时间。这部分余暇时间很零散，虽可用于娱乐和休息，但很难用于旅游活动。

2）周末余暇时间。即周末公休时间，一般1~2天。现在我国每周实行5天工作日，故周末假日为2天，可以进行一些距离较近的短程旅游。

3）公共假日。即我们通常所说的节日放假。各国公共假日的多少不同，大都与各国民族传统节日的多少有关。如我国的国庆黄金周、清明、五一小长假等都是公共假日，人们可以利用这类闲暇时间进行旅游活动。

4）带薪假期。即除了国家法定假期以外，企业内部给员工的一种福利假期，也就是员工享受假日的同时，还享有正常薪水待遇。带薪假期一般没有固定日期，只有固定天数，由员工根据自己的需要向企业申请安排放假日。这是人们借以外出旅游的最佳时机。

（三）其他影响因素

收入水平和闲暇时间实现旅游活动的两个重要基本条件，但这并不是说只要具备这两个条件就能成为旅游者。事实上，一个人是否能成为一名旅游者还会受到社会因素和个人因素的制约。如旅游目的地的社会条件和可进入性，如旅游者自身的身体状况及家庭人口结构等。

1. 社会经济因素——旅游目的地的社会条件和可进入性

旅游目的地所在国家或地区的经济制度、政治环境及社会治安等，对旅游者的旅游倾向影响明显。作为旅游者，有一个共同的心理追求——追求安全、舒适的旅游环境，相对而言，大多数旅游者更愿意前往社会安定、民众友好的旅游目的地。因此，稳定的政治环境能激发旅游需求、促使旅游需求不断增加。

科技的发展，带来了交通运输技术的发展，也极大地缩短了旅游的时空距离。旅游目的地的可进入性，将是旅游产品组合实现的前提条件。旅游者对于旅游目的地环境是否“进得”“散得”“出得”十分在意。一个没有良好交通条件的旅游目的地是无法吸引大量的游客的，因此可进入旅游目的地的难易程度和时效程度将会影响旅游者对旅游目的的选择。

2. 个人因素——旅游者的身体能力状况和家庭人口构成

年龄、性别、种族、教育程度等都可能影响到一个人的旅游活动的实现，特别是一个人的身体状况和家庭人口构成。在旅游统计中可以发现，中青年外出旅游的比例最大，老年人，尤其是65岁以上的老年人出游率相对较低。主要是因为老年人随年龄的增长而体力不支或行动不便。因此，一个人的身体状况是其能否成为旅游者的客观因素，没有健康的身体，是无法顺利出行的。除此之外，一个人的家庭人口构成也会影响旅游者的形成。很多调查表明，在拥有4岁及以下婴幼儿的家庭，其外出旅游的可能性较小。这主要是因为婴幼儿需要特别的照顾，外出会很麻烦。而且在外出旅游过程中，很难找到合适婴幼儿生活所需要的特殊接待设施。在家庭生命周期的不同阶段，家庭及个人具有不同的需求，承担不同的责任。未婚青年群体具有很高的旅游倾向，时间充裕但缺少金钱，故多选择参加廉价的旅游活动。进入婚姻生活的年轻夫妇具有较高的旅游倾向，但子女出生后，夫妻要承担家庭责任，养育子女使得可自由支配收入减少，经济和时间上受限使得出游倾向降低，更多的是探亲访友活动。随着子女长大，家庭进入空巢期，夫妻双方有闲有钱，在带薪假期、可自由支配收入和旅游动机方面都达到最高峰，旅游倾向不断提高。但随着年龄进一步增加，老年人旅游倾向又开始降低。家庭生命周期对于旅游市场开发具有现实意义，但也不可忽视单亲、离婚等特殊家庭。因此，一个人所处的家庭人口构成将极大地影响其的旅游需求。

【小知识】

根据韦尔斯和格巴（1966）的研究，家庭生命周期可分为以下九个阶段①：

① 未婚独身阶段：离开家的独身年轻人。

② 新婚夫妇阶段：年轻夫妇无子女。

③ 满巢阶段Ⅰ：已婚夫妇子女幼小。

④ 满巢阶段Ⅱ：已婚夫妇子女超过6岁未独立。

①丹·E·舒尔茨．广告运动策略新论［M］．刘毅志，译．北京：中国友谊出版公司，1991：42.

⑤ 满巢阶段Ⅲ：已婚夫妇子女独立。

⑥ 空巢阶段Ⅰ：年龄较长的已婚夫妇不与子女共同生活，户主在职。

⑦ 空巢阶段Ⅱ：户主已退休。

⑧ 孤独余生阶段Ⅰ：在职的独身年长者。

⑨ 孤独余生阶段Ⅱ：已退休。

二、主观条件

客观条件仅是旅游者形成的外部条件。而只有个体存在主观的需要，才能产生旅游动机。因此，个体拥有旅游需求以及在此基础上产生的旅游动机是形成旅游者的内部主观条件。

（一）旅游者的个体需求

人的行为由动机支配，而动机源于需求。旅游是人们的一种需求或需要，是人们在个体或社会生活中欠缺某种东西，并力求获得满足的一种心理倾向。产生旅游动机的首要条件，就是个体（潜在的旅游者）对旅游活动的需要。旅游需求主要体现在以下几个方面：

1. 受尊重需要和自我实现需要

按照亚伯拉罕·马斯洛的需要层次理论，人的需要分为五个层次：生理需要、安全需要、爱的需要或社交需要、受尊重需要和自我实现需要，且由低层次向高层次发展，当低层次需要满足后才会追求高层次的满足。事实表明，人们决定外出旅游大都与两个较高的需要有联系。如受尊重的需求不仅指在他人心目中受到重视、尊重，也包括取得成就、提高地位、提高自信心等表现自己的需求。在各种旅游形式中，到世界上知名的地方去旅游，或乘坐豪华游轮，或入住奢侈酒店等旅游经历常常会被人们羡慕和向往，从而有助于满足个人受尊重的需要。某些由于社会地位等各种原因在自己常住地不为人所尊重的人到某些地区旅游，尤其是去某些社会经济比较落后的地区后，则可能会获得在自己家乡不曾得到过的关注和重视。所以，有些人通过外出旅游追求尚未得到满足的受人尊重的需求。甚至有些旅游动机仅与满足自我实现的需求相关，比如为了完成一个作品到旅游地区进行实地考察，或为了彰显勇气去常人不敢去的地方探险等。

2. 探新求异的需要

好奇之心，人皆有之。在现代社会，这一需求在旅游中占据了重要的地位。人们渴望到异国他乡体验、感受与日常居住环境不同的生活环境、事物风光、地方文化和民间习俗。随着教育的发展、信息技术的进步，世界正在被缩小，极大地提升了人们的好奇心和求知欲。人们愈发渴望亲自前往世界上的其他地区游览旅行，而不是仅凭借书籍图文或他人的介绍来了解这些地方。

3. 逃避紧张现实，调节身心节律的需要

现代社会，竞争激烈，生活节奏不断加快，使人们的精神常年处于高度紧张之中。工业化和城市化造成的人群拥挤、交通喧闹和空气污染等问题日趋严重。因此，人们普遍希望在可能的情况下，暂时避开这样的环境，到环境幽雅、空气清新的地方度过一段时间，以调节自己的身心节律，消除疲劳，松弛神经。旅游成为暂时躲避现实的一种极为有效的方式。外出旅游期间，人们能摆脱日常身份、角色的束缚，在陌生的环境体验新的刺激，舒缓原来紧绷的神经，从而缓解紧张和压力。

（二）旅游动机

只有旅游者的个体需求并不能够一定引发旅游活动，旅游需求必须到达一定的强度，才能够转化为旅游动机，从而产生旅游行为。旅游动机是推动人们旅游的内在原因，即促成人们想去旅游且确定去何处进行何种旅游的内驱力。人有探新求异的好奇心，驱使着旅游者走向不同的旅游目的地，了解知识，欣赏风光，得到新的经历，接触到不同的异地文化，这都可能成为人们外出旅游的原始动力。当然，只有最强烈的动机才会引发行为，而不是所有的动机都能转化成行为。

1. 旅游动机的类型

需要不同，产生的动机也不相同，即使是相同的需要也可能由于人的性别、年龄、职业和文化教育背景不同而产生不同的动机表现。目前，旅游动机一般分为身体方面的动机、文化方面的动机、交际方面的动机及地位和声望方面的动机四种类型。①

1）身体方面的动机——包括休息、运动、游戏、治疗等未来调节生活规律，促进健康而进行的各种活动，其共同点在于都是通过与身体相关的活动来消除紧张和不安。

2）文化方面的动机——包括了解和欣赏异域文化、艺术、风俗、语言、宗教等增加对自己生活环境和知识范围以外的事物认知，这是一种明显的求知欲，最大的特点就是希望了解异地的情况。

3）交际方面的动机——包括结接触异地人民、探亲访友、摆脱日常工作和家庭事务环境、结识新朋友等与社会接触开展的各种形式的社会交往，常表现出人们对惯常社会环境的厌倦和反感，躲避现实和追求减压的欲望。

4）地位和声望方面的动机——包括考察、交流、会议、追求业余癖好及求学等，与个人成就和个人发展需要相关。属于这类动机的旅游者往往有通过旅游实现自己被人尊重、引人注意、被人认同、获得好名声等欲望。

然而，旅游是满足旅游者多重需求的一种综合的象征性行为形式。因此，人们外出旅游很少出于某单一动机。对于一个人来讲，外出旅游有很多种动机，而非某一方面的动机。如去峨眉山旅游，既可能是朝拜菩萨，也可以是为了观赏金顶风光。旅游往往是多种动机共同作用的结果，只是有时某一种动机做了主导而已。

2. 影响旅游动机的因素

旅游动机作为一种广泛的社会动机，也受到了个人因素（心理、身体、性别、教育等）和社会因素（政治、经济、文化及治安）的影响。

（1）个性心理因素

在影响旅游动机方面，人的个性心理因素起着重要的作用。不同个性心理特征的人有着不同的旅游动机，进而产生不同的旅游行为。美国学者斯坦利 C·帕洛格为了描述旅游者的心理特征，将旅游者分为安乐小康型和追新猎奇型两类，并进行了旅游行为比较（见表 4-4）。

---

①罗伯特·W·麦金托什，夏希肯特·格波特．旅游学：要素实践基本原理［M］．上海：上海文化出版社，1985.

表 4-4　帕洛格不同人格类型的旅游行为特点

安乐小康型	追新猎奇型
喜欢熟悉的旅游地	喜欢人烟罕至的旅游地
喜欢熟悉的旅游活动	喜欢获得新鲜经历和享受新的喜悦
喜欢阳光明媚的娱乐场所	喜欢新奇的不寻常的旅游场所
活动量小	活动量大
喜欢乘车前往旅游地	喜欢坐飞机前往旅游地
喜欢家庭式酒店、旅游商店	一般酒店即可，不一定要现代化大酒店和专门吸引旅游者的商店
全部日程事先安排好	要求有基本安排，留有较大的自主性、灵活性
喜欢熟悉的气氛、娱乐活动项目，不追求异国情调	喜欢与不同文化背景的人交流

通过研究，帕洛格提出了人的五种心理类型模型（见图 4-1）：自我中心型、近自我中心型、中间型、近多中心型和多中心型。自我中心型和多中心型代表了处于两端的两种对立性格。自我中心型的人，其特点是思想谨小慎微，多忧多虑，不爱冒险，理想的旅游是一切都事先安排好的，比较欣赏团体旅游的方式。而处于多中心型的人，则思考开朗，兴趣广泛多变，好奇心强、爱冒险。他们更乐于在旅游中拥有较大的自主性和灵活性，有些人甚至不适用或少使用旅游企业的服务和产品。除了这两个极端类型外，中间型属于表现不明显的混合型——近自我中心型和近多中心型。帕洛格的模型划分显示，属于中间型心理类型的人占大多数，不同心理类型的旅游者在旅游活动中扮演的角色不同，多中心型的旅游者往往是新旅游地的发现者和开拓者。

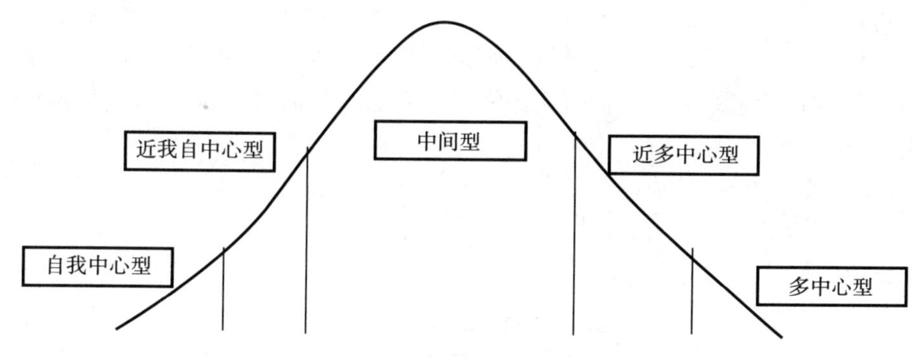

图 4-1　帕洛格心理类型图

（2）性别、年龄和受教育程度

性别、年龄和受教育程度对旅游动机的形成有重要影响。

从性别来看，由于男性和女性在家庭和社会所处的地位和作用不同，且具有不同的生理特点，因此男女在旅游动机上的表现差异很大。

从年龄来看，一个人随着年龄的增长，每个年龄阶段都会有不同的旅游需求，从而产生不同的旅游行为。青少年的好奇心重，外出旅游主要是为了满足猎奇心理和求知欲望。中年人在工作和事业上基本稳定，且有较多的生活经验，对旅游的需求大多跟求实、求名、舒适享受等有关。而老年人由于健康的缘故，一般不愿意从事刺激性强和消耗体力大的旅游活动，喜欢清静且交通便捷的旅游地，因此怀古访友的旅游景区（点）大受欢迎。

受教育程度和文化水平的高低对旅游动机有着很大的影响。一般而言，受教育程度和文化水平高的人求知欲和挑战欲强，容易接受陌生的旅游地，并产生兴趣；而受教育程度和文化水平较低的人喜欢较熟悉的旅游环境。

（3）经济能力、闲暇时间和职业

旅游活动需要一定的经济收入为基础，人们可自由支配收入的多少和旅游费用的高低对旅游活动的范围和旅游动机的形成有直接的影响。

作为人们外出旅游必要条件的闲暇时间，其有无和多少会影响旅游动机的形成和种类。

不同职业的人，在价值观念、兴趣、爱好等方面存在较大差异，旅游动机会有很大不同，强烈程度也不一致。生活圈层次不同，所处群体对他人的旅游动机产生也会带来或大或小，正向或负向的影响。

（4）社会文化因素

社会的政治、经济、文化、民俗、宗教等因素对人们的各种行为均有强烈的限制和影响作用。旅游作为一种社会活动方式，不可能脱离社会整体背景而独立存在。旅游动机的产生和发展与旅游环境的构筑紧密相关，包括国家和政府对旅游的态度，包括制定的相关方针、政策等，旅游交通及各个民族形成的文化传统和宗教意识等。

第三节　旅游者的类型及其需求特点

与旅游者的定义一样，不同观点标准下旅游者的类型划分也不同。当前根据旅游者的人口统计特征可以按年龄、性别、受教育程度、家庭收入等划分；根据旅游者出行的外在特征又可以按出行的旅游组织形式、出行区域的远近、出行的旅游花费、交通等来划分。本书是根据旅游者出行的目的来划分的：消遣型旅游者、差旅型旅游者、家庭及个人事务型旅游者和特种旅游者。

【小知识】

表 4-5 为不同标准的旅游者分类。

表 4-5　不同标准的旅游者分类

划分标准	内容
年龄	少年（6~16 岁）、青年（16~40 岁）、中年（40~60 岁）和老年（60 岁以上）
性别	男性旅游者、女性旅游者
受教育程度	根据小学、初中、高中、大学、硕士、博士学历划分
跨境与否	国际旅游者、国内旅游者

续表

划分标准	内容
出行目的	消遣型、差旅型、家庭及个人事务型
出行区域远近	区域旅游者、国内旅游者、国际旅游者、洲际旅游者、环球旅游者
旅游组织形式	团体旅游者、散客旅游者
旅游费用来源	自费旅游者、公费旅游者、社会旅游者、奖励旅游者
旅游交通方式	航空旅游者、铁路旅游者、公路旅游者、水上旅游者
旅游活动内容	文化旅游者、人文旅游者、观光旅游者、仿古旅游者、会议旅游者等

一、消遣型旅游者及其需求特点

消遣型旅游者，以游乐为主要目的，无任何额外的负担、任务或者压力。此类旅游者在旅游外出总人数中占的比重大，而且外出旅游的季节性明显。当前，除了退休人员，几乎所有的在职人员都在利用带薪假期外出旅游，形成了黄金周、小长假等旅游高需求的时期。旅游资源自身的季节性也影响了此类旅游者的出行时间。

消遣型旅游者在对旅游目的地、旅行方式、出行时间的选择也有较多的自由。当一类旅游产品出现不安全因素或者质量下降时，旅游者会选择其他同类的或相近的旅游产品替换。消遣型旅游者在旅游目的地停留时间一般也比较长，即使纯观光旅游，也会由于消遣度假的原因，逗留的时间也会相对较长。同时，该类型的旅游者对于价格比较敏感，如果某地旅游产品的价格过于昂贵，往往会另选别处。所以，此类旅游市场的竞争非常激烈。

二、差旅型旅游者及其需求特点

差旅型旅游者，以商务人员为典型代表，是旅游业的另一重要客源市场。此类消费者以业务为主，兼顾观光娱乐活动。差旅型旅游者在旅游项目的选择上着重耗时少、距离短、舒适灵活的项目。此类旅游者因是差旅出行，人数有限，但是出行频率极高，且不受季节影响。他们对服务的品质有要求，对消费价格不敏感。当然，由于受工作业务需要的限制，差旅型旅游者对旅游目的地、出行时间的选择余地极小。在工作活动中产生旅游行为，旅游目的地一般选择便于其完成公务的地方。

三、家庭及个人事务型旅游者及其需求特点

家庭及个人事务型旅游者，主要是出于探亲访友、联系调动工作、疗养治病、购物和解决其他家庭及个人事务而外出的旅游者。他们围绕家庭及个人事务选择消遣娱乐。因此，该类旅游者在时间的选择上具有一定的偶然性和突发性，消费上多以经济实惠为主，由于旅游的目的不同在旅游目的地停留的时间长短不一，从而兼具了消遣型旅游者和差旅型旅游者的某些特点，较为复杂。

四、特种旅游者及其需求特点

特种旅游者是随着经济发展，人们对旅游认知愈加丰富，于是产生了强烈的主体参与意

识的旅游者。例如，针对生态环境产生了生态旅游，针对风情文化产生了民俗旅游等。此类旅游是旅游市场的再细分，对旅游目的的选择上强调原汁原味、原始自然性，旅游者追求精神享受方面较多，由此也导致该类型的旅游者自身的文化素养和知识修养都比较高。

【知识归纳】

旅游者的行为对于旅游业的发展有直接关系。旅游者是出于就业和移民以外的任何原因，暂时离开常住地去异乡访问的人。在对旅游者的技术性定义方面，世界旅游组织对国际旅游者的定义为："除为获得有报酬的职业以外，基于任何原因到一个不是自己通常居住的国家访问的人。"我国将来华旅游入境人员称为"海外游客"，包括：外国人、华侨、港澳台同胞。在国内旅游者界定概念各一的情况下，我国将国内旅游者分为国内旅游者和国内一日游游客。

旅游者得以产生，除了受可自由支配的收入、可自由消耗的闲暇时间及其他客观条件制约，还受到受尊重和自我实现、探新求异、逃避现实和调节身心等主观条件的制约。

要为旅游者提供高质量的服务，就需要详细了解旅游者的类型，本章根据旅游者出行的目的来划分，对消遣型旅游者、差旅型旅游者、家庭及个人事务型旅游者和特种旅游者及其需求特点进行了分析。

【案例解析】

2013 年 4 月 20 日 08 时 02 分，在四川省雅安市芦山县发生了 7.0 级地震。"一方有难，八方支援"，为了让上海爱心人士能身体力行加入到支援雅安的行列中来，在四川旅游局的指导下和上海长宁区旅游局、长宁区文化局的支持下，上海春秋旅行社联合各地市旅游管理部门、旅游景区等合作单位，于 2013 年 4 月 30 日—6 月 30 日举办主题为"爱心之旅，情系雅安"的大型慈善活动。活动期间，上海春秋旅行社推出 60 条"爱心之旅"线路，让利幅度达 10%~40%，在春秋旅游网及春秋各大门店销售。同时，每销售一人，春秋对应捐资 5 元。活动结束后，善款定向捐献给雅安市旅游局，支持灾后旅游重建。围绕此次爱心主题，上海春秋旅行社连续推出五波活动。第一波是 4 月 30 日—5 月 1 日在中山公园兆丰广场举行"中山公园旅游集市春秋专场"，现场市民除了可以享受"爱心之旅"爱心价，还有机会获赠百元爱心券。第二波是 5 月 9—12 日上海世界旅游博览会期间，上海展览中心（延安中路 100 号）东一馆二楼 E25 春秋展位推出"爱心之旅情系雅安"专场活动。之后还组织了四川旅游首发团、爱心机票义卖、善款捐赠等活动。截止到 6 月底，国内游组织出游游客共计三千余人，募集善款三万余元。

思　考

1. 这些出游的旅游者的需求是什么？
2. 他们的旅游动机如何体现？

【案例解析】

旅游者出行的需求大多源于其受尊重和自我实现的需求。地震对于旅游目的地的人民造成了极大的生活、心理影响，同时也让社会对其的生活环境有了极大地关注，尤其是地震后的生活恢复、地区重建等。市民们积极参与这些活动，不仅能表达他们对灾区人民的关爱，也满足了他们对于灾区重建情况的关切与好奇。这些活动与社会公益紧密结合，是社会伦理道德观、正能量的集中体现，参与者能获得认同与尊重。并且旅游出行活动不再仅仅是一项普通的游玩活动，也被赋予了另一层光环——关怀灾区，展现爱心；到达旅游目的地游玩的同时也兼具了考察的职责，能让旅游者更具有自豪感和责任感。

【复习思考】

1. 我国在进行旅游者统计时，对旅游者是如何界定的？

2. 从香港到杭州参加西湖博览会的商务人员属于国内旅游者还是国际旅游者？

3. 在我国境内住满一年之后，离开常住地北京到广西旅游的外国人是国内旅游者还是国际旅游者？

4. 影响你成为旅游者的客观条件有哪些？

5. 旅游者可以分为哪些类型？各自的需求特点是什么？

第五章

旅游业

【学习目标】

1. 理解旅游业的概念及旅游资源的分类。
2. 理解旅游资源的开发和保护。
3. 了解旅游吸引物的概念。
4. 了解旅行社的性质和类型。
5. 理解旅行社的作用。
6. 掌握旅游景区、旅游交通、旅游住宿、旅游餐饮及旅游购物的概念，理解它们在旅游业中的作用。

第一节　旅游资源

一、旅游资源的概念

旅游资源是资源概念在旅游业中的延伸和引用，因此，在谈旅游资源之前，我们首先要了解什么是资源。所谓资源是指一切可被人类开发和利用的物质、能量和信息的总称，它广泛地存在于自然界和人类社会中，是一种自然存在物或能够给人类带来财富的财富。或者说，资源就是指自然界和人类社会中一种可以用以创造物质财富和精神财富的具有一定量的积累的客观存在形态，如土地资源、矿产资源、森林资源、海洋资源、石油资源、人力资源、信息资源等，资源是在自然界和社会上客观存在的。旅游资源作为资源的一种，与一般的资源一样，也是客观地存在于自然界和社会中。那么何谓旅游资源呢？旅游资源在国外被称作旅游吸引物（Tourist Attractions），是指旅游地吸引旅游者的所有因素的总和。在我国，诸多学者对其进行了探讨：

刘振礼（2007）认为，旅游资源是指凡能激发旅游者的旅游动机，为旅游业所利用，并由此产生经济效益与社会效益的因素与条件。

郭来喜（2014）指出，凡是能为人们提供旅游观赏、知识乐趣、度假疗养、娱乐休息、探险猎奇、考察研究及人民友好往来和消磨闲暇时间的客体和劳务，都可以称为旅游资源。

陈传康和刘振礼（1990）把旅游资源定义为在现实条件下，能够吸引人们产生旅游动机并进行旅游活动的各种因素的总和。

从上述定义中我们可以知道构成旅游资源的基本条件：一是对旅游者有吸引力，能激发人们的旅游动机；二是具有可利用性，随着旅游者旅游爱好和习惯的改变，旅游资源的包容范畴不断扩大；三是旅游资源的开发能产生不同的经济效益、社会效益和环境效益。

基于以上的几种观点，我们倾向于把旅游资源定义为客观地存在于一定地域空间并因其所具有的审美和愉悦价值而使旅游者为之向往的自然存在、历史文化遗产或社会现象。

二、旅游资源的分类

（一）按旅游资源的属性分类

旅游资源的范畴是极其广泛的，其表现形式又是多种多样的，因而在实际工作和学术研究中，都有必要对其进行分类和研究。一些学者在这个领域中做了大量工作，并形成了一些较为成熟的分类方法。一般来说，比较普遍的分类法是将旅游资源分为自然旅游资源和人文旅游资源两大类型。所谓自然旅游资源是指地貌、水体、气候、动植物等自然地理要素所构成的、吸引人们前往进行旅游活动的天然景观，具有明显的天赋性质；所谓人文旅游资源则是在人类历史发展和社会进步中由人类社会行为促使形成的具有人类社会文化属性的悦人事物，其形成和分布不仅受历史、民族和意识形态等因素的制约，而且还受到自然环境的深刻影响。

1. 自然旅游资源

自然旅游资源的形成有其一定的地理条件。从宏观的角度来看，它是地球表层所有自然要素之间相互联系、相互制约以及有规律运动的结果。例如，黄山自然旅游景观的“四绝”——奇松、怪石、云海、温泉，即决定于垂直构造节理发育的花岗岩山岳地貌、温暖气候、茂盛的植被以及待定的涌泉条件。对自然旅游资源的分类，历来有不同的原则和角度。根据《中国旅游资源普查规范》，自然旅游资源分为四大类，即地貌景观类、水域风光类、天气气象类和生物景观类。

2. 人文旅游资源

人文旅游资源是古今人类各种社会文化活动的结果，其形成与分布不仅受历史、民族、意识形态等方面因素的制约，还受到自然环境的深刻影响，并形成了明显的地域特征。这种特征使某一地区的人文因素成为吸引旅游者前来观光的旅游资源。

曾有学者将人文景观分成文物古迹、近代史迹、园林艺术、社会风情、文化艺术、城乡风貌、现代工程、科学技术、旅游设施、交通设施、游乐场所、运动场地等（该分类把旅游资源分成自然风光、人文景观和人文产品）。由于这种分类将一些作为支持物或媒介体的因素都归入旅游资源，因此存在明显的不足。此后，对旅游资源的分类还有很多，但实际上来讲，只要是能够脱离地域环境而存在、能通过运输工具而被运往市场所在地的产品，就不是旅游资源。

人文旅游资源可分为以下四种：

1）遗址遗迹，包括史前人类活动场所、社会经济文化活动遗址遗迹。

2）建筑与设施，包括综合人文旅游地、单体活动场馆、景观建筑与附属性建筑、居住地与社区、归葬地、交通建筑、水工建筑。

3）旅游商品，是指地方旅游商品，如菜品饮食、水产制品等。

4）人文活动，包括历史记录、艺术、民间习俗、现代节庆。

（二）按旅游资源的功能分类

按照旅游吸引物的功能分类，可将旅游资源分为观赏型旅游资源、运动型旅游资源、疗养型旅游资源、娱乐型旅游资源和特殊型旅游资源。

1. 观赏型旅游资源

观赏型旅游资源是指游客的体验方式以参观、观光为主的旅游资源，一般历史遗留下来的文物、历史遗迹等都属于典型的观赏型旅游资源。不管是自然旅游资源，还是人文旅游资源，开发初期都只能供游客参观、观赏，属于观赏型旅游资源。

2. 运动型旅游资源

运动型旅游资源是指可供游客开展运动项目的旅游资源，包括专门为运动型游客开发的运动型旅游资源和可提供运动项目的运动型旅游资源两种。例如，阿尔卑斯山脉是享誉全球的滑雪胜地，珠穆朗玛峰是登山爱好者的胜地，这些旅游资源是专门提供运动项目的旅游资源。另外，有些旅游资源也有运动这一附带价值，位于我国青海省的青海湖就是一个典型的例子。青海湖每年都有众多游客进行自行车环湖游，背上帐篷，骑上租来的自行车，绕着美丽的青海湖边，观看大自然赠予人类的美景，享受自行车运动带给我们的快乐。

3. 疗养型旅游资源

疗养型旅游资源是指能够让游客疗养身体、舒缓身心，有益于游客身心健康的旅游资源。传统的疗养型旅游资源有特质矿物温泉旅游资源，现在也包括被称为天然氧吧的森林公园、新兴的养生旅游资源等。其实，旅游活动本身就有一个使命——让游客放松疲惫的身心。因此，一般的旅游资源都有一定的疗养作用。但是，狭义上的疗养型旅游资源是指对游客身体健康有一定功效的旅游资源。

4. 娱乐型旅游资源

目前，基本上所有的旅游景区都有一些体验性的娱乐项目，如4D电影、缆车、索道、滑翔机等，但游客到达这些景区旅游，并不是以体验这些娱乐项目为主要旅游目标，所以不能称之为娱乐型旅游资源，所谓的娱乐型旅游资源是指以为游客提供娱乐项目为主的旅游资源。江苏省常州市的中华恐龙园就是一个以恐龙为主题的现代游乐园，园内除中华恐龙馆是观光型的恐龙化石博物馆之外，其他景点全部为恐龙主题的娱乐项目，如疯狂火龙钻、雷龙过山车、热舞恐龙车、穿梭侏罗纪、翼龙穿梭、迷幻魔窟等。

5. 特殊型旅游资源

特殊型的旅游资源是指游客因除旅游之外的其他目的而去参观的旅游资源，包括朝圣旅游、经商旅游、探亲旅游、科学考察旅游等。例如，布达拉宫就是西藏有名的朝圣旅游目的地，这里每天都有来自各地的藏传佛教的信徒前来朝拜。甘肃天水一年一度的伏羲文化节是为了祭奠华夏始祖伏羲而举办的，每年这里都要接待来自中国台湾等地的众多游客，他们不远万里，来到羲皇故里寻根祭祖。

三、旅游资源开发和保护

（一）旅游资源的开发的概念

旅游资源开发的目的是将旅游资源转化为旅游经济资源，为当地创造社会经济效益。因此可以将旅游资源开发界定为运用适当的资金和技术手段，使尚未被利用的旅游资源变得能为旅游业所利用，并因此产生经济价值及其他的多种价值，或使已被部分利用的资源的利用广度和深度得到加强，并因此提高了综合价值。这一概念需要注意两个方面的问题：

旅游资源的开发程度具有很大的伸缩性。具有敏锐开发意识的人，能够及时捕捉人们的心理需求，将那些看似与旅游毫不相干的实物开发成旅游资源（比如长寿、减肥，甚至地震、火山等），将那些看似不具备旅游条件的地方开发为旅游胜地（比如沙漠、沼泽、荒凉的小岛等）。

旅游资源的价值直接受开发、利用状况的影响。若可进入性差，则难以扩大旅游规模；若开发深度不够，则不能很好地将旅游资源的意义和价值充分发挥出来，难以给游客留下深刻的印象；如果开发不当，还有可能破坏旅游资源，影响潜在的客源。

1. 旅游资源开发的意义

潜在的旅游资源需要人们根据需要进行开发，否则便不能成为现实的旅游资源。但是现有的旅游资源，特别是已为旅游业长期利用的旅游资源，同样也需要根据情况进行再生性开发。这种开发的目的是巩固、改善和提高旅游资源的吸引力。一个国家或地区的旅游事业是否兴旺发达，不仅取决于客观上潜在的旅游资源的数量和质量，还取决于主观上对这些旅游资源的开发、利用、保护的努力程度及其科学性和合理性。一个国家或地区旅游业发展的规模和速度，一般情况下是与该地的旅游资源的数量和质量成正比的。旅游资源的丰富程度和质量的好坏，直接影响客源市场的规模，这在一定程度上决定旅游业的发展规模和速度。旅游资源的质量好坏是由旅游资源本身的吸引力、地理位置与客源市场的距离、交通便利程度、各种服务设施的完善程度等诸因素决定的。开发、利用、保护好我国丰富的文物古迹、美丽的自然风光、众多的民族风情，最大限度地发挥其特色的开发要独树一帜，别出心裁，创造出具有民族特色和地方特色的旅游产品，从而满足旅游者“求知、求新、求奇、求异、求乐”的消费心理。打造一批别开生面、奇特新颖、超凡脱俗的新产品或拳头产品，真正做到“人无我有，人有我优，人优我特”，从而提高自身在旅游市场上的竞争力。

2. 旅游资源开发的方式

旅游资源开发方式通常包括兴建、利用、提高和改造等四种。

（1）兴建

兴建是指创造性地建设新的旅游吸引物，如建立主题公园或游乐园。此方式多在接近客源地、区域经济条件较好、但旅游资源类型单一或数量较少的区域采用。例如，在 2004 年开始正式动工修建的香港迪士尼乐园，就属于此种开发方式。这种开发方式重在创新，出奇制胜，必须创造出“人无我有、人有我优、人优我特”的具有鲜明个性和独特风格的景物，方能在竞争激烈的旅游市场上站稳脚跟。前些年我国主题公园发展中一度出现的互相模仿的现象，就是因为缺乏创意，并造成了极大的资源浪费。所以，兴建旅游吸引物必须有创意，其中所包含的新奇特色必须有浓厚的地域文化背景作为支撑，从而产生主题明确、个性突出的效果。例如，我国改革开放的前沿、中外交流的窗口——深圳所兴建的“锦绣中华”“中华民俗文化村”和“世界之窗”三大人造景区，就取得了良好的经济效益和社会效益。

（2）利用

利用是指利用原有的非旅游资源，使之成为旅游吸引物。随着社会的进步和人类生活水平的提高，人们的旅游需求及消费行为特征也会发生变化。这样，在已经开发的旅游区或未开发的区域内，根据人们新的旅游兴趣，开发利用那些以前未被认识或人们认为是非旅游资源的旅游吸引物，即潜在的旅游资源，使其成为新的旅游景点，如大学校园、大型工厂等(如厦门大学和蒙牛加工厂)。近年开发的西昌卫星发射基地旅游就吸引了大批旅游者。

（3）提高

一些风景名胜，由于自然的或历史的原因而衰败，但其在旅游者中仍有一定的知名度和影响力，应对其进行修正，使其重新成为可供旅游者游览的景点；或是现有的旅游地配套设施无法满足旅游业发展的需要，应当增加一些设施或服务，提高整体的质量和吸引力。例如，河北平山的御温泉，水温适宜，治疗效果较好，但是过去服务项目单一，旅游吸引力不足。后来当地旅游部门投资建设了水上乐园，增添了多种水上娱乐设施，使其服务水平和旅游吸引力有了明显提高。

（4）改造

改造即投入相当数量的人力、物力、财力，对已有的资源进行全部或局部的改造，使其符合旅游需要，成为旅游吸引物，如近年上海对老城隍庙旅游区所进行的大规模改造。

在旅游资源开发的实践中，以上四种开发方式很难截然分开，通常是结合现状与需求，确定具体的开发方式组合。例如，南京开发的“秦淮河——夫子庙风光带”，就是通过整治秦淮河，利用夫子庙，修复乌衣巷、媚香楼，改造文化用品、小商品、花鸟鱼虫、风味饮食、春节花灯五大市场这一系列的方式，形成了具有浓郁南京文化风味的特色旅游产品。

（二）旅游资源的保护

旅游资源经过开发规划成为吸引旅游者的旅游产品，是最为直接的挖掘旅游者出游动机的根本因素。保护是合理开发和规划的前提，是每一个参与旅游活动的个体必须遵守的原则。

1. 旅游资源保护的意义

旅游资源是旅游业生存发展的基础，旅游资源的保护是旅游资源规划与开发的有机组成部分。旅游资源的保护不仅包括旅游资源本身的保护，使之不受损伤、特色不被削弱，而且还涉及周围环境的保护问题。对旅游资源开发与利用往往蕴含着使其受到毁坏的危险。因此，在制定规划、实施开发时，必须切实做好旅游资源的保护工作。

保护旅游资源就是保护旅游业。旅游资源是旅游开发的必备条件之一，是构成旅游产品的重要组成部分。没有旅游资源，也就没有了旅游业存在和发展的基础。而旅游资源是脆弱的，常常会受到不同程度的破坏，有些可以在一定时间之后自行修复，有些则会造成无法挽回的影响，从而减弱旅游目的地的吸引力。从这一角度讲，保护旅游业的首要工作就是保护其赖以存在的旅游资源。

保护旅游资源就是保护生态环境，保护旅游地文化。旅游资源涵盖的范围十分广泛，既包括自然界赋予的自然旅游资源，又包括人类活动所创造的人文旅游资源。其中前者是生态环境的重要组成因素，后者则是重要的文化遗产。保护旅游资源，也就是保护了以上要素，对实现生态环境的保护和旅游地文化的保护起着决定性作用。

2. 旅游资源保护的政策与措施

对于旅游资源应当采取积极主动的保护措施，即以“防”为主、以“治”为辅、防治结合的原则。要运用法律、行政、经济和技术等手段，加强对旅游资源的管理和保护。

3. 政府应重视旅游资源的保护工作

旅游资源的保护是个自上而下的过程，要想使旅游者真正从心里重视旅游资源保护，必须通过政府的努力，维护一个良好的大环境。所以政府应做到：制定各种相关法律法规，使旅游资源的保护做到有法可依；加强对旅游资源保护的宣传工作；建立健全旅游相关的管理机构；加强旅游规划工作，防止旅游景区超载；对于自然作用所带来的危害，要采取技术措施加以保护。

【小贴士】

旅游新资源凉山州的“阳光”也能卖

2009年12月14日，由省旅游局和凉山州主办的凉山“阳光之旅”旅游产品暨旅游项目推荐会在成都举行，吸引了省内外上百家知名旅行社、客商代表。总投资40.8亿元的10个优势旅游项目受到追捧。

“冬春阳光之旅”是凉山州成熟且具吸引力的旅游产品。州府西昌市及周边地区年平均气温18℃，年日照数2500多个小时，无霜期长达270天以上，冬季无雨，阳光明媚，每年吸引大批省内外游客来此休闲度假。

近年来，凉山州集团式创建国家4A级旅游景区，成功打造了邛海、螺髻山、泸沽湖、灵山寺等旅游景点，实现了旅游产业跨越发展，形成了在少数民族地区发展旅游业的“凉山模式”。

凉山“卖”阳光，卖点有哪些？

12月14日，成都锦江宾馆锦江厅门外矗立着“凉山欢迎您”大型展板，美丽的彝家“阿咪子”穿着节日盛装喜迎八方来客。由省旅游局和凉山州主办的凉山“阳光之旅”旅游产品暨旅游项目推荐会上，凉山在寒冬里热“卖”阳光。

温差就是卖点。

成都寒气逼人，凉山艳阳高照。当日的成都气温仅10℃，而500公里外的凉山却艳阳高照，24℃的气温温暖如春。

地处“大香格里拉”旅游环线的腹心地带的凉山，旅游资源得天独厚。“湖光山色美、民族风情浓、科技含量高”是凉山州旅游资源的主要特点，也是凉山在西部最具优势的旅游资源。

驰名中外的雷波脐橙、红遍大江南北的会理石榴、香甜可口的盐源苹果干等。凉山“冬春阳光之旅”作为具有独特旅游优势的又一品牌，成为极具市场吸引力的旅游新产品。

模式也是卖点。

凉山州委、州政府高度重视旅游资源开发，立足于丰富的旅游资源，坚持“政府主导、企业主体、市场运作、民众参与”的原则，成批集团式创建国家4A级旅游景区，形成了在少数民族地区旅游发展进程中具有借鉴意义的“凉山模式”，受到旅游业界、媒界的广泛关注。凉山州委书记翟占一介绍：凉山的旅游产业坚持以创建知名品牌为目标，以产业化发展为抓手，以优化结构和提质增效为主线，大力实施优势资源开发与保护战略，发挥放大比较优势，着力打造西部阳光休闲度假旅游目的地。

四、旅游吸引物

（一）旅游吸引物的概念

“旅游吸引物”一词来源于西方的旅游学术界，在旅游研究的进程中，中外学者对其概念进行了广泛的讨论。艾伦·卢（1987）认为，旅游吸引物在本质上是由所有足以将每个旅游者从家中吸引过来的要素构成的，这些要素通常包括可供观赏的风景、可参与的活动、可追忆的经历。L·J·劳顿（2005）认为，旅游吸引物是吸引管理者和旅游者的注意力的，有特殊的人类或自然界特征的知名事件、遗址、区域或相关现象。胥兴安和田里（2008）把旅游吸引物当作一种能吸引旅游者的综合体，它不仅包括了旅游活动的客体——旅游资源，以及以此为中心开发出来的核心旅游产品，还包括了旅游活动的媒体——旅游业，以及与核心旅游产品一起构成的组合旅游产品。

旅游吸引物是旅游活动的客体，是激发旅游动机、形成旅游需求、影响旅游决策的重要因素。旅游吸引物有广义和狭义之分。狭义的旅游吸引物一般是指有形的旅游资源，包括自然旅游资源和人文旅游资源；广义的旅游吸引物除有形的旅游资源外，还包括旅游服务、社会制度、民居生活方式等无形的旅游资源。一个国家或地区所拥有的旅游吸引物的类型、数量、质量和可进入性程度将影响旅游系统中的旅游流向和市场发展前景，影响目的地旅游业和社会经济的发展。因此，在旅游学的研究范畴中，旅游吸引物是重要的学习内容和研究对象。

旅游吸引物是李珀尔旅游系统模型中的拉力因素，促进人们前往某地旅游，它包括旅游资源、适宜的接待设施和优良的服务，甚至还包括快速舒适的旅游交通条件。按旅游吸引物的吸引力来源及其作用，可以将旅游吸引物细分为旅游对象、旅游媒介物和旅游标志。实际上，旅游吸引物包含了更多的内容，即从吸引旅游者到影响旅游者形成购买行为全过程的所有因素，可归纳为旅游资源、旅游产品、旅游信息和标志以及旅游目的地社会环境，构成旅游吸引物系统。

综上所述，旅游吸引物的主要功能是激发人们的旅游动机，是旅游业赖以发展的基础。旅游吸引物是指在现实条件下，任何能够激发人们的旅游动机、吸引旅游者进行旅游活动的一切自然客体与人文因素的总和。

第二节　旅行社

一、旅行社的定义及特征

旅行社是为人们提供服务的专门机构，也是我国旅游业的三大支柱产业之一。按照我国《旅行社管理条例》规定：“旅行社是以营利为目的，从事旅游业务的企业。”从事为旅游者代办出境、入境和签证手续，招徕、接待旅游者，为旅游者安排食宿等有偿服务的企业。包括旅游公司、旅游服务公司、旅行服务公司、旅游咨询公司等，都属于旅行社。

旅行社的产生是人类经济活动和旅游活动发展到一定阶段的产物，也是人类旅行活动长期发展的必然结果。从旅行社的定义可以看出，旅行社的性质表现为以下几个方面：

（一）营利性

旅行社是以营利为目的的企业。旅行社首先是一种企业形态，营利性是其所有企业应具有的共性，也是其根本性质。企业的最终目的是追求利润最大化。旅行社也是一个独立核算、自负盈亏的经营性组织，因此也担负着盈利的重任。

（二）服务性

这一性质也是旅游业中所有企业都具备的特点，因为都需要为旅游者提供服务，服务成为各个企业产品构成的主要成分。作为向旅游者提供旅游产品的旅游企业，旅行社自始至终经营活动的全过程都离不开服务这一核心内容。旅行社的业务是为旅游活动提供各种服务。主要涉及四个方面的内容：为旅游者代办出入境和签证手续；招徕接待旅游者；向旅游者提供导游、咨询等服务；为旅游者安排交通、游览、住宿、饮食、购物、娱乐等活动。

（三）中介性

旅行社是中介服务机构。作为旅游服务企业，旅行社是旅游客源地与目的地之间，以及旅游消费者与旅游供应商之间的纽带。旅行社为旅游者提供的服务，实际上是各个旅游服务供应部门提供的。旅行社在旅游者与旅游服务供应部门之间发挥桥梁纽带作用，是一种中介服务机构。

二、旅行社的分类

（一）旅游批发商（Tour Wholesaler）

旅游批发商是组织并推销旅游产品的一种旅行社。它没有自设的零售网点，只是通过各种从事零售业务的中间商成套出售自己组织的包价旅游产品。这种旅行社按照旅游路线和旅游项目等制订年度计划，然后进行广告宣传和推销，如印发旅游产品目录、刊登广告、参加旅游展销会等，还要向中间代理商提供有关的咨询服务。

（二）旅游经营商（Tour Operator）

旅游经营商的业务同旅游批发商类似。在西方旅游界人士中，二者常常被认为是同一概念。旅游经营商一般都拥有自己经营的零售网。因此，旅游经营商除了可通过中间代理商出售包价旅游产品外，还可通过自己经营的零售网点直接向广大公众出售这些产品。

（三）旅游代理商（Travel Agent）

旅游代理商是旅游零售商的典型代表，是指主要从事地面接待业务或代理旅游批发商、经营商以及有关食、住、行、游、购、娱等方面的旅游企业具体招徕和组织游客的旅行社。其收入主要来自被代理企业所支付的佣金。

上述三类旅行社虽有分工，但实际上它们的业务常常互有交叉，并且往往随着旅游市场的行情更改，所以某个旅行社的具体归类是针对某一待定的时间而言的。

三、旅行社在旅游业中的作用

第一，旅行社是旅游业的重要构成部分，是旅游业产生的标志。在旅游业中，旅行社发挥着龙头作用、神经中枢作用。

第二，旅行社在旅游业中起着桥梁和纽带作用。旅行社的销售是旅游产品的全面销售，旅行社提供的服务是综合服务。因此，在业务关系上，旅行社被比喻为“串糖葫芦”；在财务关系上，旅行社被比喻为“过路财神”。

第三，旅行社存在和发展的根本原因，在于它创造了一种新的信息传递方式和资源组合方式。这两种方式的结合形成了这一领域的有效率的组织。

第四，旅行社的服务深化和扩展了旅游业的政治作用和文化作用。旅行社通过训练有素的外勤人员，努力提高服务质量，使外国旅游者时时处处都感到东道国人们待客的诚挚，有助于增进彼此之间的了解和感情。导游、翻译人员在日本被称为“无名大师”，在美国被称为“一个国家的脸面”，在埃及被称为“祖国的一面镜子”，这说明导游、翻译人员还起着民间外交的作用。

【小贴士】

TripAdvisor

TripAdvisor（官方中文名：猫途鹰）是全球知名的旅行社区，每月访问量达3.4亿，拥有2亿余条来自旅行者的真实点评，覆盖超过190个国家的酒店、景点和餐厅。其官方APP还同时支持离线下载和本地服务功能。

旅行者的真实评论是TripAdvisor最大的特点。目前，TripAdvisor已成为一个大型的在线“数据库”，它拥有大量关于旅游目的地的信息，包括酒店、景点、餐厅。

TripAdvisor在全球45个国家设有分站，包括美国、英国、西班牙、印度、中国等地，覆盖28种语言，覆盖全球超过1650000家住宿和度假租屋，530000个景点和2700000家餐厅的信息。

TripAdvisor媒体集团由TripAdvisor有限责任公司运营，旗下有24个旅游网站品牌。曾经属于Expedia（NASDAQ：EXPE），于2011年12月拆分出来并单独上市（NASDAQ：TRIP）。

TripAdvisor还运营其独立的商务部门（Trip Advisor for Business），专注于帮助旅行有关机构接触TripAdvisor的百万用户。此部门涵盖了酒店全球通业务（Business Listing），旨在帮助酒店获得直客订单，以及度假租屋业务（Vacation Rentals），旨在帮助业主将度假租屋收录在 TripAdvisor 中，向用户提供除了酒店之外的其他选择。

TripAdvisor 以及 TripAdvisor 商标由 TripAdvisor 有限责任公司在美国以及其他国家注册，其他提及的商标或产品以及公司名称为各自所有人所有。

TripAdvisor 是全球最大的旅游社区，为用户提供及时可信的全球化旅游信息、周到客观的酒店评论、酒店索引、酒店选择工具、酒店房价比价搜索以及社会化的旅途图片分享、视频上传和在线驴友交流等服务。

TripAdvisor 谷歌收录 7940 万个页面，百度收录 669 万个页面。

TripAdvisor 在 Facebook 发布了一款叫本地推荐（Local Picks）的 App，这款 App 通过汇总当地居民和 Facebook 好友的评价，为游客推荐最适合的餐馆。

Local Picks 覆盖了全世界超过 85 万家餐馆，从 TripAdvisor 上百万食客评论和意见中收集数据，尤其看重当地居民和朋友们的贡献。Local Picks 的每个餐馆都有一个介绍页，评级系统在 1 到 5 分之间，这个评级系统，旨在通过知道本地区哪家店最好的当地居民，将附近最好的餐馆和所谓“隐藏的宝石”发掘出来。

第三节　旅游交通

一、旅游交通的概念

旅游交通是实现旅游者（包括旅游者所携带的行李物品）空间移动，通过旅游交通这一手段，达到旅游者的旅游目的。即旅游交通是与旅游者旅游活动相关的，使旅游者实现空间移动的交通运输中的那一部分。但并不是说旅游交通可以脱开整个交通而独立存在，它是与整个交通运输体系紧密联系在一起的。如在同一架民用飞机中或同一列火车中，既有旅游者，也有非旅游者，这架飞机和这列火车，既可以看成是交通运输，也可以看成是旅游交通。旅游交通不可离开整个交通运输而单独发展。

因此，旅游交通是指旅游者利用某种手段和途径、实现从一个地点到达另一个地点的空间转移过程。它既是旅游者抵达目的地的手段，同时也是在目的地内活动往来的手段。旅游交通主要包括 3 个层次：

（一）外部交通

外部交通是指从旅游客源地到目的地或目的地内各城市间的交通，属于中远距离的空间位移。主要采用航空和铁路交通。

（二）中间交通

中间交通是指旅游中心城市到各景区的交通，属于中短距离的空间位移。主要采用铁路、公路和水陆交通。

（三）内部交通

内部交通主要是指景区内交通，景点间的短距离空间位移，以景区规模的大小、景区内地形的变化幅度、景点间的距离以及景区内旅游活动的特色而异。采用汽车或特殊交通工具和步行为主。

在旅游业不发达或不甚发达的情况下，旅游交通在整个交通运输中不占重要地位，或者说旅游交通在整个交通运输中占较小的比例。但是随着旅游业的发展，旅游交通在整个交通运输中所占据的地位日益重要，或者说旅游交通在整个交通运输中占着越来越大的比例，以至于在某些国家或地区，旅游交通成为整个交通运输的主要部分。

二、旅游交通的主要形式

（一）公路交通

公路交通是最普遍的中短途运输方式，主要凭借各种汽车为承载工具为旅游者提供交通服务，在整个旅游交通运输体系中占有十分重要的地位。

公路交通作为一种现代化的运输方式，它的出现要晚于铁路交通和水路交通，世界上第一辆汽车诞生于1886年，但直到第二次世界大战期间，汽车才真正发展起来。乘坐汽车旅游的优势明显，主要表现为机动灵活，行驶自由，对自然条件的适应性强，能深入旅游景区内部等。

“二战”以后，随着社会经济的发展，世界各国的私车拥有率不断上升，汽车进入了更多普通百姓的家庭，成为必不可少的交通工具之一。在节假日，人们自行驾车外出休闲度假已经成为一种生活方式。特别是欧美国家的许多旅游者，在进行国内游或邻国旅游时，大多自行驾车。

如今在欧美发达国家，人们自驾游的一种重要交通工具是旅游房车。旅游房车又名休闲露营车，是一种类似货车的中型车辆。它不仅是一辆汽车，而且还具备了居家所要求的各种功能，车上配备基本的生活设施用品，如座椅、桌子、睡具、炊具等，高档房车甚至配备沙发、橱柜、电器、盥洗设施等，真正集“食、住、行”于一体，舒适方便，被旅游爱好者誉为“流动的家”。目前，房车旅游在欧美发达国家拥有一定市场，根据美国房车工业协会统计，在美国每12个拥有汽车的人当中大约就有一位拥有房车。

除了自行驾车开展旅游活动以外，乘坐公共客运汽车或长途公共汽车也成为众多旅游者的选择，特别是中短途旅游者。汽车客运服务的经营成本较低，服务价格也较为低廉，对中、低收入的旅游消费者很有吸引力。城际公交是指在城郊之间或临近的城市之间以公交化模式运营的客车。跟普通长途客车相比，城际公交营运距离基本都在150公里以内，有固定的起始站和中途站，定点按时发车，票价低廉。城际公交的开通，方便了旅游者出行，加强了城际间的往来，促进了旅游业的发展。截至2014年年底，我国公路总里程446.39万公里，其中高速公路里程11.19万公里，极大地促进了我国经济的稳定增长。① 但是公路交通也有不足之处，如汽车承载量小，安全性较差，长期乘坐易使人疲劳，排出气体污染环境等。

（二）铁路交通

铁路交通是以载客列车为承载工具，在动力机车的牵引下沿铁道行驶，运送旅游者的交通运输方式。在很长一段时间里，铁路交通曾经是人们进行旅游活动最主要的交通方式，并且对近代旅游业的产生和发展起过重要的作用。但就全世界范围而言，自20世纪50年代以

①截至2014年年底全国公路总里程达446.39万公里.http：//www.chinahighway.com/news/2015/927083.php.

来，铁路交通在旅游交通中的地位逐渐下降，远途旅游交通被航空运输取代，而中短途旅游交通大多被公路运输取代，乘坐火车出行的旅游者人数日趋减少。为了扭转这一局面，提高竞争能力，许多国家相继对铁路交通进行了一些改革，比如提高列车运行速度，开发研制高速铁路，改善列车服务条件，提高旅客乘坐舒适度，开设旅游专项列车等。

高速铁路，是指列车运行时速在200公里以上的铁路。高速铁路的问世和发展，使得传统的铁路运输重新焕发了生机力，预示着“铁路第二个大时代”的来临。

此外，国外铁路运营公司推出了一些主题性旅游专列来吸引旅游者，如比利时的娱乐性旅游列车、德国的幽雅型旅游列车、瑞士的观赏型旅游列车、法国的艺术型旅游列车和印度的朝圣型旅游列车等。这些旅游专列带有明显的主题性，形式新颖、内容多样，能够提升旅途中的生活乐趣，一经推出便以特色打开市场，获得旅游者的欢迎与喜爱。

铁路交通在各种交通运输方式中，具有运输能力大、运输价格低、安全性高、环境污染小以及受气候变化影响小等特点，在我国旅游交通中一直占有重要地位。

由于我国国土辽阔，航空、公路交通发展水平有限，铁路交通仍然是人们开展旅游活动，尤其是国内旅游选用的主要方式。我国铁路交通部门为了满足旅游者出行的交通需求，在旅游客源地和旅游热点城市、著名旅游风景区间开设了多条旅游专列。

在高速铁路建设方面，随着最高运营时速为350公里的京津城际高速铁路开通运营，中国铁路行业已经驶入高速时代。根据规划，我国将建立省会城市及大中城市间的快速客运通遣，包括联接南北东西的“四纵四横”客运专线网络，以及覆盖环渤海地区、长江三角洲地区、珠江三角洲地区三个都市圈内的城际铁路网络。目前，在我国已经开通了京津、武广、广深、沈大、沪杭、沪宁、成渝等多趟高速列车，正在施工中的有京沪、京广等高速铁路。跟普通列车相比，客运专线、城际列车具有运量大、密度高、公交化的特点，运行速度快、乘坐舒适、安全性高，中途不停站或很少停站，极大地方便了旅游者的出行，提升了人们的旅行生活质量。国务院在《“十二五”综合交通运输体系规划》提出，中国将在2015年贯通“四纵四横”的高铁网络，并建设相关辅助线、延伸线和联络线，届时中国高铁总里程将达到1.8万公里。具体来说，“四纵”为京沪高速铁路、京广深港高速铁路、京哈高速铁路、杭福深客运专线（东南沿海客运专线）；“四横”为徐兰客运专线、沪昆高速铁路、青太客运专线、沪汉蓉高速铁路。

在市内旅游交通运输方面，城市轨道交通也发挥着重要的作用。城市轨道交通是指列车或车辆在钢轨或沿导向轨道运行的城市公共交通方式。自从1863年世界上第一条地下轨道在英国伦敦建成通车以来，城市轨道交通发展至今已有一百多年的历史，而电力驱动车辆的出现使城市轨道交通在20世纪得到了广泛的发展。目前，世界上拥有轨道交通的城市众多，且都集中分布在人口超过100万的大城市。城市化的发展，使得许多城市在交通问题上面临严峻挑战，行车难、乘车难成为困扰人们工作生活、制约城市发展的一个显著问题。在这样的背景下，各国城市纷纷引入立体化的快速轨道交通系统，并且逐渐形成了以地铁和轻轨为主体，包括有轨电车、磁悬浮列车等在内的多种类型并存的现代城市轨道交通发展格局。在世界主要大城市中，轨道交通运输量占公交运量的50%以上，有些甚至达70%以上。如法国巴黎的轨道交通系统承担了约70%的城市公交运量，而日本东京大都市圈内的轨道交通系统每天运送旅客3000多万人次，承担全部客运量的86%。我国城市轨道交通的发展经历了百余年的时间，1908 年上海街头出现了中国第一辆有轨电车，1969 年北京地铁 1 号线正式运行通车，时至今日包括北京、天津、上海、广州、南京、深圳、武汉、成都、重庆在内的十个城市已经拥有了自己的轨道交通系统，并且还有多个城市的轨道交通系统正在建设或规划中。

（三）航空交通

航空交通是以飞机为承载工具，以航空交通线为飞行线路，运送旅游者的交通运输方式。航空运输是各种交通方式中出现最晚的，却以其飞行速度快、飞行距离远、乘坐舒适和安全性高等优点受到旅游者青睐，尤其广泛使用于洲际旅游、国际旅游等中长距离旅游中。随着旅游业的发展，我国航空客运输业得到快速发展，运输能力明显提高。截至 2014 年年底，我国国内民用航空通航机场共 202 个，民航全行业运输飞机期末在册架数 2370 架，全国各机场共完成旅客吞吐量 8. 32 亿人次。①

（四）水运交通

水运交通是利用各类船舶为承载工具，在海洋、江河、湖泊、水库等水域沿航线运送旅游者的交通运输方式。船舶是一种传统而古老的交通工具，在航空运输崛起以前，船舶运输一直是旅游者漂洋过海，进行远洋旅行的主要方式。水运交通方式与其他交通方式相比，具有运输能力大、安全性较好、乘坐较舒适、票价低廉等特点，但是 20 世纪 50 年代以后，随着其他运输方式的兴起，搭乘轮船的游客数量急剧下降，许多轮船公司被迫放弃了传统的远程定期班轮业务，转而经营灵活的游船业务。

如今的游船已经从单一的水上运输工具转变成为集住宿餐饮、观光娱乐、休闲度假多种功能于一身的旅游度假场所，被誉为是“漂浮的旅游胜地”和“漂浮的旅馆”，乘坐游船旅游进行海上巡游也被人们认为是一种时尚的旅游度假方式。

大型的游船又称邮轮，通常船体庞大，甲板层数众多，可达十几层。现代邮轮设备齐全、设施高档，船内除了设有不同等级的客舱、不同类型的餐厅外，还设有赌场、影剧院、咖啡厅、歌舞厅、图书馆、商场、医院、银行等休闲娱乐场所或生活设施，游泳池、网球场、台球室、健身房等体育活动场所。旅游者既可以尽情享受邮轮上悠闲舒适的生活，也可以登陆沿途港口，领略当地风情。近年来，世界邮轮旅游发展迅速，特别是受到中高端消费层次旅游者的喜爱。自 20 世纪 80 年代至今，世界邮轮旅游人数以年均 8. 2%的速度增长，目前北美和欧洲地区是世界最大的邮轮消费市场。

我国海域辽阔，内陆河流湖泊众多，水运资源丰富，为开展水上旅游提供了良好的环境。在沿海的一些重要港口城市，如上海、香港、大连、青岛等，每年都有大批邮轮靠港，接待邮轮旅游者登陆观光访问。此外，全国各地旅游企业也都竞相利用水运资源，开发水上旅游项目。如乘坐豪华游船畅游三峡，已经成为长江旅游的一张王牌，吸引着国内外的众多旅游者；浙江的钱塘江水上旅游，将富春江、新安江、千岛湖连成一串，成为国内著名山水旅游线；此外还有桂林阳朔漓江旅游、京杭大运河仿古龙舟旅游等项目。

（五）特种旅游交通

特种旅游交通，是指除上述常用的交通方式以外，为满足旅游者某些特殊需求而产生的

---

①2014 年民航行业发展统计公报 . http：//news. carnoc. com/list/318/318297. html.

交通运输方式，如热气球、缆车、竹筏、羊皮筏、自行车、马车、人力车、轿子等。这些交通方式往往体现出旅游目的地独特的风俗文化，且具有参与性、娱乐性的特点，受到旅游者的广泛欢迎。

三、旅游交通在旅游业中的作用

旅游交通解决了人们外出旅游的时空矛盾，它在旅游业中的作用主要表现在以下几点：

（一）旅游交通是旅游业产生和发展的前提条件

旅游业的产生和发展与交通的发展是紧密联系在一起的，交通是实现旅游活动不可缺少的手段。没有交通工具的不断改进和完善，没有交通线路的开辟，旅游业就难以生存和发展。反过来，旅游业的兴旺发达对旅游交通的发展起着巨大的推动作用。旅游交通运输的现代化提高了运载能力，加快了旅行的速度，节省了旅途时间和费用，扩大了旅游者的空间活动范围，进而直接影响着旅游活动的规模、形式和内容。可以说，旅游交通是旅游业的“生命线”。

（二）旅游交通是旅游者完成其旅游活动的必要条件

旅游业是依赖旅游者来访而存在和发展的企业。旅游者外出旅游，要解决从定居地到旅游目的地及其景点、酒店等场所的空间转移问题，没有旅游交通，这种转移就不可能实现。有了旅游交通，旅游者才能“进得来、散得开、出得去”，旅游者的旅游活动才能得以顺利进行。解决不了旅游交通问题，旅游服务、设施和资源就会出现闲置和浪费，从而严重制约旅游业的发展。

（三）旅游交通是旅游收入和旅游创汇的重要来源

旅游交通费是基础性旅游消费，是旅游者在旅游消费活动中必需的、基本稳定的支出，它是整个旅游活动中各种花费的重要组成部分。据统计，旅游者总花销的20%~40%用于旅游交通方面。从旅游经营角度讲，旅游交通是旅游经济收入的基本来源和重要组成。

（四）旅游交通促进了旅游区的繁荣

旅游地的发展仅依赖有吸引力的资源是不够的，还必须通过旅游交通的开发和建设才能把旅游景点与客源市场沟通起来。世界上所有旅游热点地区之所以兴旺，均与交通发达有关。发达的旅游交通为旅游城市和地区，特别是一些偏远地区和山区与外界进行信息、物质等的交流，为扩大客源范围提供了便利条件，促进了旅游地的发展和各项事业的繁荣。

【小贴士】

Oyster 卡是大伦敦地区交通用的电子收费系统，于 2003 年首次发行。Oyster 是“牡蛎”的意思。因此也称作牡蛎卡。

卡片的大小和信用卡相同，内置芯片，可以储存伦敦交通的旅行卡（Travel Card）、公交卡（Bus Pass）及预付费（Pre-pay）。使用时把卡片放在黄色的圆形读取器上即能通过。由于 Oyster 卡可以充值循环再用，这比传统的纸造车票要环保。一般认为，Oyster 卡比现金付费每次购票简便，不过也有人认为只要预先购票，两者速度相差无几。Oyster 卡可重复使用。

Oyster 卡源自香港的交通电子收费系统——八达通卡。一如八达通卡和其他预付费智能卡，Oyster 卡有望成为一套完备的、适用于不止交通系统的电子货币。负责开发 Oyster 卡系统的伦敦交通局（Transport for London）曾计划把该卡的应用扩张至日常消费上，但计划已在 2006 年初搁置。Oyster 卡于 2006 年 8 月被英国《星期日独立报》列为“21 世纪 50 大发明”之一。

第四节　旅游住宿

一、旅游住宿的概念及特征

旅游住宿业是指为旅游者提供住宿、餐饮及多种综合服务的行业。在旅游业的食、住、行、游、购、娱六大要素中，旅游住宿业是一个十分重要的环节，与旅行社业、旅游交通业并称为旅游业的三大支柱，是人们在旅行游览活动中必不可少的“驿站”。旅游住宿有以下特征：

（一）旅游住宿业是有形和无形要素的组合产品

住宿业的有形要素包括周围环境、设备设施、装修、地理位置以及为客人提供的餐饮产品。对住宿业的有形要素管理很复杂，因为顾客会将一家酒店的外观和环境与他们的预先期望值做比较，再对产品的质量进行判断。同样，虽然食物能够满足人们的基本需要，就餐体验却常常是顾客住宿体验的一个很重要的组成部分。

住宿业的无形要素比有形要素更为复杂，它包括酒店所营造的氛围和顾客在酒店住宿过程中所享受到的服务。大多数住宿产品是有形物品与无形经历的结合。例如，一位顾客在酒店餐厅的体验就牵涉很多无形组合效应，包括从餐厅人员采购、烹调，直到把菜肴端上桌来。其背后的有形要素如建筑、内部装修、厨房设备、餐桌餐椅和餐具，还有做出来的菜品显然也都是餐厅所必需的。有观点认为，无形的服务是住宿产品的核心，但我们认为住宿产品是由有形与无形的多种因素组合而成的。

（二）旅游住宿业的产品生产与消费是不可分割的

在住宿产品的生产与消费过程中，顾客必须来到服务现场进行参与，住宿产品才能提供。这与购买和消费实物产品相反，如洗衣机和电视机都可以在德国生产，然后在捷克出售和使用。这种不可分割性还意味着顾客在购买和消费产品之后，该产品的所有权并不属于顾客，顾客只购买了住宿产品一段时间内的使用权。有人认为，顾客购买住宿产品不仅享受了住宿的美好体验，还拥有了住宿后的美好回忆，但顾客却不能体验到住宿产品持续的物理形态价值。就像顾客在酒店餐厅酒足饭饱之后，四五个小时又会感觉到饿，就必须再次进行消费。与购买一台洗衣机或电视机相比，在顾客购买若干年之后，洗衣机或电视机仍然可以使用并体现它的使用价值。

（三）旅游住宿业的产品是瞬间即逝的

住宿产品是不可以储存的，如果客房一晚没卖出去，那么销售机会将永远消失。就算在这之后由于需求的突然增加而将所有的房间都卖出，之前的空房所带来的损失也不会得到弥补。

与大多数物质产品不同，住宿产品具有高度的即逝性，也不能被储存起来以后再销售。因此，客人的需求在住宿产品的提供中起到相当大的作用。同时，大多数住宿设施供应商还会碰到很多因需求波动所带来的损失和管理问题。

二、旅游饭店的概念及特征

饭店是指在功能要素和企业要素达到国家标准、能够为旅居客人及其他客人提供住宿、饮食、购物、娱乐等综合性服务的企业。

在国外，虽然表示住宿设施的词汇有很多，如 Hotel（饭店）、Inn（客栈）、Lodge（客店）、Motel（汽车旅馆）、B&B（Bed and Breakfast，住宿加（次日）早餐）等，其中最为重要的是“Hotel”和“Inn”。前者是指一切饭店，特别是那些标准化的住宿设施；而后者则多指那些传统的小客店，特别是那些家庭式的住宿设施。在我国历史上，各个时期对商业性的住宿设施也有“驿站、客舍、客馆”等许多不同的称谓，在今天，又有“饭店、旅馆、宾馆、饭店、酒店”等不同的叫法。现代社会中，“Hotel”一词已经成为大众化、标准化住宿设施的统称。

在我国，旅游饭店的称谓源于 20 世纪 80 年代以后，当时出于改革开放的实际需要，因来华入境的宾客多数是以旅游者的身份办理签证的，而且国家旅游局和技术监督局在确定饭店星级评定标准时，正式地把具备接待外宾资格的饭店称为旅游涉外饭店，简称旅游饭店。旅游饭店是旅游者是在旅游活动中生活居住的地方，而且现代化的饭店往往是多功能综合性的饭店，为旅游者的食、住、行、游、购、娱等旅游需要的满足提供产品和服务，并以此获得经济效益的旅游企业。

【小贴士】

Bed and Breakfast

住宿加（次日）早餐、家庭旅馆（一般简称为 B&B，但网络也用 BnB 表示）。是一种小型的旅舍，提供过夜的住宿，其中包含次日的早餐，但通常就不提供其余餐饮了。通常来讲，B&B 是由私人家庭向旅行者提供住宿的一种形式，一般的 B&B 有 4~11 个房间，平均来讲有 6 个房间。

相对于酒店住宿来讲，B&B 的住宿费用相对低廉许多，住客也可与房东互动，了解当地民俗，现在被越来越多的游客喜爱。

三、旅游饭店的等级和分类

（一）旅游饭店的等级

为了控制饭店产品的质量、树立和维护旅游目的地对外形象、保护旅游消费者的利益以及便于各饭店之间进行比较，各个国家都很重视饭店等级的评定。国际上对饭店的等级一般以“星”来划分，即一星、二星、三星、四星、五星饭店，以五星饭店为最高级。此外，也有按豪华级、舒适级、经济级和低廉级等各种“级”来划分。

饭店等级就是饭店价位和使用价值的综合体现，也是对饭店设施设备和服务的总体评价，一般按其设施的好坏和服务质量的高低两项指标进行。但在实际划分过程中，各国对同一星级所要达到的具体要求、标准有所不同，各国在饭店的建筑和设备、客房面积、管理水平、服务项目的数量和服务质量等方面做出了很多具体的规定，归纳起来主要为以下5个方面确立标准：

1）饭店的建筑设施与设备是否按照等级规范设计和建造。

2）服务项目的数量、服务态度的优劣、服务质量的高低。

3）餐饮产品的质量。

4）客人的满意程度。

5）外界对饭店的印象，包括建筑物造型和周围环境、饭店名称与徽号的知名度。

从世界范围看，各国等级评定的机构是不同的，有的是由饭店业协会主持的，如美国、澳大利亚、瑞士、奥地利等国家；有的是由国家旅游管理部门主持评定工作的，如西班牙、日本、韩国等国家。还有一些国家是两者的结合。

世界各国各地区对饭店级别进行划分时，也采用不同的分级制度，而且表示级别的标志也有所不同。有的采用星级制（也有部分使用钻石级和皇冠级）；有的使用字母级别制；有的采用数字级别制；有的采用花朵级别制。

我国的饭店星级评定工作始于20世纪80年代末。1988年国家旅游局制定颁发了《中华人民共和国旅游涉外饭店星级标准》，它从饭店的环境、设施设备、维修保养、清洁卫生、服务质量及宾客的满意程度等几个方面综合评定后按一星、二星、三星、四星、五星划定等级。国家旅游局设饭店星级评定机构，负责全国涉外饭店的建设与管理，在促进我国旅游饭店业与国际接轨方面发挥了巨大的作用。

（二）旅游饭店的分类

随着国际旅游业的发展，饭店业也得到了迅速的发展，具有不同客源市场的各类饭店层出不穷。按照不同的划分标准，饭店的种类也有所不同。旅游饭店的分类有利于饭店产品的推销和同类饭店之间的比较。

1）根据饭店的地理位置，可分为城市饭店、度假地饭店、海滨饭店等。

2）根据与交通方式的关系，可分为公路饭店（High-Way Hotel）、铁路饭店（Railway Hotel）、机场饭店（Airport Hotel）、港口饭店（Port Hotel）等。

3）根据接待对象划分，可以分为四种基本类型：

① 商业型饭店（Commercial Hotel），是指那些为从事商业活动或公务活动的旅游人士提供所需设施、服务的饭店。多建于人口流动较大的大、中城市的中心地区。商业型饭店适应性强，在饭店业中所占的比例较大。商业型饭店的地理位置优越、交通便达、设施完备、功能齐全、通信手段先进，为满足商务客人求实效、讲效率和追求舒适的需求，通常饭店服务项目全面、服务质量较高。总的来讲，这种类型的饭店发展较快，需求一直经久不衰。

② 度假型饭店（Resort Hotel），通常位于风景区或修养度假地，多在海边、湖畔、山林或温泉疗养地，远离繁华的城市中心和大都市，但交通要便利、通畅。度假型饭店的集中与分散程度往往以风景区的规模或修养地规模的大小而定。风景区大，度假型饭店就较为集

中，容易形成旅游度假区，如夏威夷、加勒比海地区、泰国的芭堤雅、我国的青岛和三亚等。旅游度假的季节性导致度假型饭店经营带有较为明显的季节性。度假型饭店和商业饭店不同，度假型饭店除了提供一般饭店所应有的服务设施和项目外，还应增加满足度假追求健康需要的康体娱乐设施。度假型饭店的服务一般节奏不快，努力为客人营造一种和谐、轻松、方便、舒适的环境。

③ 会议型饭店（Convention Hotel），是指接待对象为各种会议团体的饭店。会议型饭店选址既可以建在城市市区繁华地带，也可以设在交通便利的旅游胜地。会议型饭店要能提供各种会议所需的大小不等的会议室、多功能厅（可根据会议场地要求灵活调整），应专门配备各种会议设备。还应配有不同规模、档次的宴会厅、餐厅等设施。由于会议服务的特点是集中，报道集中、休息集中、用餐集中、客房整理集中。所以针对这一特点，提供的服务应做到高效、上乘。

④ 长住型饭店（Residential Hotel），也称公寓型饭店，是以常住或长期居住的商务客人、度假客人和家庭为主要接待对象的饭店。这类饭店一般多建于大中城市的商业中心。通常饭店和客人签有协议，写明居住的时间和饭店应提供的服务项目等内容。长住型饭店大体有两种类型。一类是常住客人把租用的客房用作办公场所，饭店除提供正常的餐饮和客房服务以外，还需为客人提供一些通信设备，如房间是否具备上网功能等，往往这种类型需要服务员经常进行整理房间服务。另一类是饭店除了向客人提供必需的客房设施用品外，还应向客人提供一定的家用电器和餐饮设备器具。这类饭店既可以满足客人办公的需要，又可以满足客人日常生活的需要，这种类型的饭店，经营的灵活性较大。

4）根据饭店的设施及服务范围，可分为综合饭店、公寓旅馆等。

5）根据饭店的规模大小，可划分为以下 3 种（见表 5-1）：

表 5-1 按照规模大小划分饭店类型

规格	国际上通行的标准	国内标准
小型饭店	少于 300 间客房	少于 200 间客房
中型饭店	300~600 间客房	200~400 间客房
大型饭店	大于 600 间客房	大于 400 间客房

6）根据饭店的等级，可分为豪华饭店、高档饭店、中档饭店、低档饭店，一至五星级饭店。

7）根据饭店的经济类型，可分为国有饭店、外资饭店、合资饭店等。

8）根据饭店的计价方式，可分为：

① 欧式计价酒店：其客房价格仅包括房租，不含食品、饮料等其他费用。世界各地绝大多数酒店均属此类。

② 美式计价酒店：其客房价格包括房租以及一日三餐的费用。目前尚有一些地处偏远的度假型酒店仍属此类。

③ 修正美式计价酒店：此类酒店的客房价格包括房租和早餐以及一顿正餐（午餐或晚餐）的费用，以便客人有较大的自由安排白天活动。

④ 欧陆式计价酒店：此类酒店的房价包括房租及一份简单的欧陆式早餐即咖啡、面包和果汁。此类酒店一般不设餐厅。

⑤ 百慕大计价酒店：此类酒店的房价包括房租及美式早餐的费用。目前，房租含早餐的计价方式已为许多中国酒店所采用。

四、旅游住宿在旅游业中的作用

（一）饭店在旅游业发展中的作用

饭店是旅游业中的支柱产业，是旅游创收的重要渠道。现代饭店为客人提供越来越多功能化、个性化的产品和服务，游客在饭店中的消费项目越加多样，饭店获得的经济效益就越高，以至于饭店收入在整个旅游收入中所占的比重越来越大，成为旅游创收和赚取外汇的重要场所和手段。同时饭店的发展还刺激了相关部门和企业的生产和发展，因为饭店的经营需要许多物质产品和公共设施等方面的支持与配套。它带动了这些行业的发展，拓宽了旅游收入渠道。

（二）饭店是旅游综合接待能力的重要构成要素

饭店是旅游者在旅游过程中临时住宿、养精蓄锐的“家”，是旅游者外出旅游活动的一项基本需求。饭店不仅为旅游者提供食宿，还提供各种娱乐和服务设施，是旅游业为游客提供各项产品和服务的重要组成部分。饭店业的规模、档次和发展速度要同旅游业整体接待能力及其他各部分的发展相适应，因此，饭店数量的多少、规模的大小、设备设施的好坏以及服务与管理水平的高低成为反映一个国家或地区发展旅游业的物质基础，也是一个国家或地区旅游接待能力的重要标志之一。

（三）饭店为经济活动和社会生活提供了方便

现代化饭店的经营，已改变了原来仅向投宿者提供服务的局限，其经营对象愈加广泛。在许多国家的社会经济生活中，饭店为洽谈业务、举行会议、开展文娱活动等政府、企业、民间活动的开展提供了重要的场所和相关的便利服务。因此，在考虑旅游业乃至整个国民经济的发展规模时，都要把饭店的建设放在重要的地位。

（四）旅游饭店提供大量的就业机会

饭店是劳动密集型企业，它的建设与发展创造了大量的就业机会。2013 年，希尔顿酒店在世界经济论坛上发布了其委托国际青年基金会撰写的白皮书。报告称酒店业将为青年就业创造大量机会。据统计，全球目前有超过 7500 万青年处于失业状态。为此，在希尔顿全球的专业支持下，国际青年基金会为全球酒店业勾画出既能为青年创造就业路径又能解决酒店业所面临招聘难题的行动路线图。国际青年基金会认为，全球很少有行业像酒店业这样，拥有的资源、专业技能与职业路径不但能解决当今青年所面临的挑战和问题，而且行业本身的运营和扩张又如此地依赖受过良好职能培训的青年。仅是旅游观光业在全球就雇用了 2.25 亿人，到 2022 年，该行业预计还将创造 7300 万个新的工作机会。

五、其他旅游住宿形式

除了传统的饭店住宿以外，现今一些新型旅游住宿方式也被越来越多的人接受和喜爱：

（一）民居客栈

民居客栈一般是在知名的古镇上。由有远见的当地人或外地人，将自家或者购买的院落改装成可供游客休息和用餐的住宿服务外，还可以感受到最正宗的古镇生活。一般的民居客栈里都会提供最基本的生活必需品，比如洗漱用品等。条件好一些的还有宽带、卫星电视等设备。另外，古镇上的民居客栈里都会配备一些交通器材，一般都是单车，可租赁。为游客出行提供便利。在我国，以丽江古镇、凤凰古镇、乌镇的民居客栈最有代表性。在国外也有类似的民居住宿建在风景美丽的海边或湖区，如英国 Lake District 湖区、海岛国家塞舌尔的 B&B（Bed&Breakfast 住宿加（次日）早餐），都非常受游客欢迎。

（二）短租公寓或别墅

短租公寓或别墅是旅游业发达的城市常见的一种住宿形式。有经营头脑的人在距离城市最著名景点近或者交通十分方便的地方买下或者租下房屋，提供给前来旅游的游客。相对于其他几种住宿方式而言，短租公寓或别墅最大的特点是会给入住者家的感觉。短租公寓或别墅一般会配备厨具，使得入住者可吃到自己亲手做的饭菜，这样便如在家一般轻松自在了。除了厨具，公寓主人还会提供一般的家用电器和家庭用品。短租公寓或别墅的房间一般都为复式结构或者比较大，适合全家或者众多朋友入住。在国外，短租公寓或别墅的形式较为常见和广泛，在一些旅游景区，此住宿方式尤其受欢迎，如英国爱丁堡、新西兰皇后镇、法国尼斯等地。

（三）青年旅舍

青年旅舍是指专为背包客提供的一种廉价住宿形式。住宿条件相对于民居客栈、短租公寓或别墅以及快捷酒店来讲，稍微差一点。但是作为背包客的天堂，青年旅舍又有其无可替代的魅力，那就是为入住者提供一个宽松、有情调，并且可以结识来自不同地域却拥有共同爱好的人们。青年旅舍一般都会提供宽带等一些服务。并且大多数青年旅舍都会为“驴友”举办一系列的活动，如聚会等。此外，大部分的青年旅舍还会提供单车租赁服务。

（四）快捷酒店

快捷酒店也称经济型酒店。相对于一般酒店来讲，快捷酒店的优势在于低价位。虽然价位偏低，但服务质量却不差。快捷酒店一般都是连锁企业，这样不仅可以扩大知名度与影响力，还可以保持低价多销但不赔钱。基于快捷酒店的立业标准，在酒店的日常运作中，它们会尽量减少经营成本，比如会把一般酒店所采取的中央空调换成房间自己控制的空调、不提供一次性的洗漱用品。同时在服务方面，不提供早餐等。这样，就使得其成本只为普通酒店的三分之一。我国的快捷酒店代表有七天连锁酒店、如家快捷酒店，国外的有宜必思快捷酒店（Ibis）、快捷假日（Holiday Inn Express）等。

（五）生态旅游住宿

在过去的 20 年中，生态旅游作为旅游可持续发展的一种模式，强调回归大自然和保护大自然，强调旅游活动要与社会、经济、生态协调共进，这体现了人与自然和谐相处、旅游与环境协调发展的原则，因而得到了世界各国的普遍重视。其优势在于游客可以直接接触到生态景区，很多游客因为健康的原因选择生态旅游住宿，此住宿模式也被越来越多的人喜爱和接受，如我国四川西昌湿地公园住宿。

（六）换房旅游住宿

换房旅游住宿在国外已有 50 多年的发展历史，深受国际背包客青睐。换房旅游不只限于某一国内，而是国际性的。旅游者事先通过互联网长期联系，取得相互信任，又有出游热情，却不愿落于俗套住酒店，于是换房游自然而然成了首选。目前，换房旅游在中国发展尚在起步阶段，被熟悉程度与被接受程度不如前几种，而且相对来讲，受众面较窄，所针对的对象必须是要有房源的人士。

【小贴士】

2016 年 2 月，《Travel+Leisure》杂志评选出的 2015 年全球十大顶级酒店：

NO. 10　Ritz-Carlton（丽思·卡尔顿）

丽思·卡尔顿酒店首次亮相就以世界顶尖酒店品牌之一的身份，登上了漫游《Travel+Leisure》杂志 2015 年度世界最佳的榜单。要说丽思·卡尔顿的吸引人之处，那肯定是地点了。不论在纽约还是在蒙特利尔，如果你预定的酒店是丽思·卡尔顿，那通常就意味着你会待在一个非常棒的地段。比如在纽约曼哈顿，酒店就位于中央公园的南边，距离第五大道仅需步行 15 分钟。

NO. 9　Mandarin Oriental（文华东方酒店）

第一家文华东方酒店于 1963 年建立于香港，当时酒店建筑以香港最高的摩天大楼为标准建设。著名的曼谷文华东方酒店接待过诸如伊丽莎白·泰勒、迈克尔·杰克逊和索菲·劳伦等名人。

NO. 8　Belmond（东方快车旗下贝尔蒙德酒店）

东方快车酒店集团去年推出了新的酒店品牌——贝尔蒙德（Belmond）。不论是在秘鲁利马的贝尔蒙德米拉弗洛雷斯公园酒店（Belmond Miraflores Park）还是登上它的内河游轮，这家酒店都因很棒的细节而获得了相当多的赞赏。位于俄罗斯圣彼得堡的贝尔蒙德酒店已经有 140 年的历史，曾经接待过沙皇尼古拉二世、柴可夫斯基和帕瓦罗蒂等名人。贝尔蒙德酒店的顾客部分是酒店业者，也有旅游业的人士，贝尔蒙德吸引着许多寻求奢华旅游的人。

NO. 7　Auberge（太阳酒店）

太阳酒店旗舰酒店于 1981 年开在加州纳帕谷，一直到现在，它一共拥有 9 家酒店。在 2015 年夏天，酒店集团称将会以 Hacienda AltaGracia 的名字在哥斯达黎加山区开设拥有 50 个小屋的新酒店。太阳酒店旗下所有的酒店都拥有五星级的 SPA，还有瑜伽课、温泉、浸泡池和情侣套房。根据住客一致反馈，太阳酒店拥有最棒的服务、食物、设计和地段。

NO. 6　St. Regis（瑞吉酒店）

听说瑞吉酒店客房的用品触感如鲜花一般柔软，更有现场爵士乐表演。私人管家服务自从创始人艾斯特上校五世 1904 年在纽约最初创立酒店时就有了。如今的私人管家服务更加殷勤周到，管家经过精心挑选和训练，为住客提供非常卓越的服务和帮助。他们会为你整理和打包行李、送上下午茶以及衣物熨烫等，他们的服务涵盖范围很广，即使不在酒店，也可以联系要求提供服务。

NO. 5　Four Seasons（四季酒店）

这家奢华酒店品牌一开始是在多伦多市中心开设有125家客房的汽车旅馆。从那以后，这个品牌开始以指数方式扩张，截止到2015年年底，四季酒店在全球范围内将有100家开业的酒店。奢华的体验也许是四季酒店最统一的特质（泳池的服务生手持热毛巾、备有可满足高端住客使用需求的宝马汽车），四季酒店为住客喜爱的还有适合家庭入住的套房。

NO. 4　Rosewood（瑰丽酒店）

瑰丽酒店最大的特色是具有神奇的、可以预知住客需求的能力。位于墨西哥普拉亚卡门的马雅克巴瑰丽酒店可提供11种不同的套装。在策划团队的帮助下，瑰丽酒店在全球范围内创造出了独特的入住体验。

在北京，瑰丽酒店精挑细选每一件艺术品，演绎京城浓郁的地域特色，巧妙地带领宾客在酒店体验独特旅行。原创的景泰蓝工艺画和精致的版画成为客房内独有的艺术风景。在酒店的时尚火锅餐厅“赤”，将传统与潮流融合，瑰丽用自己独特的频道带顾客体验它眼中倍儿棒的北京。

NO. 3　Peninsula（半岛酒店）

半岛酒店成立于1866年，是亚洲年代最久远的酒店集团，酒店要求提供给客人完美无瑕的服务。半岛酒店旗下有三家都进入了《Travel+Leisure》杂志2015年度评选出的世界酒店排名的前50位，香港半岛酒店旗舰店更是连续20年获得世界最佳酒店的荣誉。

去年，酒店集团迎来了第十位成员——巴黎半岛酒店。巴黎半岛酒店如一件耀眼的艺术展品一般坐落在巴黎19世纪“美丽年代”时期建立的一座贴满金箔的宫殿里，宫殿里还绘有错视壁画，十分之华丽。半岛酒店的硬件设施一向走在科技前沿，比如用平板电脑控制灯光和室内温度，并且电视屏幕有3D效果。

NO. 2　Aman（安缦酒店）

自封为“安缦痴”的群体疯狂赞美了安缦的服务以及度假村的颇具美学的设计。安缦酒店的招牌体现在以下几处：本地化采购物料、绝佳的地理位置以及从当地文化中获取建筑设计灵感。第一家安缦酒店掩映在泰国普吉岛的一片椰子园里，面对安达曼海，十分幽静。

现在安缦酒店集团旗下在全球共有29家酒店，甚至开到了不丹、老挝，以及多米尼加共和国。位于印度北部阿尔瓦尔的安缦巴格酒店建筑采用穹顶式，拥有全年都葱葱郁郁的花园，环境亲民，然而安缦东京酒店却选在Otemachi Tower顶部六层，毗邻银座购物区在内的所有东京名胜，因此被称为安缦的第一家“城市度假村”。东京安缦建有日式禅意花园，天花板上装饰着手工制作的日本和纸，还提供最优雅的日本传统款待服务。

NO. 1　Oberoi（欧贝罗伊）

十大顶级酒店榜首的位置给Oberoi Udaivilas可谓众望所归。该酒店是由一座印度宫殿改造的，位于拉贾斯坦邦的白色之城乌代普尔。欧贝罗伊集团旗下所有酒店都如Oberoi Udaivilas一样，提供绝佳的服务、奢华的住处以及注重细节。

欧贝罗伊酒店主要在印度，但它在印度尼西亚、迪拜、毛里求斯、埃及以及沙特阿拉伯都有度假酒店。位于印度阿格拉的欧贝罗伊酒店离泰姬陵仅有600米，位置非常棒。

第五节　旅游景区

一、旅游景区的概念

对于旅游景区的概念，不同的学者有各自不同的表述。一般而言，旅游景区是一个可供人们前来休闲、娱乐、游览、观光和度假的专门场所，该场所必须有明确的空间界线和统一的组织管理。

作为旅游业的重要组成部分，旅游景区必须由某一企业和部门对其进行统一的组织和管理，必须有明确的界线同外界相隔，这里的界线可以是借助围墙、栅栏或是某种自然条件形成的边界，从而形成空间范围确定的经营服务场所。此外通过设立固定的出入口，使人们不能随意出入，达到有效管理旅游景区的目的。旅游景区作为旅游业的重要组成部分，是旅游者参观游览的目的地，是旅游吸引力的本源，是导致旅游者产生旅游动机并做出旅游决策的关键因素。我国各级各类旅游景区是我国丰富灿烂的古代文明和当代文化的集中体现，是展示地方文化和民族风情的重要窗口，旅游景区的发展水平，直接影响到旅游目的地的整体形象和竞争能力。

二、旅游景区的分类

1）根据收费与否，旅游景区可以划分为免费旅游景区和收费旅游景区。

2）根据旅游景区经营权属的不同，旅游景区可以划分为政府经营型旅游景区、企业经营型旅游景区和政企共营型旅游景区等。

3）根据景区等级，旅游景区可以划分为世界级旅游景区、国家级旅游景区、省级旅游景区和地市级旅游景区等。

4）根据旅游吸引物的形成要素，旅游景区可以划分为自然景区、人文景区、人造景区等。

① 自然景区是指以自然景观资源为依托的旅游景区，包括风景名胜区、自然保护区、地质公园、森林公园等，这些旅游资源经过开发建设，成为人们观光游览、休闲度假的场所。

② 人文景区是以古今社会人类活动创造的具有旅游价值的物质和精神财富为依托的旅游景区，如博物院、寺庙道观、宗教圣地、文化遗址、历史城镇、历代建筑等，这些场所并非专为旅游业而建，却吸引了大量游客前来参观访问，增长知识。

③ 人造景区是指专为吸引旅游者并满足其要求而建的旅游景区，如主题公园、动物园、植物园和游乐园等。

三、旅游景区在旅游业中的作用

（一）旅游景区是目的地旅游业发展的基础

人们之所以前往某地旅游，根本原因是受到当地旅游资源的吸引，旅游资源愈丰富、愈独特，就愈能吸引旅游者前往游览。旅游景区作为当地旅游资源精华的集中所在，在整个旅游业发展中的作用也显得尤为关键。

（二）旅游景区促进目的地经济发展

旅游景区通过收取门票和提供接待服务，创造了大量的旅游收入，为旅游企业带来了经济收益的同时，增加了地方政府的财税收入，提高了当地百姓的收入水平和生活水平。此外，旅游景区的建设必然带动当地建筑业、交通业、商业、通信业等相关行业的发展，促进目的地的劳动就业，促进目的地经济的发展。

（三）旅游景区是塑造旅游业形象的窗口

旅游景区是旅游目的地形象的代表，是城市的名片。旅游者在旅游目的地活动，主要是围绕旅游景区进行的，所以景区形象的好坏往往直接影响到旅游者对当地形象的评价，影响到旅游者对旅游目的地的满意程度。一个高品质的旅游景区，对当地旅游业的发展乃至整个地区社会、经济的发展，会起到积极的推动作用。

四、旅游景区、旅游景点和风景名胜区

（一）旅游景区和旅游景点的区别

旅游景区和旅游景点二者概念是不同的。张凌云（2015）认为，旅游景区与旅游景点的差异在于两者的空间区域尺度不同，但通常情况下，两者经常互相混用不做区别。但旅游景区与旅游景点，虽只是一字之差，二者有根本的区别，并不单是空间区域尺度的问题。旅游景点是旅游风景区的基础，是旅游景区的重要组成部分。没有旅游景点的旅游景区是很难想象的。旅游景区应由旅游景点、旅游设施（诸如游步道、标志牌、旅游公厕、组织机构）等构成。

（二）旅游景区与风景名胜区的区别

风景名胜区是国家的一项特种资源，属国家所有。风景名胜资源是国家特有的、珍稀的，且不可再生的国土资源。风景名胜资源包括两大类，一类是自然景观资源，一类是人文景观资源。自然景观资源往往是自然界经过几百万年、几千万年，甚至上亿年的非人类活动所形成的，需要在特定的自然条件演绎而成，非人力所能为，如雄伟壮观的黄果树大瀑布，峻峭秀美的黄山，出神入化的桂林山水，鬼斧神工的长江三峡等。人文景观则是在人类几千年的文明活动中，保留积淀留存至今的具有很高观赏价值的人文古迹，如长城、十三陵、承德避暑山庄、中山陵等。很明显，风景名胜资源的一个重要特性就是它的不可再生性，也就是资源的唯一性。正是因为风景名胜资源是一种不可再生的特种资源，所以保护是放在第一位的。

风景名胜资源具有稀缺性。风景名胜资源有限，稀少而珍贵，破坏一处少一处，不可再生，即使做一些补救，其代价也是十分昂贵的。每一处风景名胜资源都是价值连城的。而单纯的旅游景区、景点则不然，如深圳的世界之窗、锦绣中华等，本身就是为了旅游而新建的景点，还有像一般的公园、博物馆、展览馆等。如果原有的景点利用价值不高了，或是有新的更好的旅游项目，新建、改建、扩建就是了。一般的旅游景点，经过一段时间后其价值会逐步降低，而风景名胜资源随着时间的推移，其价值越来越高。

第六节　旅游餐饮

一、旅游餐饮的概念

目前，比较权威的“旅游餐饮”概念出自《中华人民共和国国家标准 GB/T 16766—1997》中《旅游服务基础术语》：旅游餐饮（Tourist Catering）是指为旅游者旅行游览过程中提供的餐饮服务。旅游餐饮是指旅游者在旅行游览过程中普遍性的餐饮行为，以社会餐饮的整体繁荣为发展基础，在满足旅游者生理需求的前提下，通过合理的餐饮产品设计，实现旅游者对目的地地方特色文化需求的满足，同时这也正是旅游餐饮区别于普通社会餐饮的关键之处。

在旅游六大要素之中，餐饮是保证游客旅游行程能够持续进行的基础性支撑要素，游客途中或在旅游目的地的饮食状况直接影响其对该次旅游行程满意度的评价。饮食所具有的强烈的地域性、民族性、民俗性等人文特性，又使它成为旅游的重要吸引物，并在旅游营销中扮演重要角色。

二、旅游餐饮的分类

（一）综合餐饮类

综合餐饮类是指为人们提供进行宴请和广泛社交场所的餐饮业。食品原料多为初始状态，品种多，处理量大；加工工艺传统、烦琐、复杂，多为手工操作；出品及餐具使用的品种多，数量大；废弃物量大；被动式服务；消费者滞留时间长。

（二）快餐类（中式、西式、自助、食堂等）

快餐类是指以进餐为主要消费目的的餐饮业。主要销售米、面食、糕点制品等主食和部分蔬菜及动物性菜肴。在食品工艺上，中式多为手工操作，西式多为机械生产；出品品种不多，数量较大；食品废弃物量不大；快捷的自助式服务；客流量大。

（三）风味小吃类

风味小吃类是指以加工、销售各种特色风味小吃食品为主的餐饮业。食品原料简单，多为半成品；加工工艺简单；设备不复杂；出品量不大；消费目的是品尝各式特色风味小吃。

（四）饮食休闲吧类

饮食休闲吧类是指为消费者提供幽雅舒适的交流环境为主的餐饮业。主要销售茶、咖啡、可可、饮料、果汁、低度酒类饮品和成品糕点及小包装食品等，辅以小巧的设备简单加工。

三、旅游餐饮在旅游业中的作用

第一，旅游餐饮是旅游业发展的重要基础。餐饮消费是旅游活动的必要组成部分，旅游者在旅游中，需要进行餐饮活动，这是由人的生理需要所决定的。旅游餐饮业的产品也因此被旅游经济理论界纳入基本旅游产品的范畴。

第二，旅游餐饮业为旅游者提供各种各样的饮食，满足旅游者不同层次的饮食需求。这是最基本的一点。“食”是旅游者在旅游过程中必需的一项活动，“食”的质量成为旅游者评价此次旅游所接受服务质量的重要一部分。

第三，饮食文化一直为游客喜闻乐见，且游客参与热情高涨，是一项颇具吸引力的旅游资源。

第四，进一步丰富了旅游文化的内涵。餐饮经营者主动挖掘传统饮食文化并进行不断的创新，其成果使得当地的饮食文化得以丰富，而当地的饮食文化是一地旅游文化的重要组成部分。

第五，餐饮业红火发展的聚集效应，形成了一些新的以饮食著称的特色街巷，成为先锋自助游客寻访的景点，随着名气的扩散又会逐渐成为团队游客的定点就餐点。

【小贴士】

三亚启动旅游餐馆等级评定

2016年4月18日，三亚启动旅游餐馆等级评定工作，对辖区内17家旅游餐馆进行等级评定，以规范旅游餐馆的经营管理，为游客提供安全舒适的就餐去处。

据悉，此次评定工作从4月11日开始，为期10天，由三亚市食品药品监督管理局联合三亚市旅游委对全市17家旅游餐馆进行等级评定工作，评定工作将严格按照《旅游餐馆设施与服务等级划分》（GB/T 26361—2010）评定旅游餐馆。

“等级评定将有利于规范旅游餐馆的建设与经营管理，切实提高旅游餐饮服务质量，提升食品安全水平。”三亚市食药监局有关负责人介绍，《旅游餐馆设施与服务等级划分》将餐馆的设施设备、服务项目、服务质量等几大方面，细化为周围环境及功能布局、共用系统、前厅、餐厅、厨房、公共设施、员工设施、服务人员着装及仪表仪容、菜点酒水质量、食品卫生、餐厅温度及空气清新度等近200个项目，对其进行综合评定，并根据得分和得分率高低，将旅游餐馆按高到低依次划分为金盘级、银盘级、铜盘级等三个等级，最高等级为金盘级。

据悉，开展旅游餐馆等级划分评定工作是三亚市旅游标准化试点城市建设的重要工作内容，可以为游客就餐提供更加舒适的环境和更加规范的服务，促进各旅游餐馆向制度化、规范化、科学化和标准化发展，推进旅游经济的持续健康发展。

第七节　旅游购物

一、旅游购物的概念

旅游业是一个由“吃、住、行、游、购、娱”等多种要素组成的综合性产业，其中旅游购物业是整个旅游产业链中十分重要的环节，在整个旅游行业中占据重要地位。旅游购物不仅是旅游者消费支出中重要的组成部分，也是旅游目的地国家或地区旅游创汇和旅游收入的重要来源。

旅游购物本身就是旅游资源，提供丰富的旅游购物资源，满足游客的购物体验需求，已成为某些旅游目的地最具吸引力的内容之一。旅游商品是旅游购物资源的核心，也是吸引旅游购物的根源。旅游购物行业内通常简称旅购。

狭义的旅游购物是指旅游或旅游业的一个领域或要素，是指以非营利为目的的游客离开常住的，以购物或是以其他为旅游目的，为了满足其需要而购买、品尝，以及在购买过程中观看、娱乐、欣赏等行为。

广义的旅游购物是指游客在旅游目的地或在旅游过程中购买商品的活动以及在此过程中附带产生的参观、游览、品尝、餐饮等一切行为。旅游购物不是单纯的购买商品的行为，这与日常生活中的购物不同，其中包括了与旅游相关的休闲娱乐等活动，通常与特产店、景区门票、农家乐、酒店住宿常常组合在一起，增加了旅游购物的乐趣。旅游购物作为一种旅游行为，对当地社会文化、经济、其他领域以及旅游政策都产生影响。

发展旅游购物是提高旅游整体经济效益的重要途径，是增加收入和就业机会，振兴地方经济的重要手段之一。对国内而言，旅游购物的发展，可以直接满足本国人民日益增长的物质和文化需要；在国际范围内，旅游购物的发展，可以使世界各国人民加深对旅游目的地国家和地区的历史文化、民族传统的了解。

旅游购物作为旅游业的重要组成，具有巨大的发展潜力。在旅游业较发达的国家和地区，旅游购物收入占旅游业总收入的40%~60%。如素有“购物天堂”之称的香港，旅游购物收入约占当地旅游业收入的50%；而在一些旅游业欠发达的国家和地区，旅游购物收入的比重一般也在20%以上。因此，开发旅游商品、促进旅游商品的生产与销售，对促进旅游目的地经济繁荣，提高我国旅游业的整体发展水平，有着重要的意义和深远的影响。

二、旅游购物的特点

（一）旅游购物是感性消费过程

经济的发展使人们的消费经历了从生存消费、理性消费到感性消费的过程。生存消费和理性消费是属于纯物质消费，而感性消费却是介于物质消费和精神消费之间。旅游购物是一种追求较高层次的满足的过程，可以说旅游商品在其有用性的基础上包含了精神的内涵。旅游者更注重抽象、无形的精神或感性的需要，且很少认真或难以辨别不同产品或企业之间的实质性差异。长期以来，入境游客最感兴趣的中国旅游商品一直是丝绸、茶叶和旅游纪念品的现象就是感性消费的表现。

（二）旅游购物更多追求的是心理满足

虽然旅游购物的物质性是旅游购物存在的基础，但在物质特别丰富、物流条件特别发达的情况下，异地购物所追求的物质性因素弱化。在旅游过程中对旅游者购物影响最大的因素是旅游商品的个性、形象、文化、内涵和感情表现。可以说，旅游购物是物质基础上的精神消费。只有当旅游者购买到具有较高文化品位的旅游商品时，才能引起旅游者的心理满足。因此，旅游购物已经突破了一般购买商品的意义。除了少数为旅游做前期准备的居住地的购物外，大部分旅游购物的场所都位于旅游目的地或旅游途中。旅游购物的数量与旅游目的地的旅游商品供给状况、经济发展水平和人文环境等因素密切相关。

（三）旅游购物目的的多样性

旅游者旅游购物时可能在同一种旅游商品上有自用、馈赠亲友、收藏等多种目的，这就要求旅游商品同时具有实用性、文化特色、独特性等质量特性。因旅游者旅游购物目的的多样性，对旅游商品质量提出了更高的要求。

（四）旅游购物具有信息不对称特征

与普通消费品不同，一般的消费品主要体现的是使用价值，而旅游商品除了实用性之外，更主要的是体现它的文化特色。地方性、民族性等因素决定了一般旅游者对商品的了解程度低，特别是对于收藏及艺术价值较直观的使用价值来讲，其真实价值更加难以估计。又由于旅游者来自异国他乡，所以旅游商品市场交易中信息不对称程度比一般消费品交易更大。因此旅游商品的产品结构、制作繁易程度与其价格之间不存在完整的对等关系。这就容易导致旅游商品市场中欺诈现象的产生。

（五）旅游购物具有波动性特征

旅游购物属于非基本旅游消费，消费弹性大。从狭义来看，旅游购物支出可有可无，可大可小，波动性大。旅游购物的多少取决于旅游商品市场供应是否与旅游者的购物需求相一致。若旅游商品市场供应不能满足旅游者的购物需求，旅游者也许会减少或放弃购物；若旅游商品市场供应品种丰富，且有特色，旅游者可能会增加购物量。因此，旅游商品市场的发达程度和购物环境，对于旅游购物消费的增长，具有决定性作用。

三、旅游购物的作用

（一）满足旅游者的购物旅游需求

购物是人们日常生活中的基本需求，是旅游者在旅游活动中的高层次需求。它和娱乐一样，相对于其他几项基本需求属于非必要性旅游需求。但是，由于旅游购物需求能够满足旅游者可以带走旅游地旅游资源的物化性形式的需求，所以它对旅游者具有极大的吸引力。旅游购物是旅游活动的重要组成部分，而且由于旅游购物品具有“贮存”旅游记忆的功能，能够影响旅游者的旅游体验感受，从而影响人们对整体旅游产品质量的评价。

（二）提高旅游业的经济效益

旅游购物是旅游六大要素中需求弹性最大的一个要素，旅游购物中的交通、饮食、住宿、游览和娱乐的消费可以带动旅游地各行业的发展。发展旅游购物是提高旅游整体经济效益的重要途径，是增加外汇收入和就业机会、振兴地方经济的重要手段之一。一方面，旅游购物的发展，可以直接满足本国人民日益增长的物质和文化需要；另一方面，旅游购物的发展，可以使世界各国人民加深对旅游目的地国家和地区的历史文化、民族传统的认识和了解。

（三）促进传统手工艺的保护

在开发旅游购物的过程中，必然涉及对传统手工艺的挖掘、整理，从而设计、生产出具有区域或民族特色的旅游购物品。这些传统手工艺往往具有长久的历史、深厚的民族文化底蕴和独特的艺术风格，但由于不能够适应现代工业化的社会生活需求，而濒于灭绝。而人们的旅游需求中，对异质文化、异域文化的好奇和渴望是一个重要的动机，因此旅游地的传统手工艺制品对于来自异地、异文化区域的旅游者具有极大的吸引力。通过发展旅游购物，既满足了旅游者对传统手艺制品的需求，又促进了传统手工艺的繁荣。

（四）扩大旅游地就业机会

发展旅游购物可从多个角度扩大旅游地的就业机会，尤其是旅游地的手工艺行业。因为旅游者对手工艺品会有大量需求，这就使得旅游地产生对熟练手工艺人的大量需求。另外，旅游购物商店也会吸纳当地社会的大量劳动力，与旅游购物相关的行业也会间接受益，从而创造更多的就业机会。而且，由于这些就业机会不需要从业者具有较高的受教育水平或专业技术知识，因而门槛较低，能够满足旅游地大多数人的就业需求。

（五）宣传旅游地形象

旅游购物品大多具有地域特色，携带着旅游地的形象信息，展现着旅游地的文化内涵，如当地特产，当地特色手工艺品，可反映出该地的民族风格、艺术特色、手工艺水平和特点等。旅游者将旅游购物品携带回居住地，或消费或使用或馈赠，这些有形物品就会将其携带的旅游地信息展示、传达给所有接触到这些购物品的人们，促进更多的人对旅游地的了解，从而使旅游目的地的形象得到宣传。

【小贴士】

根据日本旅游网站《Travel Voice》报道，自2016年5月1日起，日本观光厅决定将进一步降低赴日外国游客购物享受免税的最低限额。

外国游客在购买普通商品时，最低免税额由目前的“超过10000日元”（约合人民币592元）降到“5000日元以上”（约合人民币296元）。同时，消耗品的最低免税额也由目前的“超过5000日元至50万日元”变更为“5000日元以上”。随着政策的变动，外国游客在购买单价较低商品时也可以获得免税。

本次出台的新政是基于2015年12月公布的2016年度税制调整中提出的“扩大外国旅客赴地方旅游时的消费税免税制度”这一规定而做出的具体调整。

除了降低可免税的最低购买金额外，新政还简化游客在免税店购买商品寄往国外家中或机场的经办手续。此外，观光厅还在研究顾客在多个购物中心购买商品后可统一在免税柜台进行合计结算的措施。

此外，为减轻免税店的工作负担，新政规定顾客可以提交电子版的“购入者誓约书”，不再拘泥纸质版。

【知识归纳】

旅游资源是构成旅游活动的三大要素之一，是一个国家或地区发展旅游业的基础，或者说是前提条件。研究旅游资源既是旅游学逻辑结构的自然安排，也是推进旅游业发展的重要任务之一。必须让旅游资源的开发和保护并存，做到可持续发展，才能让旅游业健康发展。

旅行社是旅游业的重要构成部分，是旅游业产生的标志。只有将旅行社服务深入化、细致化，才能使旅行社在现今旅游业中发挥关键的作用，同时这也是让旅行社在网络化社会中得以生存的要点。

不同的旅游交通工具为旅游业提供了不同的交通方式，也提供了不同的游客承载力。旅游交通在现今的旅游业中扮演着越来越重要的角色，发展旅游交通，也是发展旅游业的一部分。

新兴的旅游住宿方式在当代旅游中越来越受欢迎，旅游住宿的服务方式也越来越完善；同时旅游餐饮业是旅游业发展的重要基础，随着饮食文化的发展，旅游餐饮业也越来越规范化，现今的旅游发展趋势也将旅游住宿与餐饮结合起来。

旅游购物属于非基本旅游消费，消费弹性大，但也是旅游中必不可少的一部分。增加旅游市场的商品种类，是提高旅游购物的有效途径。同时，旅游购物即满足了旅游者的购物需求，又提高了旅游业的经济效益。

【案例解析】

海南旅游环境

据统计，2008 年海南全省接待旅游过夜人数 2060 万人次，同比增长 10%；旅游总收入 192.33 亿元，同比增长 9.1%，占全省 GDP 的 12.6%，高于全国平均水平。另据海南省旅游局提供的数据显示，去年海南共接待海外游客 75 万人次，同比增长 22%，其中外国人 59 万人次，同比增长 27%。两位数的增长率也透射出海南开始迈入“大产业”“大市场”“大营销”的时代。但同时也出现了一系列破坏生态旅游资源环境等问题，主要表现在以下几个方面。

1. 垃圾公害

由于游客流量过多，旅游业发展迅速而又缺乏规划和管理，人们的环境保护意识较差，可以说游人到哪里，环境污染也就到哪里。大量游人随身携带着各种塑料制的食品袋、一次性餐具等，这些极难分解的白色垃圾对环境造成了极大污染。目前，在三亚市内只有部分酒店对垃圾分类处理。

2. 水污染

它主要是由于一些开发商在建设过程中缺乏环保意识，在大量的工程兴建中、在日常经营工作中排出了大量含化学物质的废水。

3. 噪声污染

导游手持扩音器召集游客的声音，不文明游客的高声喧哗，旅游风景区内商贩的大喊大叫，景区内保龄球的滚动声，某些娱乐场所的高分贝声响等都成为噪声污染的主要来源。

4. 生态破坏

生态环境和旅游资源遭到旅游活动和开发的破坏，主要表现为景区内超容量的游人活动造成的破坏。调查显示，游人过量加剧了土壤的板结化，加快了古树名木的死亡速度，少数游客的蓄意破坏也不容忽视。三亚市为把三亚湾建成度假型房地产基地时也同样发生了生态破坏的问题，对原有的基岩、沙岸、珊瑚礁、红树林等海岸生态进行了大规模清除。此举却导致了三亚湾海岸侵蚀加剧，海岸线后退明显。自 2002 年以来，三亚湾海岸线以 1~2 米/年的速度向近岸推移。

思 考

造成海南生态旅游环境遭到破坏的原因是什么？

【案例评述】

1. 立法缺位

我国的旅游立法虽然取得了显著的成绩，但海南还没有一部生态旅游的专门法律、法规，生态旅游依据的是其他非专门性法规，执行的是传统旅游中的相关规定，而且一些领域存在法律真空，生态旅游活动中的不少行为依然无法可依。

2. 立法层次低，缺乏权威性和稳定性

目前为止已出台的全国性旅游法律文件大都是行政法规和规章，但其中国务院制定的旅游行政法规并不多，大多是国家旅游局制定的旅游行政规章。由于这些法规、规章的制定者在制定法律时，往往基于本部门利益的考虑，制定的法规、规章缺乏与其他部门法律以及通用法律的协调，使得法律条文中的一些规定难以得到落实。旅游立法的低规格使旅游法律不具有足够的权威性，尤其是一些地方性法规，还属于一些“内部规定”，只是由有关主管机构执行，并未对公众公开，极大地影响了法律的统一性和透明度，为旅游执法活动增加了困难。

3. 执法不到位

旅游景区宏观管理和跨部门综合协调的法律依据与政治经济体制改革和经济发展现状不相适应的问题比较突出：政出多门，法出多门，互不衔接，执法人员素质的参差不齐，导致旅游执法不到位。生态旅游是一项新生事物，在我国各层次学历教育以及普及性大众教育中，生态保护尤其是生态旅游教育几乎还是空白，从客观上造成海南省一部分生态旅游执法人员的生态保护意识先天不足。

【复习思考】

1. 旅游资源的概念是什么？为什么说旅游资源的开发和保护是并存的？

2. 旅行社有哪些分类？

3. 旅游交通的主要形式有哪些？为什么说旅游交通在旅游业中发挥着越来越重要的作用？

4. 传统的旅游住宿方式与现今的旅游住宿方式有哪些相同之处？又有哪些不同之处？

5. 如何区分旅游景区、旅游景点及风景名胜区？

6. 旅游餐饮的分类有哪些？如何才能将旅游餐饮业做到规模化、规范化？

7. 现在有很多游客是为了购物而旅游，在购物中忽略了旅游，你怎么看？

第六章 旅游产品

【学习目标】

1. 理解旅游产品的概念和内容。
2. 掌握旅游产品的概念、特点、类型和供给。
3. 了解专项旅游产品的基本知识。
4. 掌握旅游产品和旅游商品的异同。

第一节 旅游产品的概念及特点

一、旅游产品的概念

什么是产品？通常人们都会想到手机、家电、汽车等实体，甚至认为只有实体才是产品。然而，旅游产品并不是单一的有形产品，其涉及面非常广泛。每一次旅游活动，都是由食、住、行、游、购、娱等多种要素组合而成的。可见，旅游产品是一个综合产品，是由一系列的单项产品和服务共同组合而成的。

当前，关于旅游产品的概念没有形成统一的认识。从旅游产品供给者的角度来看，旅游产品是旅游经营者利用一定的旅游资源组织协调一系列旅游企业，为旅游者提供的以满足其在旅游过程中的各种需求为目的的综合服务。但是，从旅游需求者的角度来说，旅游产品是旅游者为了满足自己在物质和精神上的需求，向旅游经营者有价购买的一次花费金钱、精力和时间的旅游经历。

目前，市场上大多数旅游产品的组织设计主要来自于旅行社等旅游企业。从旅游产品的整体性来看，旅游产品是旅游企业为满足旅游者旅游过程中的各种需要，将一系列的相关旅游要素进行组织协调后向旅游者推出的有偿服务产品。它以无形的服务为主体，由食、住、行、游、购、娱六种要素组合而成，也被称作旅游线路或旅游项目。

二、旅游产品的特点

旅游产品是一种以服务为主的综合产品，由于其特殊的形态，与一般的实物产品有着较大的区别。一般的实物产品的生产与消费往往是独立的，而旅游产品的生产与消费必须结合在一起，才能完成对旅游者的服务。因此，旅游产品还具有自己独特的产品特点。

（一）无形性

旅游产品是服务性产品，不同于大多数产品是有形的，可以看得见、摸得着的，它没有具体的形态，无法得到实质触及。虽然旅游产品中有一部分是有形的，比如旅游者参观的景点、住宿的酒店、乘坐的交通工具等，却是为了完成旅游服务的条件而存在的；其他的服务性部分，如导游讲解、接待服务、日程安排等的质量和价值则只能通过旅游者的印象和感觉来衡量和判定。这些无形无质的服务，才是旅游者旅游过程中所追求的关键目标，而构成旅游产品的飞机座位、酒店床位、用餐食物等仅仅是来辅助旅游者的整个旅游体验的。

因此，旅游者在购买旅游产品前，是不可能感受或者尝试到旅游产品的形体，只能参考各种意见与态度及各方面的形象来决定是否购买。其感受后的经验将极大地影响到其是否再次购买。

（二）生产与消费同时性

有形产品的生产过程和消费过程一般都是相互独立的。消费者需要采购一部手机的时候，他往往是在销售场所选择手机生产厂家已经制造出来的成品，且在购买后即所有权明晰能独立使用。

但是旅游产品中的无形部分，虽然旅游资源和旅游接待服务设施会被提前准备，旅游者也会提前支付旅游费用，但无论是旅游企业还是旅游者，供给或使用这部分也是从旅游行程开始的那一刻。而在旅游过程中，旅游者与旅游企业还可以通过协商，适当调整原定的项目或安排。因此，旅游产品的生产和消费是不可分割的，两者必须同时进行。旅游者收获的旅游体验是通过消费者和供应商的紧密互动塑造出来的。旅游者无法将旅游景点、住宿床位带回自己的家，必须离开自己的住处，到旅游景区、住宿酒店的所在地进行消费；而且，即使在旅游景区、住宿酒店发生了旅游消费，旅游者拥有的也仅是使用权，旅游景区、住宿酒店的所有权依然是旅游产品供应方的。因此，旅游企业提供的服务和旅游者的消费在同一时间、同一地点发生，旅游者在消费的过程中也会参与生产。

（三）时间性

旅游产品在生产上不具备独立性，也不存在具体的实物形态，因此不能像其他实物产品那样进行存储，待机销售。虽然旅游接待设施和接待任务能做一些提前的准备，但是这也无法反映出旅游产品服务的本身质量。比如九寨沟的彩林，会随着时间的临近而出现，也将随着时节的过去而消失。无论是旅游者还是旅游企业，在这一时期没有购买或推出，其价值就会改变。即使是宾馆、交通工具等接待服务设施，也不可能把床位、车位存储起来，待到旺季的时候再销售。

旅游产品受到气候等外界因素的影响很明显。受气候的影响，旅游者出行往往会选择温度适宜的时段，过冷、过热的季节则很少出游或为了躲避而到其他或温暖或凉爽的地区旅游。同时，节假日也会影响旅游产品的需求，如“黄金周”“小长假”期间对旅游产品的需求就比较大。

（四）替代性

虽然旅游已经逐渐成为人们生活中不可缺少的部分，但十分容易受到社会、政治、经济等各方面因素的影响，与其他商品之间存在着替代关系。

旅游产品本身也存在替代性，其所包含的旅游目的地、旅游景区、住宿酒店、交通工具等，消费者有多种选择空间。不同旅游产品之间的相互替代性很强。比如草原风光，在国内就有新疆、内蒙古、青海等相似的旅游目的地可选择。

第二节　旅游产品的类型

一、根据旅游者的组织形式分类

旅游产品可根据旅游者的组织形式分为团体旅游产品和散客旅游产品。

团体旅游产品，是指旅游者按旅游企业预先制订好的日程、路线、交通、收费等方面进行选择后，付款后再出行的一种旅游形式。其优点是日程、线路、住宿、餐饮、参观景点等都是按计划进行的，费用相对较低，若前往异地异国等语言不通的地方，团队设有导游、领队负责，颇受旅游者欢迎。一般团体通常由 10 人及以上的旅游者组成，此类产品一般采取的是包价形式。

散客旅游产品，是指日程、线路等由旅游者自己选定，再由旅游企业协助安排交通、住宿等的旅游形式。散客旅游相比团体旅游而言，更灵活、自由，可选择性强，也颇受旅游者喜爱。散客旅游通常由 10 人以下的旅游者组成，此类产品有时采用包价形式，有时也采用非包价形式，均根据旅游者的要求设定。

二、根据产品包含的内容分类

旅游产品根据产品所包含的内容可以分为包价旅游产品和非包价旅游产品。

包价旅游产品，是指旅游者在旅游活动开始前将全部或部分旅游费用预付给旅游企业，再由旅游企业根据双方签订的合同或协议为旅游者安排旅游项目的一种旅游形式。包价旅游产品一般分为全包价旅游产品、半包价旅游产品、小包价旅游产品和零包价旅游产品及组合旅游产品。

非包价旅游产品，主要是指单项旅游服务，也称委托代办业务，是旅游企业根据旅游者的具体要求提供的非综合性的有偿服务。旅游者的具体要求可能涉及各个方面，导致了单项服务内容也十分广泛，如办理交通票务、订房、订餐、代办签证、租车等。

三、根据旅游产品的档次分类

旅游产品根据产品的档次可以分为豪华旅游产品、标准旅游产品和经济旅游产品。

豪华旅游产品的旅游费用较高，旅游者追求的也主要是舒适的享受，住宿和用餐一般都在四、五星级的酒店或豪华游轮里，交通工具、娱乐项目等都较高档或高水准。

标准旅游产品的费用适中，旅游者一般住宿和用餐在二、三星级的酒店或中等水平的宾馆。

经济旅游产品的旅游费用低廉，住宿、用餐、交通等均在普通水平。

四、根据旅游产品的所需时间分类

旅游产品根据旅游者出行所需要的时间可以分为一日游产品、二日游产品、三日游产品及多日游旅游产品等。这样的安排能让旅游者在选购的时候明确所需旅游时间的长短，也利于旅游企业根据时间长短安排旅游内容、确定销售价格。

五、根据旅游产品的活动范围分类

旅游产品根据旅游者的活动范围可以分为远程旅游、中程旅游和短程旅游。

远程旅游一般是指跨省范围以上，包括出境旅游、边境旅游和省际旅游。旅游者的活动区域大、时间长、线路长。

中程旅游大多指省内旅游或跨省级旅游区周边近邻地区的旅游。

短程旅游则是在市区内旅游或郊外旅游，一般当日可以来回。

六、根据旅游活动的内容分类

旅游产品按旅游者的旅游动机设计的旅游活动内容分为观光旅游产品、度假旅游产品和专项旅游产品。

观光旅游产品是当前市面最传统的旅游产品之一，是指旅游企业以旅游目的地的旅游资源和旅游接待设施为依托，组织旅游者前往参观游览自然风光、文物古迹及体验民俗风情的一种旅游产品。此类旅游产品的消费者一般少有特殊要求，其主要追求的是观光游览的需求。因此，往往希望能在有限的时间游览尽可能多的内容。观光游览旅游产品包括了文化观光、自然观光、工农业旅游观光、民俗观光、都市观光、修学观光等。此类旅游产品具有资源丰富、可进入性大、服务设施多、旅游环境好、安全保障强等优势，长期以来都是旅游市场中的主流产品。并且，开发观光旅游产品的难度较小，也容易操作，是旅游企业开发产品的首选，同时也是度假旅游和专项旅游产品开发的基础。但也具有旅游者参与度低、对旅游目的地走马观花、感受性弱的缺点。

度假旅游产品是旅游企业组织旅游者前往度假地短期居住放松，进行娱乐、休闲、健身、疗养等消遣活动的一种旅游产品。消费者购买产品的主要目的是休息、度假。此类产品包括的旅游景点一般不会太多，一到两个即可，让旅游者在每一个点的停留时间增长，充分参与到旅游活动过程中，也能提高旅游者重复前往的概率。此类旅游产品包括了海滨度假、山地度假、温泉度假、滑雪度假、森林度假、海岛度假、乡村度假等。此类产品对度假地的要求一般是：环境质量好、区位优势明显、服务设施设备完善且具有一定品质、服务水平高。

专项旅游产品一般是以某一主题内容设计开发的旅游线路。由于可选择的主题多种多样，适应了旅游者个性化、多样化的需求，受到市场的广泛接受（本章第五节专门介绍）。

第三节　旅游产品的供给

一、旅游产品供给的内容

旅游产品供给包括了旅游基础供给和旅游辅助供给。旅游基础供给是指为旅游需求提供的旅游资源、旅游设备、旅游设施和旅游服务，包括一切与旅游者发生关系的供给部分。旅游辅助供给则指为旅游基础供给提供服务的旅游基础设施，包括了旅游目的地的供水系统、供电系统、供气系统、污水处理系统等，以及旅游目的地的地上地下建筑。

因此，旅游产品的构成主要包括旅游资源、旅游设施、旅游服务三个方面，其中旅游服务是旅游产品的核心。

（一）旅游资源

旅游资源是旅游者选择旅游目的地的决定因素。它可能是物质实体，也可能是某个事件，还可能是某种现象。旅游资源蕴藏于自然环境和人类社会中，代表着各个旅游目的地的特色和文化传统。旅游资源数量的多少和质量的高低是一个地区能否开发成热点旅游目的地的先决条件。

（二）旅游设施

旅游设施是直接或间接地向旅游者提供旅游服务所凭借的物质条件。旅游设施在旅游产品构成中不是决定旅游者选择旅游目的地的主要因素，但旅游设施配套情况会影响旅游者对旅游资源的追寻与体验。旅游设施包括旅游服务设施和旅游基础设施两种。

1. 旅游服务设施

旅游服务设施是指旅游企业直接服务的凭借物，一般包括住宿、餐饮、交通及其他服务设施。住宿设施有饭店、汽车旅馆、经济型饭店、野营帐篷、游船等。其他服务设施包括旅行社、零售商店、各类餐馆、影剧院、娱乐中心、理发美容店、咨询服务中心、会议中心、邮电通信、医疗服务和保险公司等社会服务部门。还有一些政府机构如旅游管理机构、海关、公安部门等，这些设施不仅为旅游服务提供支持，而且也为本地居民的生活需要提供服务。

2. 旅游基础设施

旅游基础设施是指旅游目的地城镇建设的基本设施，如水、电、热、气的供应系统，废物、废气、废水的排污处理系统，邮电通信系统，交通系统，物资供应系统，安全保卫系统，环境卫生系统，以及城镇街区美化、绿化、路标、停车场、泊船区等。这些系统的建设是为城镇居民生活需要所提供的公用设备设施，尽管它们不直接对旅游者提供服务，但在旅游经营中却是直接为旅游者提供服务的旅游企业所必不可少的物质保证。

（三）旅游服务

旅游服务是旅游产品的核心，旅游者购买并消费旅游产品，除了在餐饮和旅游生活中消耗少量有形物质产品外，大量的是接待和导游服务的消费。旅游服务是一种行为系统，它以有形物质产品、自然物和社会现象为载体，在存在旅游需求的情况下实现其价值和使用价值。旅游产品之所以能以一种混合体的形态出现，主要是由它的服务性决定的。

【小贴士】

北京豪华两日游

第一天：北京—八达岭长城—十三陵—鸟巢、水立方。用餐：含午餐；住宿：酒店；交通：旅游巴士。

5：00 派车接客人到发车地点集合。（如若希望观看天安门广场的升旗仪式，请提前预约。）06：30 导游带团出发，前往举世闻名的万里长城——八达岭长城，行车时间约 1.5 小时，途观以秀美著称的居庸关。08：00 游览世界八大奇迹之——八达岭长城（门票已含），游览攀登上 888 米的好汉坡（游览约 3 小时左右），纵览巍巍长城内外，体会古今好汉豪情；烽火台上举目远望，长城大好河山尽收眼底，八达岭长城的战略地位在历史上是非常重要的，所以此段长城修筑工程宏大，城墙坚固，敌楼密集。城墙随着山峰的走势，蜿蜒起伏，如巨龙盘绕。会让您感慨古人的聪明和才智，不愧被称为“世界八大奇迹之一”。12：00乘车到指定旅游餐厅用餐（豪华自助餐），午餐后参观御鹿苑，简单休息调整。13：00驱车前往明十三陵地下宫殿（门票已含），途中观赏十三陵风景区、古神道、石牌坊，参观当年由毛主席指挥万人修建的十三陵水库。后参观明皇宫蜡像馆，再现明朝 16 位皇帝 276 年历史，其建筑面积 3 万平方米，记录明朝 16 位皇帝功过是非。17：00 到达奥运主会场——水立方站，参观盘古七星酒店外景，远眺整个酒店像飞龙一样，盘古也是北京酒店的龙头老大。游览 2008 奥运会开闭幕式场馆鸟巢及国家游泳馆水立方外景夜景，下车自由观光拍照。

第二天：北京—故宫—颐和园—天坛—万寿寺—慈禧行宫。用餐：含午餐；住宿：无；交通：旅游巴士。

05：30 左右（参考时间）司机到酒店接客人，免费赠送天安门广场升旗仪式，如希望观看，请提前预约。7：30 可选择由水路前往美丽的皇家园林慈禧太后行宫——颐和园（含门票，约 3.0 小时）（我国现存规模最大、保存最完整、最美的皇家园林，也是世界上最广阔的皇家园林之一）。11：00 乘车到指定旅游餐厅用餐，午餐后简单休息调整。12：00 乘车前往皇帝用来祭天、祈谷的场所——天坛（含门票，游览时间约 1.5 小时）；北京天坛坐落在皇家园林当中，四周古松环抱，是保存完好的坛庙建筑群。13：30 驱车世界五大宫殿之一北京故宫（门票已含，游览约 3 小时），故宫曾是中国明、清两朝的皇宫，又名紫禁城。17：00 左右自由游览世界最大的城市中心广场——天安门广场，参观毛主席纪念堂（关闭时参观外景）、人民大会堂外景、国家博物馆外景、国家大剧院、降国旗。18：00 左右，自由逛王府井小吃街步行街，感受现代北京城夜景的繁华与时尚，品尝东华门小吃，结束愉快的名胜之旅。

费用包含：

（1）景点门票：行程游览中所有景点门票。

（2）导游服务：行程游览中文导游全程讲解服务。

（3）旅游用车：豪华金龙空调巴士。

（4）用餐标准：八人一桌，十菜一汤。

（5）旅游保险：旅行社责任险，人身意外伤害险。

（6）住宿标准：准三星住宿2晚，双人标准间，独立卫浴；出现单人安排3人间，或补单房差，单房差100间/晚；客人均入住天安门、王府井、火车站等周边地区。

（7）免费接站及送站服务。

由上述案例可以看出，旅游产品是由食、住、行、游、购、娱六要素构成的综合产品。一个具体的旅游产品供给，通常包含了以下要素：旅游交通、旅游住宿、旅游餐饮、旅游景区、娱乐体验项目、导游服务、旅游保险、赠送服务等。

二、旅游产品供给的特点

旅游产品供给具有多样性、关联性、灵敏性、替代性、固定性等特点。

旅游需求的多样性决定了旅游产品供给的多样性。旅游产品包括有文化性的，也有纯自然的东西；有有形的产品，也有无形的产品。旅游需求的多样性要求旅游产品供给也能提供相应的物品和服务。

旅游产品供给与国民经济各部门都有广泛的关联性。旅游产品供给的灵敏度高。由于旅游需求受到国内外形势的波及，也会影响旅游产品供给。

旅游产品供给具有较强的替代性。主要体现在两个方面：一方面在同一类旅游产品供给中，其替代性强；另一方面在不同的旅游产品供给中，不同的供给之间具有互补作用。但有些旅游产品供给其服务对象相对固定，如投资大的人工旅游景区，只能用于旅游，难以转换成其他用途创造收益。

三、旅游产品供给原则

（一）市场为导向

市场导向是旅游产品供给的根本方向，即从旅游者的需求为导向设计旅游产品。由于旅游者的年龄、文化、职业、收入和所在地区不同，其对旅游的需求也是千差万别。因此，要最大限度地满足旅游者的需求，使旅游产品具有长久生命力，就必须在旅游产品供给上坚持市场导向，要根据市场需求状况开发产品，要根据旅游者或者旅游中间商的要求开发产品，同时还要创造性地引导旅游消费。

（二）突出特色

旅游产品极易被模仿。旅游产品作为一项服务产品，很难对其申请专利进行保护。当一项新的旅游产品出现之后，市场上很快就会出现相近、相似产品或复制产品。真正好的旅游产品具备自己的特色，不会进入低价低水平市场去进行无意义的竞争。因此要突出特色，需要从市场的角度挖掘旅游资源的特色，选择具有突出特点的旅游资源，如地方风格独特、民族特色等。

（三）遵循旅游体验效果递进

旅游者对旅游产品的选择，最基本的要求是以最少的旅游时间和旅游花费获得最大的有效旅游信息和旅游享受。旅游者对旅游产品的体验，既受到旅游者自身情况的影响，也与到达景区、项目安排的先后顺序有关。即使是同样的旅游景点和活动项目，也会因为顺序的调整给旅游者带来明显的效果差距。

旅游产品供给要充分考虑旅游者的生理和心理特点，有张有弛，将吸引力最大的、最消耗体力的景点安排在最后，把购物安排在最后一站，既能便于旅游者灵活安排时间，也能减免携带不便带来的烦扰，才能极大地调动旅游者的兴趣。

（四）避免重复，适量择点

旅游者在游览过程中，其注意力不仅在旅游景点和旅游活动上，旅游途中的风景也是可供观赏的对象。旅游产品供给应避免重复经过同一景点，或尽量改变交通方式，给旅游者不同的体验。避免重复还体现在对旅游景区（点）和活动项目的选择上。同一主题的旅游点对旅游者的吸引度是相似的，不宜安排过于紧密，乃至重复。即使旅游者需要对同一主题的旅游项目进行深度体验，也应尽量同中求异，有特点地侧重安排。

旅游者希望能花最少的时间和金钱获得最多的旅游体验，因此对于旅游花费和旅游体验的平衡度十分在意。在控制旅游产品整体价格符合旅游者需求的同时，也需要对旅游项目进行适量安排，以便使行程紧凑而不忙乱。

（五）时间合理

旅游产品的时间合理性，主要体现在以下三个方面：

第一，指旅游活动的停留时间和恰当的景点间距必须合理。停留时间的长短与旅游项目的内容和参与性相关。旅游点之间的距离不宜太远，以免造成大量的金钱和时间消耗；若距离确实过远，可考虑在花费一定的情况下选择快捷交通工具。

第二，旅游行程安排上要留出机动时间，以应对旅途中可能发生的意外情况。

第三，旅游产品的时间安排应符合人体生物钟的规律。一般来说，人在上午的精力比较充沛，适合猎奇、求知性强的项目。午餐后对获取和感知环境信息的需求较弱，应适当休息，下午精力恢复后再安排相对充实的旅游内容。这样能让旅游产品的丰富度在一天中与旅游者的环境感知欲望的强弱相匹配，提高旅游者对旅游产品的满意度。

（六）安全第一

从需求层次理论可知，旅游活动是人们较高层次的享受活动，是在保证安全的前提下进行的。安全问题是旅游者、旅游企业最担心的问题。旅游过程中常见的安全事故包括交通事故、治安事故、火灾事故、食物中毒等。旅游产品涉及要素众多，这就要求在产品供给组合的时候，必须遵循“安全第一”的原则，尽量选择安全性高的设施设备、场所和安全有保障的合作单位，配备专业优秀的导游人员、司机等提供服务，将安全事故的发生概率尽可能地降到最低。

（七）机动灵活

旅游产品涉及行业多、过程复杂，即使做了最充分的准备，也可能遇到意外事件发生，如遇不可抗力的突发灾害，或其他特殊原因必须临时更改旅行安排，如游客走失、飞机晚点等，需要随机应变，更改部分安排。因此，不论旅游产品供给组合前，还是执行旅游活动计划时，都需要灵活机动，允许局部变通。

第四节　专项旅游产品

专项旅游产品，是按照某一主题内容而设计开发的特种旅游产品。和常规旅游产品相比较，此类产品丰富多样，能满足旅游者的不同旅游需求。专项旅游产品包括遗产旅游、会展旅游、生态旅游、乡村旅游、都市旅游等，能够满足现代旅游者的个性化、多样化的旅游需求。

一、遗产旅游

遗产旅游在许多发达国家已成为旅游业的重要组成部分。"遗产"，狭义上理解是从祖先流传下来的钱财资产；广义上是指自人类有史以来的一切创造物。在旅游学中，遗产也称作遗产地（Heritage Site）、遗产吸引物（Heritage Attraction）。1982 年《世界遗产宪章》将遗产划分为自然遗产、文化遗产、自然与文化双重遗产以及非物质遗产。自然遗产是指那些朴素、原始的自然风景地，如未砍伐的森林、没有筑坝的河流、没有开垦的荒山等。文化遗产包括历史遗迹、建筑物，国家或民族的思想、价值、信仰，重要历史事件的发生地，艺术（文学、音乐、舞蹈、雕塑等），传统节事活动以及典型生活场景等。

目前对遗产旅游（Heritage Tourism）的概念，争论较多。国外对遗产旅游大都是从其文化属性进行界定的，而国内遗产旅游基本是以遗产旅游观光为主，包括自然遗产、文化遗产以及自然文化复合型遗产，基本上不包括非物质文化遗产。

世界旅游组织将遗产旅游定义为："深度接触其他国家或地区自然景观、人类遗产、艺术、哲学以及习俗等方面的旅游。"遗产旅游是基于旅游者动机与认知的旅游，旅游消费者的动机及所认知的目的地的遗产属性，将能使其从中得到其追求的价值。比如怀旧情绪或希望体验。旅游者受自己的或他人的"历史"吸引，在"遗产"和"旅游"的互动过程中，能够利用自己的想象力与过去进行信息交流，体验历史感，获得教育意义。

近年来，世界人口日趋老龄化，人们变得更为怀旧，对遗产旅游更感兴趣。随着受教育程度的提高，旅游者对遗产旅游有了更多的理解，拓展了遗产旅游的开发空间，加之遗产产业的大规模性及可互动遗产展示的增加，遗产旅游对旅游者的吸引力日渐增长。

二、会展旅游

旅游与会展有着天然的联系。1841 年 7 月 5 日，托马斯·库克利用包租火车的方式组织了从莱斯特前往洛赫伯勒的团体旅游，目的是参加在该地举行的一次禁酒大会，这被普遍认为是近代旅游活动的开端。但此次旅游活动和禁酒大会的举办有直接的关系，因此，此次旅游活动也被认为是一次会展旅游活动。从 1851 年英国伦敦第一届世博会到 2015 年意大利米兰世博会，在 160 多年的发展中，世界旅游史上具有重大影响的几次旅游活动都与会展活动相关，可见会展旅游是旅游与会展的亲密结合。

当前，会展旅游作为一种新型的旅游形式已经引起了广泛关注。会展业的发展给旅游业带来的经济和社会效益，使人们开始认识到会展业对旅游业的重要性，从而使旅游业从被动消极的局部结合转入积极地参与和配合阶段。会展旅游被认为是通过会议、博览、展览、文化体育、科技交流等各类举办活动而开发的一种新型旅游产品。每年两届的广交会期间，广州市酒店的入住率达到90%以上。旅游企业不仅突破了对异地会展活动举办者和参与者的接待服务，也突破了对整个会展业的服务接待局限，开始承担会展的策划和组织工作，成为会展业产业结构的主要组成部分。

会展旅游具有吸引物构成丰富化和目的地选择的多样化的优势。越来越多的会展将举办地选在旅游城市甚至旅游景区，以吸引更多的与会人员或参展商、经销商的参与。通过各种活动的举办，可以极大地吸引旅游者参与，同时参与的旅游者又多为会展活动的参与人员及组织人员，通常有一定的地位和职务，收入水平较高，更注重旅游产品的质量、特点和服务等方面的因素，相比普通旅游者，消费的档次、要求比较高。

三、生态旅游

生态旅游萌芽于20世纪六七十年代，经历数年的发展，现已经成为世界范围内最热的旅游活动之一。生态旅游的定义很多，目前可以查到的有关生态旅游的定义已多达上百种。而“生态旅游”这一术语，是由世界自然保护联盟（IUCN）于1983年首先提出的，1993年国际生态旅游协会把其定义为：具有保护自然环境和维护当地人民生活双重责任的旅游活动。

对生态旅游者来说，生态旅游是到自然环境中去，在欣赏、感悟自然的同时获取生态和文化知识，并以自身的实际行动为环境保护做出贡献；对生态旅游开发者和经营者来说，生态旅游是运用生态学原理来规划生态旅游区，设计旅游活动，履行保护生态环境的宣传与教育职责，把旅游对环境的破坏限制在最小范围的一种旅游开发方式；对当地社区居民来说，要提高社区的集体收益，加强社区对于生态旅游相关传统技能保护与利用的能力，尤其是那些以家庭为基础的艺术与工艺、农产品以及利用当地自然资源以可持续的方式建造的传统的房屋和景观。因此，生态旅游可以被看作是一切以自然生态或自然生态和原生性地域特色文化为主要吸引物，基于生态环境保护和可持续发展的旅游活动。

生态旅游的形式丰富，覆盖区域广泛。其主要的旅游资源是来自旅游目的地的自然生态或与当地自然环境和谐共存的原生文化。生态旅游强调了对资源与环境的保护，有助于旅游目的地实现经济效益、社会效益和环境效益。在对旅游资源进行保护性开发的过程中，将生态理念贯穿于大众旅游之中，成为旅游市场的“万能的标签”之一。对于生态旅游产品的开发有两大类：一是准生态旅游：适于生态旅游资源原生性较好的区域，如在建筑物外迁的九寨沟、限制一般机动车进出的海螺沟等地开展的旅游。二是纯生态旅游：适于生态旅游资源原生性良好的区域，只能在此开展严格意义上的旅游活动。例如卧龙、王朗自然保护区等的科学考察、徒步探险等旅游形式。三是泛生态旅游，适于生态旅游资源不太富集的区域，旅游大都以休闲度假、节庆娱乐为主。

四、乡村旅游

乡村旅游始于19世纪中后期的西方发达国家，如英国和法国，最初只是贵族间的一种娱乐活动。中国最早具有乡村旅游性质的活动始于20世纪70年代，最早多为政治性接待活动。此后直至20世纪90年代，才兴起真正意义上的乡村旅游。关于乡村旅游，国内外学者对它的定义和认识不尽相同。吉尔伯特（1999）认为，乡村旅游是由农户向旅游者提供食宿，以便其在农场、牧场等典型乡村环境中进行各类休闲活动的旅游形式。国内学者肖佑兴等（2001）则认为“乡村旅游是指以乡村空间环境为依托，以乡村独特的生产形态、民俗风情、生活形式、乡村风光、乡村居所和乡村文化等为对象，利用城乡差异来规划设计和组合产品，集观光、游览、娱乐、休闲、度假和购物为一体的一种旅游形式”。乡村旅游的核心卖点是乡村性，这导致该旅游产品的表现有别于城市，以活动区域的乡村性、旅游资源的原生性、旅游时间匹配性、旅游项目的参与性及产业结合经营的持续性为特征。随着人们休闲需求增长，消费观念转变，为满足人们回归自然，亲近乡村的消费趋势，乡村旅游成了极具吸引力的旅游产品之一。近年来，我国对乡村规划的重视程度逐渐提高，而乡村旅游也逐渐成为农村经济发展的重要推动力，成为经济可持续增长的方式。

五、都市旅游

都市旅游是指借助独特的都市风光、都市商业和都市文化，向旅游者提供的各种产品和服务，用以满足旅游者在城市内进行旅游活动的需要。其目的就是要把大都市各方面潜在的、未被认识的旅游资源开发出来，形成自己独特的体系和格调以吸引更多的旅游者。

都市旅游产品具有开放式景区的无边界特点，让游客在享受自由开放、免费服务的同时，深度体验了都市文化的多样性。城市里的市民、游客穿梭于城市的大街小巷，共享开放，并与旅游景点积极互动。他们既是都市旅游的积极享用者，也是都市旅游景区的发现者和创造者。人们对都市文明的向往、激情与想象，激励着各大城市的都市旅游景区在常变常新、持续发展的同时，向高品质的方向发展。

都市旅游专项产品主要有都市观光旅游、都市文化旅游、都市商务旅游、都市购物旅游、都市休闲度假旅游、都市工业旅游、都市农业旅游等类型。

【小贴士】

上海都市旅游卡

上海都市旅游卡是上海市旅游局以上海世博会为契机，应对国际金融危机、方便中外游客到上海旅游以及激发市民参与都市旅游的切实举措。持卡人使用上海都市旅游卡，可以享受诸多便利和优惠。比如持卡人可在公共交通领域包括公交、地铁、出租、轮渡等使用上海都市旅游卡，并可以享受公交换乘优惠政策。而其他特约商户也将陆续布设 POS 机，持卡人可于 2009 年 7 月 1 日起正式在各家特约商户刷卡消费。据介绍，签约的特约商户有 50 家左右，包括东方明珠、金茂大厦观光厅、东方绿舟等景点，锦江、春秋、旅游集散中心等旅行社，以及华亭宾馆、新锦江、波特曼、锦江之星等酒店。签约商家还将进一步扩容。

此外，市旅游局还将以都市旅游卡为公共服务平台，通过推出主题活动等形式，让广大的中外游客和商户市民获得便利优惠。上海都市旅游卡主要针对的是自助游散客。持卡人只要去的是签约商户，无论是旅游景点、住宿娱乐，还是休闲购物、观看文艺演出和体育赛事，都能享受到一定的折扣待遇。

六、其他专项旅游产品

随着旅游新业态的发展，旅游者需求的多样化，更多为满足旅游者某种特殊需要而开发的定向的、专题的、有显著特色的专项旅游产品纷纷走入市场。如近年来受到了广大旅游者喜爱的博物馆旅游、红色旅游等。

红色旅游是一种以中国共产党成立至新中国成立这一特定历史阶段为内涵的专项旅游产品。2004 年年底国务院正式提出，发展红色旅游是为了“加强革命传统教育，增强全国人民特别是青少年的爱国情感，弘扬和培育民族精神，带动革命老区经济社会协调发展”。红色旅游将绿色自然景观与红色人文景观相结合，具有明显的政治性、革命性、先进文化性、和谐发展性、激励性和可持续发展性。旅游动机是旅游活动的内在心理因素，对旅游动机的深入分析有助于我们更好地了解红色旅游者的行为，从而更好地指导红色旅游产品的开发。因此，红色旅游产品的设计是以真实文化、严肃个性、艺术加工和可持续发展为原则的。

【小贴士】

全国 30 条红色旅游精品线

中共中央办公厅、国务院办公厅 2004 年底印发的《2004—2010 年全国红色旅游发展规划纲要》，就发展红色旅游的总体思路、总体布局和主要措施做出明确规定，表明国家将大力发展红色旅游产业。其中，提出发展红色旅游要实现的六大目标之一，是配套完善 30 条“红色旅游精品线”。

1. 北京—遵化—乐亭—天津线
2. 北京—保定—西柏坡线
3. 上海—嘉兴—平阳线
4. 南京—镇江—句容—常熟线
5. 泰州—盐城—淮安—徐州线
6. 南昌—吉安—井冈山线
7. 赣州—瑞金—于都—会昌—长汀—上杭—古田线
8. 井冈山—永新—茶陵—株洲线
9. 韶山—宁乡—平江线
10. 南宁—崇左—靖西—百色线
11. 贵阳—凯里—镇远—黎平—通道—桂林线
12. 贵阳—遵义—仁怀—赤水—泸州线
13. 成都—松潘—若尔盖—迭部—宕昌—岷县—临夏—兰州线
14. 成都—雅安—石棉—泸定—康定线
15. 昆明—会理—攀枝花—冕宁—西昌线
16. 兰州—定西—会宁—静宁—六盘山—银川线
17. 西安—洛川—延安—子长—榆林—绥德线
18. 黄山—婺源—上饶—弋阳—武夷山线
19. 黄山—绩溪—旌德—泾县—宣城—芜湖线
20. 济南—济宁—枣庄—临沂—连云港线
21. 武汉—麻城—红安—新县—信阳线
22. 合肥—六安—金寨—霍山—岳西—安庆线

23. 太原—大同—灵丘—涞源—易县—涿州线
24. 石家庄—西柏坡—涉县—长治—晋城线
25. 沈阳—锦州—葫芦岛—秦皇岛线
26. 四平—吉林—敦化—延吉—白山—临江—通化—集安线
27. 哈尔滨—阿城—尚志—海林—牡丹江线
28. 重庆—广安—仪陇—巴中线
29. 海口—文昌—琼海—五指山线
30. 张家界—桑植—永顺—吉首—铜仁线

第五节 旅游商品

一、旅游商品的概念

旅游商品不能简单地等同于旅游产品，它是旅游产品中的一部分。旅游商品通常是指旅游购物品，指旅游者在旅游活动过程中所购买的以物质形态存在的商品，包括旅游纪念品、旅游工艺品、旅游用品及旅游食品等。作为旅游活动的重要组成部分之一，旅游商品是旅游收入中弹性最大的一项。

陈绍友（2002）认为，旅游商品是一个地区的传统文化、民族民俗风情的浓缩，是具有地域信息性和纪念性的商品。龚奕等（2005）将旅游商品具体地理解为旅游者在旅游地购买，并在途中使用、消费或者携带回家使用、赠送、收藏的以物质形态存在的实物。顾维周（1990）将旅游商品分为旅游实用品、旅游工艺品和旅游艺术品三大类。

二、旅游商品的特点

第一，旅游商品具有多类别、多品种的特点。旅游商品主要包括旅游纪念品、旅游工艺品、文物古玩及其仿制品、土特产品、旅游日用品等。

第二，旅游商品具有鲜明的区域性、民族性。旅游商品是游客在旅游过程中购买的，在时间或空间上显示旅游目的地的标识的产品。地方性、民族性是旅游商品的生命力之所在，其巨大的潜力蕴藏在民间。旅游商品具有情绪价值或第二价值，即除一般商品价值外，还具有艺术价值、欣赏价值、纪念价值和地位价值等附加价值。

第三，旅游商品具有层次性和针对性，按照市场购买能力分为不同的档次。

三、旅游商品的分类

旅游商品与一般意义上的商品相比，更注重纪念性、艺术性、实用性、便携性和礼品性。通常分为以下几类：

第一，旅游纪念品。指的是各种各样的标有旅游地名，或以旅游地人、事、物特征制作的商品。此类商品品种多、数量大、题材广泛、旅游纪念性强、销路广。例如，旅游纪念章、旅游纪念图片，或带有地方特色的各种器具物件及印刷品。

第二，旅游工艺品。指的是以旅游目的地的文化古迹或自然风光为题材，利用当地特有的原材料制作的设计新颖、工艺独特、制作精美、极富纪念意义的艺术品。此类商品中有价格昂贵的原创品适宜高消费的游客，也有价格便宜的仿制品深受普通游客的欢迎。

第三，旅游用品。指的是旅游者在旅游活动过程中购买的实用性和纪念性相结合的生活用品，具有实用性和欣赏性双重功能。此类商品包括服饰和生活日用品，如具有地方特色和民族特色的绸缎、皮革制品、手杖、毛巾等。

第四，旅游食品。指的是旅游者在旅途中可食用或具有当地特色的可以随身携带或邮寄的各类软硬包装的食品，如土特产品、方便食品和风味食品等。

【知识归纳】

旅游产品是旅游者购买旅游活动过程中所需要的产品和服务的总和，从旅游业和旅游者不同角度理解各有不同。从旅游产品供给者的角度来看，旅游产品是旅游经营者利用一定的旅游资源组织协调一系列旅游企业，为旅游者提供的以满足其在旅游过程中的各种需求为目的的综合服务。从旅游需求者的角度来说，旅游产品是旅游者为了满足自己在物质和精神上的需求，向旅游经营者有价购买的一次花费金钱、精力和时间的旅游经历。

旅游产品相较一般产品有无形性、生产消费同时性、时间性、替代性等特点。旅游产品类型的划分标准不一。根据旅游者的组织形式分为团体旅游产品和散客旅游产品；根据产品所包含的内容可以分为包价旅游产品和非包价旅游产品；按旅游者的旅游动机设计的旅游活动内容分为观光旅游产品、度假旅游产品和专项旅游产品。

在旅游活动中，旅游产品的供给是指旅游接待国家或地区对其旅游客源市场所能提供的旅游产品或提供旅游产品的总能力，包括了旅游基础供给和旅游辅助供给。旅游产品的构成主要包括旅游资源、旅游设施、旅游服务三个方面，其中旅游服务是旅游产品的核心。旅游产品供给具有多样性、关联性、灵敏性、替代性、固定性等特点。在供给组合旅游产品时，要坚持以市场为导向、突出特色、遵循旅游体验效果递进、避免重复，适量择点、时间合理、安全第一、机动灵活等原则。

专项旅游产品丰富多样，能满足不同旅游者的旅游需求，包括遗产旅游、会展旅游、生态旅游、乡村旅游、都市旅游等，适应了消费者的个性化、多样化的旅游需求。

购物在旅游活动中所占的旅游消费比例增大，但旅游商品不能等同于旅游产品。旅游商品是旅游产品中的一部分，是指旅游者在旅游活动过程中所购买的以物质形态存在的商品，包括旅游纪念品、旅游工艺品、旅游用品及旅游食品等。

【案例解析】

案例一：西霞口社会主义新农村之旅①

国信旅行社依托西霞口独特丰富的旅游资源，通过深度梳理，归纳出了独特的气候资源、自然生态旅游资源、社会主义新农村参观考察资源、景区景点资源、动物鸟类地质科考资源等五类资源；针对不同客源群，包装推出了“大手牵小手，看透西霞口”亲子游产品、“动物天地，海滨地貌”科普夏令营产品、“牵手到海角，情定西霞口”新婚度假产品、“福

①国内旅游营销经典案例 . http：//www.sdta.gov.cn/sy/ggxx-tzgg/newInfo/fb017e8d3f82ed44013f9e84533a00a6.html.

如东海，清凉度假”老人休闲养生之旅、“迸发激情，凝聚团队”企事业单位奖励旅游产品、“同走幸福路”社会主义新农村参观考察产品，以及“浪迹天涯、个性张扬”自驾游、自助游七类旅游线路产品，实现了由卖资源到卖产品的转变，使其迅速走进大众的视野，成为同行和媒体关注的热点。

思　考

旅游产品卖的是什么？

案例二：青城山—都江堰景区携手驼峰通航发力空中体验式旅游①

2016年3月23日下午2时30分，都江堰景区离堆公园停机坪，天空逐渐放晴，驼峰通航机长江浩走出房间，准备起飞……青城山—都江堰景区最新统计数据显示，自2014年联手驼峰通航推出空中体验式旅游项目以来，截至目前已经有10余万人次体验了都江堰空中旅游项目。

“空中旅游是都江堰发力世界旅游城市的重要服务项目!”昨日，航空专业人士李峰称，随着国家逐步开放低空管制，通用航空赢得了前所未有的发展契机，“旅游景区+通用航空”成为传统景区转型升级的重要服务项目。

旅游行业资深专家表示，青城山—都江堰景区是世界遗产旅游目的地，驼峰通航是四川省第一家发展空中游览项目的通用航空公司，二者强强联合，既是旅游行业的创新，也是通用航空领域的创新。

2014年，青城山—都江堰景区与四川驼峰通用航空有限公司达成合作。截至目前，驼峰通航已设立包括都江堰景区和青城山景区在内的3个起降点，开通了4条空中观光航线。

四川省旅游协会专家称，根据《十三五规划纲要》要求，旅游景区要提高生活性服务品质，在大力发展旅游产业的同时要提高服务水平，提升旅游体验。青城山—都江堰景区大力发展空中体验式旅游，具有行业标杆作用。

思　考

1. 空中体验式旅游是不是旅游产品？
2. 它与传统的旅游产品有何不同？

案例三：江西：“生态菜园”引领乡村旅游新时尚②

“绿藤绕架，菜花争妍，不辨菜园和花园。”在江西，乡村种植园区日益成为游客游览的时尚选择。

日前，记者走进万载县“国家现代（有机）农业示范区”。这是一个巨大的钢架结构玻璃馆室的“有机馆”，一进门，但见“五岳”命名的假山气势非凡。近看，假山上的怪石和

---

①http：//www.china.com.cn/travel/txt/2016-03/29/content_38131962.htm.

②http：//news.xinhuanet.com/local/2016-03/27/c_1118455135.htm.

树木等，原来都是生长着的生姜和各式蔬菜；壮观的瀑布和小桥流水，都是经过“伪装”的循环浇灌系统。走过假山，瓜果蔬菜藤蔓爬满的菜架子，形成一道道绿色长廊，通向一块块有机蔬菜和花卉植物园。园地中，红叶石榴、茶花、月季及各种多肉植物、绿萝、凤尾蕨、金边吊兰等错落有致，让人赏心悦目；盆栽的太空辣椒等有机蔬菜，长势喜人。

有机馆馆长王义峰指着一座“绿色宝塔”告诉记者，他们利用植物高低错落、色彩缤纷的特点，利用巧搭菜架和管道水培等方式，在同一园区种出了很多不同植物，并形成美丽景观，改变了一般农业观光看单一植物、简单采摘果实的体验。

除了现场观光，有机馆还推出了阳台景观种植培训项目。经过简单培训，人们很快就能学到一些有机蔬菜的种植方法，如果在家中种植，不仅能美化阳台，还能随时吃到新鲜蔬菜，一举多得。

记者采访时，有游客对从国外引进的多肉植物水晶冰菜产生浓厚兴趣。这种冰菜不仅营养价值高，而且叶面结着“冰晶”，煞是好看。于是，蔬菜苗木栽培管理人员特意接洽这位游客，为其讲解冰菜栽培知识。

“有机馆每周末都要接待数千名游客。每次一问一答，游客长了知识，愉悦了心情；有机馆赢得了顾客，传递了‘农业生产’之美。”记者了解，示范区还围绕农业观光游打造了赣台农耕文化馆、休闲养生基地、农梦馆等，带给游客更多新鲜体验和健康产品。

这个示范区只是江西乡村农业旅游的一个缩影。近年来，作为农业大省的江西，通过拓展农业功能、打造美丽田园、挖掘农业文化遗产、推介休闲农业创意精品，满足游客求新、求特、求变需求，农耕文化展示游、农业观光游、乡风民俗游等各具特色的旅游产品发展迅速。

目前，江西各类休闲农业规模企业达3550家，休闲农业从业人员超过82万人，其中农民就业75万人，休闲农业综合收入122亿元。

思 考

专项旅游产品与旅游产业发展的联系在哪里？

【案例解析】

案例一：专项旅游产品内容丰富，产业的关系紧密。旅游产品是旅游企业从不同的旅游供应商提供的单项产品中，为满足旅游者在旅游过程中的各种需要进行组合的有偿服务的总和。该案例中，国信旅行社将西霞口的旅游资源进行了深度挖掘梳理，归纳出了独特的五类资源，将西霞口进行包装组合，针对性地推销给不同类型的客源群。

案例二：空中体验式旅游也是旅游产品的一种。空中体验式旅游，与传统的旅游产品最大的区别是通过跨行业、强强合作实现创新，在提升旅游活动体验效果的同时，也提高旅游活动中生活性服务的品质。

案例三：专项旅游产品是以某一主题内容设计开发的特种旅游产品，能适应旅游者个性化、多样化的需求。旅游业虽然是第三产业，但是旅游产品的资源构成大多来自于第一、第二产业。发展专项产品，必须与产业紧密结合，只有从产业结构调整、产业模式发展中寻求出具有旅游特色的产品项目，才能具有超强的生命力。

【复习思考】

1. 旅游产品的概念及特点有哪些？
2. 你的家乡有什么特产能将其开发成为旅游商品？
3. 旅游产品的特点导致旅游企业的经营与营销有什么不同？
4. 旅游商品在旅游业中有何作用？

第七章

旅游目的地

【学习目标】

1. 了解旅游目的地的不同定义。
2. 理解旅游目的地的内涵。
3. 理解旅游目的地的分类。
4. 了解旅游目的地生命周期理论的发展和演变。
5. 掌握巴特勒旅游目的地生命周期理论的六个阶段及特征。
6. 了解巴特勒旅游目的地生命周期理论的意义及局限。

第一节　旅游目的地概述

一、旅游目的地的概念界定

国外对于旅游目的地（Tourist Destination）的研究始于20世纪70年代，最初它被认为是一个明确的地理空间区域。美国学者冈恩于1972年首次提出了“目的地地带（Destination Zone）”的概念，“目的地地带”是由吸引物组团、服务社区、中转通道和区内通道等几部分构成的一个空间集合。世界旅游环境研究中心在1992年将旅游目的地广义定义为：“乡村、度假中心、海滨或山岳休假地、小镇、城市或乡村公园；人们在其特定的区域内实施特别的管理政策和运作规则，以影响游客的活动及对环境造成的冲击。”① 澳大利亚学者李珀尔（1998）则认为旅游目的地是人们旅行的地方，是人们选择逗留一段时间以体验某些特色或特征——某种感知吸引力的地方。英国的布哈里利斯（2000）将旅游目的地界定为一个明确的地区区域，这一区域被旅游者理解为一个具有用作旅游营销和规划的政策和法律框架的独一无二的实体。2002年，世界旅游组织将旅游目的地明确定义为一个游客至少停留

①李蕾蕾．旅游目的地形象策划——理论与实务［M］．广州：广东旅游出版社，1999.

一个晚上的物理空间。这个空间包括旅游产品，如支持性服务和吸引物，以及与一日游相关的旅游资源，是具有地理区域和行政界线的，可以通过影响市场竞争力等方面的要素来体现管理活动、形象和旅游者满意度。① 世界旅游组织把旅游目的地做了较为全面的定义和概括，并且明确规定了旅游目的地及旅游目的地利益相关者的概念。

国内对于旅游目的地的研究自 20 世纪 90 年代中后期开始，定义上多强调它是一种地理空间集合的关系。受到公认的有以下几位学者的观点：保继刚（1996）指出旅游目的地是旅游者停留活动的地方，是附着在一定地理空间上的旅游资源，并且将旅游目的地基础设施及相关设施统一联系在一起。魏小安和厉新建（2003）将旅游目的地定义为能够满足旅游者终级目的的地点或主要活动地点。从效用的角度看，旅游目的地是能够使旅游产生动机，并追求动机实现的各类空间要素的总和。邹统钎（2006）认为旅游目的地是一个感性概念，它为游客提供旅游产品和旅游服务，是一种组合的体验和经历。吴必虎和黄潇婷（2013）认为旅游目的地是在旅游吸引物基础上建设起来的。单个旅游目的地逐步发展壮大成为大型旅游目的地域，或者多个旅游目的地通过某种形式的联合，共同构成功能复杂、服务多样、组织影响较大的旅游目的地群，最终发展成为旅游者出行的终点地区。

国内外学者由于旅游业所处的发展阶段和制度背景的不同，对旅游目的地的定义方式和关注重点也各有不同。现代旅游业的飞速发展改变了人们的旅游方式和对旅游目的地的认知，所以对旅游目的地的认识也在不断变化之中。如果单独从某一角度来定义旅游目的地，会很容易进入思维的陷阱，从而导致对旅游目的地认识的局限性。一般来说，一个特定的地区要成为旅游目的地，必须具备以下几个因素：

（一）地理空间

旅游目的地首先是一定范围内的特定地理空间区域，它可以是一个城市，也可以是一个国家，甚至可以跨越国家界线，当然，也可以是一个城镇、村落，甚至一个景区。这些地理空间要能够满足一定规模的旅游者开展旅游活动，这是旅游目的地的承载基础。

（二）旅游吸引物及支持性设施

首先，拥有一定数量的具有独特性质的旅游吸引物，包括自然资源、人文资源或各种活动等，以及基于此所开发的各种旅游产品，是旅游目的地得以存在的基础；其次，一定空间范围内的旅游专用设施、基础设施以及相关的服务设施等有机地结合起来，为旅游者提供涉及旅游六要素的相关服务，而当地社区居民也会使用某些服务并通过这些服务获益，这是旅游目的地得以发展的必要条件。

（三）吸引力

旅游目的地具有一种“距离拉力（Distance Pull）”，通过对当地各种旅游服务要素和目的地属性的抽象概括，能够激发某一类型的旅游者的旅游动机，从而驱使旅游者前来短暂停留、参观游览，并满足他们的旅游需求，进而激活整个旅游系统。如果无人问津，该目的地就不可能以旅游目的地的身份存在。

克里斯（2014）认为，旅游目的地把旅游的所有要素，包括旅游者需求、区外区内交

①世界旅游组织 . http：//destination. unwto. org/content/conceptual-framework-0.

通、旅游供给和旅游市场营销都整合在一个整体的框架内，构成了一个包含了旅游目的地诸多服务要素的综合系统。因此，综合众多国内外学者对旅游目的地的认知，我们倾向于把旅游目的地定义为：旅游目的地是指能够承载一定规模旅游者开展主要旅游活动，并且可以满足这类旅游者的需求并激发其旅游动机的各种旅游设施和服务要素的空间范围集合。在不同的情况下，旅游目的地也被称为旅游地，或者旅游胜地。

二、旅游目的地的基本特征

旅游目的地是相对于旅游客源地的概念，在整个旅游系统中处于核心地位。一般来说，旅游目的地具有综合性、文化性、不可储存性和多用途性的特点。

（一）综合性

旅游目的地是综合性很强的集合体，各个组成部分都为旅游者提供综合性的服务，并通过这些服务使旅游者获得愉悦的度假体验，得到最大的物质和精神满足。构成旅游目的地的主要因素包括：

1. 旅游吸引物

一个地区要成为旅游目的地，必须具备能够让旅游者获得生理或心理的愉悦体验的自然资源、人文资源或者其他各种活动。通常能够吸引大量旅游者到访，并长期保持其吸引力的是那些具有多重吸引物的旅游目的地。

2. 旅游接待设施

旅游目的地必须拥有能够满足旅游者需求的足够的接待设施，包括住宿设施、餐饮设施、娱乐设施、零售店及其他服务设施。足够的旅游接待设施和安全保障有机结合在一起为游客提供完整的旅游体验。

3. 可进入性

旅游目的地必须具备较强的可进入性，这是旅游者能够前来访问游览的必要条件。可进入性包括本地交通状况和出入该目的地的各种交通条件。

4. 辅助性服务

旅游目的地还需要拥有各种类型的为当地旅游发展提供辅助性支持服务的地方组织机构。例如：旅游行政管理机构、旅游目的地市场营销机构等。

（二）文化性

旅游目的地具有各自独特的文化魅力，是吸引旅游者到访的因素之一。世界上众多的历史文化名胜，都是因为承载了厚重的历史气息才吸引着成千上万的旅游者到访。因此，对独特的人文和文化遗产进行合理的管理，才能使之继续保持与客源地之间的差异性和不可替代性，使旅游目的地不断具有生命力和竞争力。

（三）不可储存性

旅游目的地与其他服务产品一样，都具有不可储存性的特点。由于服务生产和消费同时性的特点，当旅游者没有到访时，其价值就会流失或无法实现。

（四）多用途性

旅游目的地具有多用途性的特征，因为它不仅为旅游者提供相关的设施和服务，这些设施和服务还要为当地居民服务或使用。因此，旅游目的地的开发必须兼顾这两者的利益，同时要平衡外来旅游者与当地居民之间的各种利益关系，避免冲突。

第二节 旅游目的地的分类

一、按照空间范围划分

按照旅游目的地的空间范围分类，可以将旅游目的地划分为国家、区域、城市和景区四种旅游目的地类型。

（一）国家旅游目的地

国家旅游目的地主要是指那些旅游资源特色鲜明并且相对集中的大国，如中国和美国；此外，还有对旅游业依赖性较强，把发展旅游业作为基本国策、经济结构以旅游业为主体的小国，如马尔代夫。

（二）区域旅游目的地

区域旅游目的地可以从两个角度来认识，一是从国际旅游市场角度划分，可能包含多个旅游资源和属性相同的目的地国家，如加勒比海旅游目的地；二是从一个国家空间范围内部划分，同一国家不同地区旅游资源各异，如我国长三角旅游区、环渤海旅游圈等。

（三）城市旅游目的地

城市旅游目的地一般又被称为旅游城市，是指具备独特的自然风光或者人文资源等独特资源，能够吸引旅游者前往，具备一定的旅游接待能力，以景区景点为核心、以旅游产业为主题、旅游业产值超过城市 GDP 的 7%的一类城市。旅游城市在旅游业中占有重要地位，它不仅是重要的旅游吸引物，也是旅游资源最丰富的地区，同时也承担了旅游交通、旅游住宿、娱乐和服务等支持体系的功能，成为现代旅游经济活动的中枢。

（四）景区旅游目的地

景区旅游目的地又称旅游景区，是旅游目的地按照空间范围划分的最小单位。这里需要注意的是，并不是所有景区都符合旅游目的地特征，只有那些具备一定规模的旅游客源市场，同时又能为旅游者提供系统完善的旅游服务的大型或特大型旅游景区才符合旅游目的地特征，如美国、日本、法国、中国香港和上海的迪士尼乐园。

【小知识】

旅游综合体——万达西双版纳国际度假区

旅游综合体也被称为“休闲综合体”或“度假综合体”，是指基于一定的旅游资源与土地基础，以旅游休闲为导向进行土地综合开发而形成的，以互动发展的度假酒店集群、综合休闲项目、休闲地产社区为核心功能构架，整体服务品质较高的旅游休闲聚集区。作为聚集综合旅游功能的特定空间，旅游综合体是一个泛旅游产业聚集区，也是一个旅游经济系统，并有可能成为一个旅游休闲目的地。例如：深圳华侨城旅游度假区、珠海长隆国际海洋度假区、三亚海棠湾度假区、万达西双版纳国际度假区等。

万达西双版纳国际度假区是万达在国内开业的第3个大型旅游项目，占地5.3平方公里，总投资160亿元，是西南地区投资最大、水平最高的文化旅游项目。西双版纳国际度假区建设有西双版纳地方特色的世界级大型主题乐园、大型雨林体育公园、高端度假酒店群、傣秀剧院、商业中心、三甲医院、旅游新城七个主要功能区。度假区形成了"一核、两翼"的空间格局。"一核"，即旅游接待区。结合高档酒店的建筑景观与26万平方米的中央人工湖，成为整个度假区最为精华的核心地段，形成高档次、高品位的公共活动区，从而使东南侧的万达广场成为景洪市新的城市级商业核心。旅游接待区以四星、五星、六星级高档酒店为主，商业中心结合风情酒吧、特色美食、旅游产品、高档日用品等销售，成为特色鲜明的景洪市次级商业中心。"两翼"，即南北两翼。规划将度假区大致分为东西两个功能区，东片区为旅游新城，以居住生活和配套功能为主，西片区以旅游度假、休闲娱乐和商业服务为主。

二、按旅游资源的性质特点和旅游需求划分

按照旅游目的地的旅游资源性质特点和旅游需求分类，可以将旅游目的地分为观光旅游目的地和度假旅游目的地两种不同类型。

（一）观光旅游目的地

观光旅游目的地是那些资源性质和特点适合于开展观光旅游活动的旅游目的地，主要有自然观光地、城市观光地、名胜观光地三种类型。观光旅游目的地既是观光旅游的中间依托，也是一种传统性的旅游目的地，它在世界旅游活动中占有重要地位。目前，世界范围内的旅游活动主要是在观光旅游目的地展开的，观光旅游目的地可以开展多项旅游活动，如大型活动与节庆旅游、体育旅游、会议旅游、购物旅游、商务旅游、民族风情旅游等。特别是城市观光地，由于集政治、经济、文化和社会为一体，涵盖的旅游资源范围较广，旅游活动空间范围较大，因此，具有较强的旅游吸引力，成为观光旅游目的地的主体。

（二）度假旅游目的地

度假旅游目的地是那些旅游性质和特点能满足旅游者度假、休闲和休憩需要的旅游目的地，主要有海滨度假地、山地温泉度假地、乡村旅游度假地三种类型。度假旅游目的地是伴随着人们度假旅游活动的兴起出现的，同观光旅游目的地相比较，度假旅游目的地虽然不能涵盖多种旅游活动，旅游活动的空间也不如观光旅游目的地大，且具有较显著的季节性，不利于旅游目的地常年经营，然而，度假旅游目的地却能相对延长旅游者的停留时间，提升旅游者的消费水平，从而提高旅游目的地旅游企业的利润水平。

三、按照旅游目的地的构成形态划分

按照旅游目的地的构成形态分类，可以将旅游目的地分为板块性目的地和点线性目的地。

（一）板块性旅游目的地

板块性旅游目的地是旅游吸引物紧密地集中在某一个特定区域，所有的旅游活动在空间上都是以这个旅游目的地为中心展开的，都是以这个旅游目的地服务设施以及旅游体系为依托的。板块性旅游目的地通常是以一个主要旅游城市为中心，并依托现代化交通（主要是航空运输）建立起来的，海滨度假地以及大的旅游城市一般都是板块性旅游目的地。

（二）点线性旅游目的地

点线性旅游目的地是旅游吸引物分散于一个较广泛的地理空间区域内，在不同的空间点上各个吸引物之间的吸引力是相对均衡的，没有明显的中心吸引点。它是通过一定的旅行方式和组织将这些不同的空间点上的吸引物以旅游路线的形式结合在一起，旅游者在某一空间点只停留一段时间。通常，旅行方式与组织体系是点线性旅游目的地形成的主要条件。

第三节　旅游目的地生命周期

一、旅游目的地生命周期理论的产生和发展

旅游目的地的发展与旅游活动息息相关，旅游目的地为旅游活动提供了空间载体，旅游活动又进一步促进了旅游目的地的发展。因此，旅游目的地和其他产品一样，也有其兴衰的演变过程，即旅游目的地的生命周期。

“生命周期”原本是生物学领域中的术语，用以描述某种生物从出现到灭亡的演化过程。后来，这一词汇被许多学科用来描述相类似的变化过程，如市场营销学中的产品生命周期。旅游目的地生命周期理论研究便是“生命周期”理论在旅游学中的应用，主要描述了旅游目的地从诞生、发展、成熟到衰退阶段的自然界普遍规律。

旅游目的地生命周期理论最早由德国著名地理学家克里斯·泰勒在 1963 年研究欧洲旅游发展时所提出，他发现所研究的旅游目的地都经历了一个相对一致的发展过程：发掘阶段、增长阶段和衰退阶段。1973 年，帕洛格也提出了一种获得普遍认可的旅游目的地生命周期模式，他把旅游目的地的周期与吸引不同类型的旅游者群体变化联系起来，认为旅游目的地的兴衰取决于不同类型旅游者的旅游活动。如探险型旅游者最早去一个地方旅游，使其开始发展；随着设施的完善和知名度的提高，大量中间型旅游者进入；而当该地发展到畅通无阻、设施齐全的景点时，保守型旅游者进入，同时也丧失了原有的探险型旅游者。1978 年美国学者斯坦斯菲尔德通过对美国大西洋城盛衰变迁的研究，也提出了类似的模式。迄今为止，被国内外学者公认并得以广泛应用的旅游目的地生命周期理论，是 1980 年加拿大学者巴特勒在《旅游地生命周期概述》一文中提出的。

二、巴特勒旅游目的地生命周期理论

巴特勒将旅游目的地生命周期分为六个阶段：探查阶段、参与阶段、发展阶段、巩固阶段、停滞阶段、衰退或复苏阶段。每个阶段都有其标志性特征，并且加入了“S”形曲线加以表述（见图 7-1）：

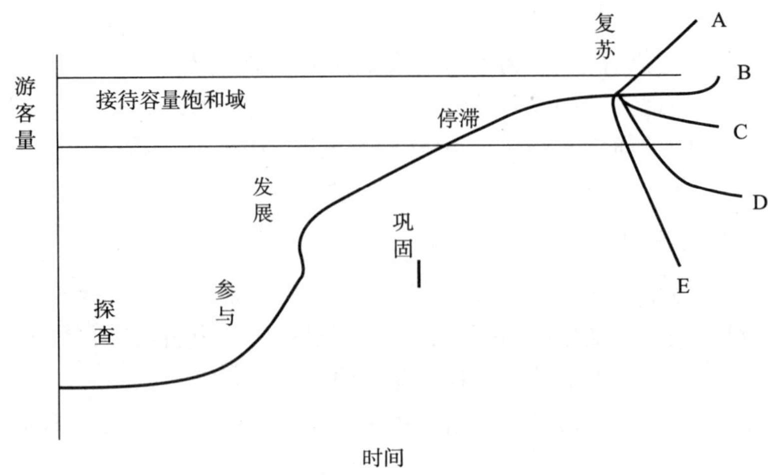

图 7-1 旅游目的地生命周期

（一）探查阶段（Exploration Stage）

探查阶段的其特点是旅游目的地在这一时期只有少量的探险型游客，分布零散，他们与当地居民接触频繁，不喜欢那些定制化的旅游。旅游目的地的自然和人文资源、社会经济环境是主要的吸引力，而且基本保持原样，没有因为旅游而发展变化。目前，南极洲的部分地区，拉丁美洲和加拿大的北冰洋地区处于这一阶段。

（二）参与阶段（Involvement Stage）

这一阶段的特点是随着旅游者的人数逐渐增多，当地居民开始专为旅游者提供一些简便的设施。旅游季节逐渐形成，广告也开始出现，旅游市场范围也已界定出来。例如，加勒比海地区的一些较小的、次发达的岛屿正处于这一阶段。

（三）发展阶段（Development Stage）

一个庞大而又完善的旅游市场在这一阶段已经形成，吸引了大量的外来投资。旅游者人数继续上涨，在高潮时期甚至超过长住居民人数。交通等基础设施等都得到了极大的改善，广告促销力度也大大增强，外来公司提供的大规模、现代化设施已经改变了目的地的形象。旅游业发展之迅速使其部分依赖于外来劳动力和辅助设施。这一阶段应该防止对设施的过分滥用，因而国家或地区的规划方案显得尤为重要。墨西哥的部分地区，北非和西非海岸属于这一阶段。

（四）巩固阶段（Consolidation Stage）

这一阶段游客增长率已经下降，但总游客量将继续增加并超过长住居民数量。为了扩大市场范围，延长旅游季节，吸引更多的远距离游客，广告促销的范围得到进一步扩大。当地居民，特别是那些没有参与到旅游业并受益的本地居民，开始对大量旅游者的到来产生反感和不满，因为这一切会限制他们的正常活动。旅游目的地在这一阶段有了界线分明的娱乐和商业区，以前的设施降为二级设施，已不再是人们向往的地方。大部分加勒比海和北地中海地区属于此阶段。

（五）停滞阶段（Stagnation Stage）

在这个阶段，旅游环境容量已达到或超过最大限度，导致许多经济、社会和环境问题的产生。游客数量达到最大，使得旅游市场在很大程度上依赖于重游游客、会议游客等。自然或文化吸引物被人造景观取代，接待设施出现过剩。

（六）衰退或复苏阶段（Decline or Rejuvenation Stage）

在衰落阶段，旅游者被新的旅游目的地吸引，只留下一些周末度假游客或不留宿的游客。大批旅游设施被其他设施取代，房地产转卖程度相当高。这一时期本地居民介入旅游业的程度又恢复增长，他们以相当低的价格去购买旅游设施，并将之改建为公寓、疗养院或退休住宅，因为旅游目的地的良好设施对本地居民有着巨大的吸引力。此时，原来的旅游目的地或者成为所谓的“旅游贫民窟”，又或者完全失去旅游功能。

另外，旅游目的地在停滞阶段之后也可能进入复苏阶段。要使旅游目的地在这一阶段进入复苏期有两种途径可以实现：一是创造一系列新的人造景观，增加吸引力；二是发挥未开发的自然旅游资源的优势，进行市场促销活动以吸引原有的和未来的游客。旅游目的地在这一阶段，不仅要保持原来的市场，还要寻求开发新市场和新产品，力求稳定客源，最大限度地降低季节性的消极影响对某些市场的过度依赖。

在衰落或复苏阶段可能出现五种可能性（见图 7-1）：

1）重新开发旅游目的地卓有成效，游客数量上升，旅游目的地进入复苏阶段。

2）限于小规模的调整和改造，使游客量以较小幅度继续增长，复苏幅度缓慢，注重对资源的保护。

3）重点放在维持现有游客量，避免其出现下滑，使之保持在一个稳定的水平。

4）过度使用资源，不注重环境保护，导致竞争力下降，游客量显著降低。

5）战争、传染性疾病或其他灾难性事件的发生会导致游客量急剧下降，而且很难恢复。

三、巴特勒旅游目的地生命周期理论的意义及局限

（一）巴特勒旅游目的地生命周期理论的意义

巴特勒旅游目的地生命周期理论自诞生以来，国内外学者对其进行过多方面的理论探讨和实证研究，有力地推动了该理论的发展。其作为一种理论框架，为我们研究旅游地演化过程、预测旅游地的发展和指导旅游地的市场营销和规划提供了理论框架。综合来说，旅游目的地生命周期理论的价值和意义主要体现在以下几个方面：

1. 有助于判定旅游目的地发展阶段

旅游目的地生命周期理论提供了旅游目的地发展演变的理论模式，提出了旅游目的地发展的六个阶段，并描述了各个阶段的特征。通过运用这一理论观察旅游目的地的发展特征，有助于掌握该旅游目的地的发展阶段以及存在的问题。

2. 有助于预测旅游目的地未来发展趋势

根据所判断的旅游目的地发展阶段，可以预测旅游目的地未来发展阶段及其特征，可以有效地调整旅游规划和管理措施，以便采取有效措施延长旅游目的地的生命周期。

3. 有助于目的地营销机构（Destination Management Organization，DMO）制订规划方案及进行市场促销

在旅游目的地生命周期理论的每一个阶段，其市场成长、市场份额、竞争程度及利润率等都不相同，因而需要 DMO 根据各个发展阶段的特征制定相应的市场营销和管理策略。

（二）巴特勒旅游目的地生命周期理论的局限

巴特勒旅游目的地生命周期理论虽然可以用来指导旅游目的地的战略规划或作为一种预测的工具，但是旅游目的地的变化是动态的，该理论却是一种固定的分析方法，因此，很难适应日益变化的游客需求和偏好。一部分人还认为，巴特勒旅游目的地生命周期理论不能单独用来指导决策过程，而且该理论在对战略管理进行决策时过分依赖外部的影响。国内外学术界对该理论的质疑和争论的焦点主要集中在以下几个方面：

1）难以确定发展阶段和拐点位置。

2）缺乏长期的统计数据及统计标准。

3）对不同阶段、不同类型、不同规模的旅游目的地进行定制化的规划十分危险，因为影响旅游目的地生命周期的因素很复杂。

4）对生命周期的适用范围有许多解释。一个酒店、一个旅游目的地和一个区域，甚至每一个细分市场都会有不同的生命周期曲线，其表现特征也各异。

虽然作为预测工具，巴特勒旅游目的地生命周期理论并没有得到多少发展，而且可能难以得到发展。然而，作为一种认识旅游目的地发展的理论框架，该理论能够提供给 DMO 长远的思想以及解释各个阶段不同变化的影响力。就中国的情况而言，旅游目的地和市场发展之间有着相互联系，我们可以运用该理论框架去分析各种不同具体生命周期特点及规律、剖析形成这些具体的生命周期特点和规律的内在因素，这可以有效地指导旅游目的地的建设和管理。

【小知识】

旅游产品生命周期和旅游目的地生命周期①

在旅游市场学中，旅游产品的概念不同于一般意义上的产品概念。从供给者的角度来看，旅游产品是指旅游经营者凭借一定的旅游资源和旅游设施，向旅游者提供的满足其在旅游过程中所需要的综合服务。旅游产品有整体旅游产品和单项旅游产品之分。整体旅游产品是满足旅游活动中的全部需要的产品和服务，单项旅游产品则是指酒店、餐饮及交通、游览娱乐等方面的产品或服务，整体旅游产品由单项旅游产品构成。因此，旅游产品侧重于资源、设施基础上的服务，而旅游目的地则包含了资源、设施、环境等整体，从这个意义上讲，旅游产品生命周期和旅游目的地生命周期是有区别的，不能简单地以前者代替后者。

【知识归纳】

旅游目的地是在地理框架内与旅游客源地相对应的概念，它是旅游体系中至关重要的因素，这不仅是因为它处于旅游活动的中心地位，并且对旅游者有着积极的“拉动”作用。

①冯淑华，田逢军．旅游地理学［M］．武汉：华中科技大学出版社，2011：332.

旅游者被吸引到一个地理空间范围参观访问，是通过对该地域空间内的旅游吸引物、支持性设施和社会经济环境等综合因素以及抽离出来的形象的考虑而决定的。

为了进一步地认识旅游目的地，按照不同的分类标准，旅游目的地可以分为多种不同的类型。旅游目的地的空间范围决定着旅游目的地的市场范围，也决定着这个旅游目的地的供给规模和需求规模，从而决定着旅游目的地的旅游经济实力；旅游目的地空间范围的大小也决定着旅游目的地社会分工的功能。不同层次的旅游目的地在旅游空间体系中的分工是不同的。不同旅游目的地之间的合理分工，便构成了一个国家旅游空间的组织结构。

旅游目的地的生命周期，是一种客观存在的现象。巴特勒旅游目的地生命周期理论能够预测旅游目的地的发展阶段，运用该理论可以了解旅游目的地的发展演变过程，找出限制旅游目的地发展的因素，通过人为主动地调整，延迟衰退期或者进入复苏期，从而延长旅游目的地的生命周期。但该理论在实证研究中仍存在着各种局限，需要针对不同类型、不同规模和不同发展阶段的旅游目的地进行有针对性的运用。

【案例解析】

碧峰峡，位于四川雅安北部18公里，距成都128公里，幅员约20平方公里，森林覆盖率达90%以上，素有“天府之肺”的美称，先后建成碧峰峡生态风景区、野生动物园、大熊猫保护基地。被评为四川唯一的野生动物乐园、四川唯一入选的32条国家精品旅游线路之一、国家AAAA级旅游区，同时还是中国保护大熊猫研究中心雅安碧峰峡基地。

碧峰峡于1999年打造推出野生动物园，在短时间内取得了巨大的成功。但是，2001年重庆野生动物园开业，2002年成都野生世界开园，新的竞争出现，碧峰峡面临着大量游客分流的困境，发展逐渐进入停滞期。面对新竞争，碧峰峡积极利用自身优势进行产品组合：2002年5月成功推出了中国第二个大熊猫研究基地；近年，又利用雅安“雨城”的文脉，结合“西蜀漏天”的传说，推出“女娲”文化旅游产品。

2015年年底，东方园林产业集团首期投入10亿元投资碧峰峡景区，参与打造大碧峰峡区域“1+*X*”战略模式，力争于2016年完成国家5A级旅游景区创建，并于2017年配合启动以碧峰峡景区为核心的大碧峰峡国家级旅游度假区的创建与申报工作。至2018年，在碧峰峡景区现有产品基础上，植入原始森林登山步道、山地自行车体验、森林冒险乐园、亲子主题演艺、动物主题体验等产品，将碧峰峡景区打造成为集生态观光、休闲度假、户外探险、动物体验、主题演艺、生态科普于一体的国际一流休闲度假目的地。

思　考

碧峰峡的发展是如何体现巴特勒旅游目的地生命周期理论的?

【案例评述】

实际上，碧峰峡的资源级别不高，属于三流资源，景区除了生态环境、空气质量尚好之外，几乎无景观可言，就传统的观点而言，显然无法与以“扬子江中水，蒙顶山上茶”而闻名的蒙顶山相比。在发展初期，由于大胆的规划和创新的营销，在短时间内取得了巨大的成功，打响了知名度。但随后由于重庆和成都相继开发了类似的旅游景点，所以它面临着游客分流的困境。为了保证碧峰峡能够长期处于发展和巩固阶段，当地政府不断推出能够满足市场需求的新产品，强化营销手段，运用成功的形象定位，使其能够从四川众多优秀的旅游景区中脱颖而出，客流量仍然保持增加的势态。经过 15 年的发展，随着游客人数的持续增加，旅游地的容量和环境都出现了大量问题，旅游项目逐渐老化，这种状况使碧峰峡景区不可避免地会面临旅游目的地生命周期的停滞瓶颈。因此，碧峰峡又采取了新的战略发展模式，以新的产品样式丰富原有的产品，配套组合，克服原产品的弱点，全面提高品位和档次，这样就可以使其进入新的一轮复苏周期，从而继续保持其活力。

【复习思考】

1. 如何全面地理解旅游目的地的定义？
2. 如何划分旅游目的地的类型？
3. 什么是巴特勒旅游目的地生命周期的六个阶段，以及每个阶段的特点是什么？
4. 如何理解巴特勒旅游目的地生命周期的理论价值和局限？

第八章 旅游市场

【学习目标】

1. 了解旅游客流规律。
2. 熟悉旅游需求的概念以及特征。
3. 熟悉旅游供给的概念以及特征。
4. 掌握旅游市场的概念和特点。
5. 掌握旅游市场的划分标准。
6. 掌握旅游需求产生的条件。
7. 掌握旅游需求的影响因素。
8. 掌握旅游供给的影响因素。

第一节 旅游市场概述

市场属于商品经济的范畴，是经济活动的载体。旅游活动最早出现是一种社会现象，随着生产力的发展和社会分工，旅游活动逐渐变成商品进入市场进行交换，旅游市场便形成并逐渐扩大。

一、旅游市场及其特点

（一）旅游市场的概念

市场是什么？研究学者多从经济学和营销学的角度来界定。从经济学的角度，传统的狭义市场是指商品交换的场所。随着商品经济的发展，商品的交换已经不再局限于某一地点和某一时间，而是贯穿于整个交换过程。因此广义的市场是指商品生产和交换过程中所发生的各种经济关系的总和，是不同的生产资料所有者之间经济关系的体现。而从营销学的角度，市场是指商品交换关系中的买方，即商品现实或潜在的购买者。因此，必须从狭义和广义角度充分认识旅游市场的概念和内涵。

1. 狭义的旅游市场

狭义的旅游市场，通常是指旅游需求市场或旅游客源市场，即在一定时间、一定地点和条件下对旅游产品具有消费意愿和支付能力的消费者群体。从这个定义来看，旅游市场是由旅游产品的需求方组成，由不同地域、国家、民族、阶层、年龄等的游客构成的。

狭义旅游市场的大小主要受旅游者、旅游购买力、旅游购买欲望和旅游购买权利等因素影响。作为旅游产品的消费者，旅游者是构成旅游市场的基本要素，旅游者数量及构成在一定程度上决定了旅游市场规模的大小。一个国家或地区的总人口越多，潜在的旅游者就越多，潜在的旅游市场规模也就越大。除此之外，人口的年龄结构、性别结构、职业结构、家庭结构和文化水平等因素也对旅游市场的规模有影响。旅游购买力是指旅游者的消费实力，是指可自由支配收入中支付购买旅游产品的能力，购买力的大小主要受旅游者的收入水平所决定。旅游购买欲望是指旅游者购买旅游产品的动机和主观愿望，是促使潜在购买力变为现实购买力的重要因素，没有购买欲望，即使有了购买力也不能形成旅游市场。旅游购买权利是指消费者购买旅游产品的权利，或者是获得旅游的机会，特别是国际旅游，受旅游目的国或者旅游客源国政策的限制，不具备可进入性，也无法形成旅游市场。

2. 广义的旅游市场

“广义的旅游市场是指在旅游产品交换过程中所反映的各种经济行为和经济关系的总和。”① 它反映了旅游需求者与旅游供给者之间的关系，旅游需求者之间的关系和旅游供给者之间的关系。广义的旅游市场由三部分构成：一是旅游市场交换的主体，即旅游者和旅游经营者；二是旅游市场的客体，即旅游交换的对象旅游产品；三是旅游产品交换的条件，即手段和媒介，如货币、场所等。

（二）旅游市场的特点

1. 旅游市场的多样性

旅游市场的多样性是由旅游需求多样性和旅游供给多样性共同决定的。主要表现在以下四个方面：一是旅游产品种类的多样性。不同国家、不同地区的旅游资源、旅游吸引物本身的异质性，决定了开发旅游产品的多样性，形成了众多不同类型的旅游产品。二是旅游者需求的多变性。不同旅游者的需求不同，同一旅游者在不同时期的需求也不同，正是因为旅游者旅游需求的动态变动性，决定了旅游市场的多样性。三是旅游产品交换的多样性。旅游者可以直接购买旅游产品，也可以通过旅行社购买旅游产品。四是旅游产品购买形式的多样性。表现为全包价旅游、半包价旅游、小包价旅游、散客旅游等多种购买形式。

2. 旅游市场的季节性

影响旅游市场的季节性主要包括两个方面：一是旅游者闲暇时间分布的不均衡使旅游市场形成淡旺季，旅游者出游大多集中在国家固定节假日，同时受天气气候的影响，春秋季出游率明显高于严冬和盛夏。二是旅游目的地受自然条件、气候条件、文化习俗等影响形成淡

①王德刚．旅游学概论（第3版）［M］．北京：清华大学出版社，2012：213.

旺季，如冬季滑雪只能在特定的季节和地区才能实现，体验民俗文化——彝族火把节也只能在特定的时间才能实现。这些因素都决定了旅游市场具有明显的季节性，使旺季旅游供不应求，影响旅游者的旅游质量，淡季又供大于求，造成旅游设施的闲置。

3. 旅游市场的波动性

随着经济的发展，旅游市场也持续发展，整体会呈上升的趋势，但影响旅游的因素复杂多变，在旅游发展的道路上并非直线上升而是在波动中前进。国内外局势、政治环境、汇率、物价、自然灾害、突发事件、重大社会活动等，都会对旅游者的构成、流动方向、流量造成影响。其中任何一个因素的变化都会引起旅游市场的变动，且每次波动后影响程度的大小、时间长短都不一样，且具有不确定性，所以旅游市场具有较强的波动性，例如，2001 年“9・11”事件对美国旅游业的冲击，2015 年 8 月 17 日泰国曼谷旅游景点四面佛的爆炸案对泰国旅游业的影响。旅游企业需要密切关注旅游市场的波动，积极采取措施，尽量减少市场波动带来的影响。

【小贴士】

2015 年 8 月 17 日，泰国首都曼谷商业中心、著名的旅游景点四面佛附近发生爆炸，截止到 8 月 23 日，共造成 20 多人遇难，上百人受伤。遇难的 20 多人中包括 5 名中国内地游客，2 名中国香港游客。泰国是最受中国游客欢迎的旅游目的地之一，根据泰国国家旅游局公布的最新数据，2014 年中国赴泰游客人数达到 461 万人次。2015 年仅前 6 个月，就有超过 600 万人次的中国旅客赴泰旅游，同比上涨 111.6%。泰国曼谷四面佛 8 月 17 日的爆炸事件对本已疲软的泰国经济造成冲击，尤其对旅游业短期影响明显。截至 8 月 20 日，泰国股指创 8 年来新低，其中旅游股下跌 10%，运输股下跌 5%，泰铢单日跌幅曾一度达 0.8%，创 2009 年 4 月以来新低。作为泰国经济的支柱，旅游业在本次爆炸事件中所受冲击短期内比较明显。爆炸次日，23 个国家和地区向居民发出了避免赴泰旅行的警告，而中国香港则宣布取消原定 8 月底前赴曼谷的所有旅行团，导致超过 200 个旅行团约 4000 人受影响。①

4. 旅游市场的异地性

旅游产品的需求者包括当地居民和非当地居民，其中以非当地居民为主。因此旅游客源地和旅游产品生产地在空间上是分离的，又因为旅游产品的非移动性特点，为使旅游经济行为实现，只有通过旅游者空间位移来实现，所以旅游者的旅游消费行为是异地发生的。旅游市场异地性特点，加大了消费者的购买风险，也增加了旅游供给者了解、分析消费者的难度。因此，旅游供给者必须做好市场调研，找准目标市场，提供满足旅游者需求的旅游产品，克服旅游市场异地性所带来的销售障碍。

5. 旅游市场的全球性

旅游市场是一个开放性市场，旅游市场的全球性特征主要体现在以下三个方面：一是随着生产力的提高，社会经济的发展和交通条件的改善，旅游活动成为人们生活的重要组成部分，旅游者规模逐渐扩大，旅游市场开发进一步扩大，旅游者分布在世界各地。二是旅游活

①曼谷爆炸案后，泰国还能去吗？http：//www. toptour. cn/tab1648/info214638. htm.

动的活动范围遍布世界各地，随着航天技术的发展，旅游者开始涉足太空旅游。三是旅游发展的全球性，目前世界各国都在积极发展各国的旅游业，旅游经济成为国民经济的重要组成部分，各国不断增加旅游供给，进一步促进了旅游市场全球性的形成。

6. 旅游市场的竞争性

竞争作为市场的伴随产物，只要存在着商品交换活动就必然存在着市场竞争，旅游市场也存在着竞争性。主要体现在争夺旅游者和提高市场占有率，抢夺现实旅游者和潜在旅游者，抢夺区域市场、国内市场和国际市场。随着旅游经济的蓬勃发展，旅游市场的竞争更加激烈，形式更加多样，范围也更加广泛。

二、旅游市场的划分标准

旅游市场划分是指旅游企业按照旅游消费者需求的差异性和相似性，选择一定的标准把整个旅游市场划分为若干个细分市场。旅游市场划分有助于旅游企业选定目标市场，有利于旅游企业发现良好的市场机会，有利于企业有针对性地开发旅游产品，有利于企业制订和调整旅游营销方案和策略，有利于提高企业的经济效益，降低风险，增强企业的市场竞争力。任何一个旅游目的地或者旅游企业都不可能有足够的实力吸引和满足全部各类旅游消费者的需要，所以旅游企业必须在众多旅游细分市场中选择适合自己的目标市场。可用于旅游市场划分的标准很多，综合各类研究和经营实践，有如下划分标准：

（一）按地域划分旅游市场

按地域划分旅游市场是指以现有及潜在的客源发生地为出发点，根据对旅游者来源地或国家划分旅游市场类型。世界旅游组织根据世界各地在地理、经济、文化以及旅游者流向、客源集中程度等各地区旅游发展状况，将世界旅游市场划分为欧洲市场、美洲市场、东亚及太平洋市场、非洲市场、中东市场和南亚市场。世界旅游组织每年提供各区域市场的有关数据统计，有助于各国掌握世界旅游发展格局、客源分布和客源流向等情况。

【小贴士】

世界旅游组织发布了《2015 全球旅游报告》，根据报告显示，2014 年全球国际游客到访量达到 11. 33 亿人次，同比增加 4. 3%。国际旅游花费达 12450 亿美元，比 2013 年的 11970 亿美元继续提升，剔除外汇波动和通货膨胀因素，实际增加达 3. 7%。美洲国际游客到访量增加最强劲，以 8%居各大洲之首；亚太和中东市场的国际游客增速为 5%；欧洲的国际游客增长为 3%，非洲国际游客到访增长为 2%。①

除此之外，还可以按不同客源国旅游者流向某一旅游目的地国的人数占该旅游目的地国的总接待人数的比例，将旅游市场分为一级市场、二级市场和机会市场。一级市场是指在旅游目的地国家或地区的接待总人数中，旅游者人数所占比例最大的国家或地区的旅游市场，一级旅游市场可占旅游目的地国接待总人数的 40%~60%。二级市场是指在旅游目的地国接待总人数中占据相当比例的旅游市场，二级市场最大的特点是有较大的市场潜力，潜在的需

---

①年末报告——2015 年全球旅游报告 . http：//weibo. com/p/1001603923225552785350? from=singleweibo&mod=recommand_ article.

求还没有完全转变为现实需求。机会市场是指旅游目的地国家计划开拓的新旅游市场，机会市场经过旅游目的地国的战略营销可能会成为将来的二级市场或者一级市场。①

（二）按国家范围划分旅游市场

按国家范围划分旅游市场，一般是以旅游者是否出境旅游为标准，将旅游市场分为国际旅游市场和国内旅游市场。

1. 国际旅游市场

国际旅游市场是指需跨越国境线发生旅游活动的旅游市场，包括入境旅游市场和出境旅游市场。入境旅游市场是指接待境外旅游者到本国各地旅游的市场，出境旅游市场是指组织本国居民到境外旅游的市场。国际旅游市场会增加旅游目的地国家或地区的外汇收入，增强国际支付能力，所以各国政府都很重视国际旅游市场的研究和开发。

2. 国内旅游市场

国内旅游市场是指本国居民在国内各地旅游而形成的市场。国内旅游市场的发展可以刺激国民经济的增长，拉动国内的内需，促进商品流通，调节各地区财富的再分配，提高居民的生活水平，促进国内经济的发展。

国内旅游市场与国际旅游市场相互影响，国内旅游是国际旅游的基础，国际旅游是国内旅游的延伸。国内旅游市场与国际旅游市场发展先后没有统一的规定，不同国家根据自身发展情况和旅游发展态势做出不同选择。如发达国家，一般先发展国内旅游，再发展出境旅游，后发展入境旅游，而我国的发展道路选择的是先发展入境旅游，再发展国内旅游，后发展出境旅游。

（三）按旅游组织形式划分旅游市场

根据旅游组织形式，可将旅游市场划分为团体旅游市场和散客旅游市场两大类。

1. 团体旅游市场

团体旅游市场是以团体旅游者为主体的旅游市场，团体旅游一般是指人数在 10 人以上的旅游团，其旅游方式以包价为主，一次性预先付款购买旅游产品，涉及旅游的六大要素“食、住、行、游、购、娱”。旅游者参加团体旅游的优点在于旅行社为旅游者安排好所有行程，使旅游者能安心旅游，除此之外，旅行社能以较低的价格购买各项单项旅游产品，能为旅游者节约购买成本。

2. 散客旅游市场

散客旅游市场是指个人、家庭及 10 人以下自行结伴旅游而形成的旅游市场。散客旅游者可以自行安排行程及活动内容，也可以委托旅行社购买单项旅游产品，方式比较灵活。现在越来越多的旅游者倾向于此种方式，散客旅游市场的比重将大幅提升，成为国际旅游市场发展的新趋势，也是一个国家旅游发展成熟与否的重要标志。

（四）按旅游者的消费水平划分旅游市场

在现实经济中，由于人们的收入水平、职业、社会地位和经济地位的不同，其旅游需求

①王德刚．旅游学概论（第 3 版）［M］．清华大学出版社，2012：217.

和消费水平也不同，对旅游产品的种类和质量的要求也不同。所以根据旅游者的消费水平，可以将旅游市场划分为豪华旅游市场、标准旅游市场和经济旅游市场。

1. 豪华旅游市场

豪华旅游市场的消费者拥有一定的经济实力，对旅游产品的价格不敏感，他们关注的是旅游产品和旅游服务的质量，以及旅游活动是否能最大限度地满足他们的旅游需求和体现他们的社会地位。他们强调追求个性化、特色化的旅游经历，对各方面的要求较高。因为豪华旅游市场高额的旅游支出，使旅游目的地国家或地区非常重视豪华旅游市场的开发。

2. 标准旅游市场

标准旅游市场的主体以中产阶级为主。他们既注重旅游价格，又注重旅游活动的内容和质量，对旅游价格很敏感。他们的消费能力介于豪华旅游者和经济旅游者之间，虽然消费能力不及豪华旅游市场，但因其数量上的巨大，旅游目的地国或地区也很重视标准旅游市场的开拓。

3. 经济旅游市场

经济旅游市场的主体以收入较低者或没有固定收入者为主，属于普通的大众消费市场，消费群体人数庞大。他们对旅游服务水平的要求不高，对旅游市场的价格表现出极大的敏感性，更注重旅游价格的高低，多属于一次性消费者。

（五）按旅游者的人口特征划分旅游市场

旅游者的人口特征要素包括年龄、性别、种族、职业、国籍、家庭结构、受教育程度、收入等，根据人口特征把旅游市场分为若干个细分市场，由于人口特征易于衡量，所以划分出的旅游市场较准确。现以年龄为例把旅游市场划分为老年旅游市场、中年旅游市场、青年旅游市场和儿童旅游市场。

1. 老年旅游市场

老年旅游市场一般是指年龄60岁以上的旅游者。随着世界人口平均年龄的增长，老年旅游市场逐渐扩大，老年人有较高的收入，且闲暇时间较多，所以老年人的旅游活动相对比较频繁。老年旅游市场比较倾向于游览风景名胜、参观历史古迹、体验文化等，比较重视食宿条件和交通条件，在旅游目的地停留时间较长，且通常是多人结伴出行。

2. 中年旅游市场

中年旅游市场一般指年龄在35~60岁的旅游者，是旅游市场的主力军，旅游者人数比较多，潜力较大。他们倾向于度假旅游、会议旅游、商务旅游，消费水平较高，是最有经济效益的旅游市场。

3. 青年旅游市场

青年旅游市场一般是指年龄在18~34岁的旅游者。他们体力旺盛，观念前卫，倾向于创新的旅游活动、刺激性和探险性旅游项目，如滑雪、骑马、攀岩等。

4. 儿童旅游市场

儿童旅游市场一般是指年龄在0~17岁的旅游者。他们倾向于知识性、趣味性、娱乐性的旅游项目，他们一般结伴而行，与同龄人一起外出或者与家庭成员一起外出，他们的需求往往能决定一个家庭的旅游决策。

（六）按旅游目的划分旅游市场

旅游者的旅游目的始终处于不断的变化和发展中，不同时期的主流旅游需求也呈现出很大的差异性，因此根据旅游目的划分的旅游市场也具有明显的变动性，没有统一的规定。如按照传统旅游目的划分的旅游市场，包括观光旅游市场、文化旅游市场、商务旅游市场、会议旅游市场、度假旅游市场、宗教旅游市场、探亲访友市场等。随着时代的进步，旅游的发展及旅游者观念的改变，出现了许多新兴的旅游市场，如保健旅游市场、美食旅游市场、购物旅游市场、修学旅游市场、探险旅游市场等。

三、旅游客流规律

因旅游资源的不可移动性，为使旅游活动实现，旅游者必须空间位移到达旅游目的地。所以世界上无论是国际旅游还是国内旅游，每年都有大量的旅游者在各国和各地区之间流动，形成旅游客流。

（一）旅游客流的概念

旅游客流是指旅游者从居住地到旅游目的地所产生的客流，又称旅游流。旅游者根据自己的旅游意愿、支付能力、闲暇时间等客观条件对旅游目的地进行选择，旅游目的地一旦确定，旅游客流的方向也就确定了，这是从单向定义旅游客流。随着旅游的发展，人们认为旅游客流不仅包括旅游者从居住地到旅游目的地，还包括旅游者从旅游目的地返回居住地，这便是从双向定义旅游客流。

旅游客流的构成要素包括旅游者、旅游节点和旅游通道，旅游节点包括旅游客源地和旅游目的地。完整的旅游客流是从旅游客源地节点出发，沿着旅游通道，经过一个或几个旅游目的地节点，最后流回旅游客源地节点，所以完整的旅游客流流动轨迹是一个闭环。

（二）旅游客流的流量

旅游客流的流量是指在一定时期内流向同一旅游目的地的旅游者数量。通常以一定时期内到达旅游目的地的人次来衡量。旅游者人次是指一定时期内到某一旅游目的地国家或地区的旅游者人数乘以平均旅游次数。通常情况下，统计后的旅游者人次要大于旅游者人数，是因为一个旅游者可以在同一时间多次去同一旅游目的地。

【小知识】

旅游客流的长度是指旅游客流的旅游通道的长短。旅游客流的流速是指单位时间通过的旅游客流。旅游客流的饱和度是指旅游节点的游客密度。旅游客流的对称性是指两个旅游节点之间，正反方向的旅游客流是否存在，存在则为对称旅游客流，不存在则为不对称旅游客流。旅游客流的平衡性是指两个旅游节点，正反方向的流量是否相等或相当，如相等或相当为平衡旅游客流，不相等或不想当则为不平衡旅游客流。①

---

①张凌云，刘宇．旅游学概论［M］．北京：北京师范大学出版社，2012：105.

（三）旅游客流的规律

1. 旅游客流以短程旅游移动为主体

人们外出旅游一般都按照先近后远的原则，近距离旅游者在旅游客流中占据很大的比例。出现此种规律的原因有两点：一是距离衰变规律的原因。根据距离衰变规律，旅游者在一定的吸引力作用下，旅游客流量的大小与距离影响力成反比关系，旅游客源国与旅游目的地国之间的距离越大，旅游客流量就越少。因为，随着旅游客源地与旅游目的地之间距离的增加，旅行费用和时间逐渐增大，对旅游者的旅游吸引强度降低，阻碍了旅游者的可达性。二是旅游者需求变化的原因。旅游者外出旅行呈现“一增二减”的趋势，每年旅行次数增加，每次行程时间缩短、旅游地点减少，更倾向于短程线路的旅游活动。

2. 旅游客流向政治、经济、文化中心移动

政治、经济、文化中心一般是指在国际上或国内有影响力的著名城市。这些中心集中全面地反映了一个国家或地区的经济、文化和科学技术的发展水平，它们拥有各种人文资源和自然资源，且经济发达、设施齐全，对旅游者产生极大的吸引力。这些城市一般是旅游者的集聚地，每年都会接待大量的国内外游客。

3. 旅游客流主要向著名风景名胜区或历史文化区移动

人们外出旅游的主要目的是消遣、放松和增长知识。著名风景名胜区或历史文化区拥有美丽的自然风光以及丰厚的历史文化底蕴，有足够的吸引力吸引大量的旅游者前来旅游。除此，这些地区的旅游资源还能使旅游者开阔眼界，增长知识，丰富阅历，能满足旅游者心理上和精神上的需求。

4. 旅游客流流量主要源于发达国家或地区

一般情况下，发达国家或地区的旅游者数量要大于经济发展比较落后的国家或地区。主要原因在于经济发达国家或地区的经济发展水平较高，人们的收入较高，可自由支配收入较高，且带薪假期较长，也有外出旅游的意愿。以中国为例，中国接待的入境游客国别大多以发达国家为主，如韩国、日本、美国、加拿大、德国、法国、澳大利亚等。中国旅游研究院最新发布的统计数据显示，中国入境游进入平稳发展、效益提升阶段。2014 年，韩国、日本、美国、俄罗斯、越南、马来西亚、蒙古、新加坡、菲律宾和印度合计向中国输送游客 1760 万人次，占中国接待外国入境游客的近七成。

第二节　旅游需求与供给

一、旅游需求

旅游市场上的一切活动都是围绕旅游需求而展开的，旅游需求是旅游市场上最活跃的因素之一，所以旅游需求是旅游活动产生和发展的重要前提。

（一）旅游需求的概念

需求是指在一定的时期，在一定的价格水平下，消费者愿意并且能够购买的商品数量。

需求显示了价格升降而其他因素不变的情况下，消费者在每段时间内所愿意购买的某商品的数量。这里的需求是有效需求，有效需求是购买欲和支付能力的统一。

旅游需求是指人们为了满足不断变化和增加的旅游需要，在一定的时间和价格条件下，具有相应支付能力和可能购买的旅游产品数量和种类。可以看出，旅游需求表现为旅游者的购买欲望，购买欲望激发旅游者动机及行为的产生。旅游需求又表现为旅游者的购买能力，在其他条件不变的情况下，旅游者的可自由支配收入越高，对旅游产生的需求也就越大。除此之外，旅游需求还表现为一种有效的需求，要受时间、价格和支付能力等因素的制约。

（二）旅游需求产生的条件

旅游需求是主观因素和客观条件共同的产物，从主观因素看，人们的生理和心理因素决定着旅游需求的产生，从客观上来看，旅游需求是生产力提高、社会经济发展的产物。

1. 主观因素

旅游需求产生的主观因素，实质就是人们在各种外在因素和条件综合作用下，所反映出来的生理和心理上对旅游的一种渴望，也就是旅游动机。旅游动机是形成旅游需求的内在驱动力，是旅游行为的直接原因。

生理需要是人类的先天性需要，最开始主要是追求食物、住宿、衣物等方面的满足，随着社会生产力的提高，人们的生理性需要在质量和水平方面都有了提高，如良好的环境、优质的住所等。所以从生理性因素来看，旅游需求的产生实质上是人们追求高质量生活的结果。

心理需要是后天形成的，是人们对自然、社会、文化的好奇和兴趣，促使人们产生了观光、求知、游览、审美、交友等旅游需求和动机。所以从心理因素来看，旅游需求的产生实质是人们对自然、社会和文化环境的一种反映和适应的过程。

2. 客观因素

旅游需求不仅受主观因素的影响，还受一些客观因素的影响，如人们的可自由支配收入、闲暇时间、旅游资源的吸引力和旅游的可进入性，所以人们的旅游需求并不是无限的，而是有限的。

（1）可自由支配收入

可自由支配收入是指人们从事经济社会活动所得到的个人收入，扣除社会花费，如个人所得税、人寿保险、退休基金等，日常生活必需消费，如衣、食、住、行等，以及预防意外开支的储蓄之后，剩下可自由支配的收入部分。

可自由支配收入是产生旅游需求的经济条件，为旅游需求的产生提供了现实的可能性。随着经济的发展，人们的收入水平日益增加，消费意识和消费结构发生了变化，随着可自由支配收入的增加，人们用于衣、食、住、行等方面的支出比例就会相对减少，而用于其他方面的支出比例则相对增加，人们就有条件追求更高层次的需求。

（2）闲暇时间

闲暇时间指人们在劳动时间之外，除去满足生理需要和家庭劳动需要等生活支出后，剩余下来的可由个人自由支配时间。闲暇时间是产生旅游需求的必要条件，旅游者的空间位移需要时间来保障，没有闲暇时间就不能产生旅游行为。随着生产力的提高，人们的闲暇时间将越来越多，同时国家和企业实行五天工作制及“带薪假日”，使人们的闲暇时间不断增多，有的国家和地区年休假日高达140天，占全年时间的1/3。随着闲暇时间的增多，人们不仅可以进行短程旅游，还可以进行长距离的旅游，如国际旅游、洲际旅游等。

【小知识】

我国每周工作时间，由6天工作制，经5.5天工作制，到现在实施的5天工作制。2013年12月11日《国务院关于修改〈全国年节及纪念日放假办法〉的决定》第三次修订，将全体公民放假的节日增加到11天：包括新年，放假1天（1月1日）；春节，放假3天（农历正月初一、初二、初三）；清明节，放假1天（农历清明当日）；劳动节，放假1天（5月1日）；端午节，放假1天（农历端午当日）；中秋节，放假1天（农历中秋当日）；国庆节，放假3天（10月1日、2日、3日）。除此之外，部分公民放假的节日及纪念日包括：妇女节（3月8日），妇女放假半天；青年节（5月4日），14周岁以上的青年放假半天；儿童节（6月1日），不满14周岁的少年儿童放假1天；中国人民解放军建军纪念日（8月1日），现役军人放假半天。

（3）旅游资源的吸引力

旅游资源吸引力是指旅游资源吸引旅游者的能力，是基于旅游资源品位、知名度、接待条件、旅游环境等因素的一种综合条件，旅游资源的吸引力是产生旅游需求的前提条件。因此，只有通过对旅游资源不断地创新开发，完善各种旅游基础设施和接待设施，提供高质量的服务，才能有效激发人们的旅游需求，并促成旅游行为的实施。

（4）旅游的可进入性

旅游可进入性是指旅游者进入旅游地的难易程度和时效标准，还包括旅游者抵达旅游地的便捷程度和旅游中的舒适、方便程度。包括交通通达性条件、旅游证件的便利性条件、通讯的便捷性以及旅游地的社会条件等。

旅游者的空间位移离不开交通条件，远程旅游和国际旅游，对交通运输条件的舒适度和方便程度要求很高。现代科技的发展，航空、高铁的运行，极大地缩短了旅游的时间距离。国家之间签证的方便、快捷程度，对刺激旅游需求和促进旅游业的发展具有重要作用。通信设施也是影响旅游者能否顺利进出旅游目的地的重要条件，没有便捷的通信条件，难以使旅游者、旅游经营者和旅游目的地之间进行及时准确的沟通，会给旅游者旅游活动的顺利实现带来很大的盲目性或不确定性。旅游地的民族文化中是否具有排外性因素、社会公众对旅游开发的态度、社会治安状况、管理水平等，都可能成为影响旅游可进入性的重要因素。

【小贴士】

高速铁路：高速铁路在不同国家不同时代有不同规定。中国国家铁路局的定义为：新建设计开行250公里/小时（含预留）及以上的动车组列车，初期运营速度不小于200公里/小时的客运专线铁路。

（三）旅游需求的特征

随着经济的发展，人们生活水平的提高，旅游需求逐渐成为人们生活需求的重要组成部分，它具有生活需求的一般特征，但因其产品的无形性，又是一种高层次的需求，因而旅游需求又有明显区别于其他生活需求的典型特征。

1. 旅游需求季节性明显

旅游需求具有明显的季节性，具体体现在旅游目的地的淡季和旺季。这种季节性产生的原因有两方面。一是旅游客源地的原因。不同国家或地区的气候、社会风俗习惯、假期分布等都不相同，这就对旅游供求平衡产生了很大影响。二是旅游目的地的原因。受旅游目的地的自然条件、旅游环境、风俗习惯的影响，旅游需求具有明显的季节性。旅游需求的季节性波动对旅游供求之间的平衡产生影响，使旅游者流量呈现出旅游旺季、旅游淡季之分。

2. 旅游需求敏感度高

旅游需求受多种因素的影响和制约，其中包括社会政治稳定、经济发展、自然条件、旅游环境、旅游业与其他行业的协调联系以及旅游业内部之间的协调联系。旅游需求是一种高层次需求，并不是生活必需品。当某国或某地区出现不宜旅游的情况时，旅游者就会及时转向其他国家或地区。如旅游国家的货币升值，超出了旅游者的预算，旅游目的地国家或地区发生恐怖活动、自然灾害、社会动乱，旅游客源国与旅游目的地国之间的国家关系紧张等，人们大多都会放弃到该国或该地区的旅游计划。

3. 旅游需求弹性大

旅游需求弹性是指旅游需求量随其影响因素的变化而变化。影响旅游需求量变化的主要因素是旅游产品的价格和人们的可自由支配收入，所以旅游需求弹性可以从旅游需求的价格弹性和旅游需求的收入弹性两方面进行分析。

旅游需求的价格弹性是指旅游需求量随旅游产品价格变化而相应变化的状况。在其他情况不变的情况下，一般生活必需品的需求价格弹性小，即生活必需品价格的变化导致人们对必需品需求量的变化程度小。相反，高档商品或奢侈品的需求价格弹性大，价格的变化导致人们对其需求数量的变化程度大。旅游需求属于高层次需求，在人们的可自由支配收入有限的情况下，价格的变化对旅游需求数量的影响很大。旅游发展的实践也表明，国家和地区旅游产品价格的变动导致来访人次和停留天数的变化很大。

4. 旅游需求复杂多样

旅游需求是一种复杂多样性需求，既要满足人们生理和心理的需要，又不可避免地会受到各种发展条件的影响。一方面，从人的生理条件来看，每个人的生理需求不同，同一人在不同时期的需求也不同，对不同的环境有不同的适应性。另一方面，人的心理活动很复杂，人们购买和消费旅游产品的过程是复杂的。除此之外，还受旅游环境的复杂性影响。旅游者的旅游活动是不断运动和变化的，旅游活动的进行和旅游环境的变化，必然对旅游者的心理和行为产生很大的影响，从而导致旅游需求也处于动态变化之中，表现出复杂多样性的特点。

（四）影响旅游需求的因素

从旅游需求的产生条件和特征可以看出，影响旅游需求的因素较多且比较复杂，为了更好地理解旅游需求状况，把握旅游需求的发展趋势，了解旅游需求的变化，可从旅游客源国影响因素、旅游目的地国影响因素和客源国与目的地国之间的相关影响因素三方面来分析。

1. 旅游客源国影响因素

（1）人口因素

人口因素是影响旅游需求的基本因素之一，人口的数量、素质、年龄、性别、职业等对旅游需求产生重要的影响，从而形成不同的旅游需求规模和结构。

人口数量：一般来说，一个国家或地区的人口数量越大，参与旅游的人数就越多，对旅游产品的需求也就增多。相反，一个国家或地区的人口数量小，即使参与旅游的人数比例较大，但因总人数较少，对旅游产品的需求也是有限的。两个经济发展水平相同的国家，旅游人数往往差别很大，其中一个原因便是人口数量规模的差异。

人口质量：人口质量是指旅游者的文化素养和受教育程度，直接或间接地对旅游需求产生影响。一方面，受过良好教育的人，对知识的渴望和增长见识的欲望更强，外出旅游的需求量更大；另一方面，旅游产品是一个综合性产品，也需要旅游者具备一定的文化知识，这样才能真正领会旅游目的地的文化、风情、民俗等。

人口年龄结构：年龄结构对旅游需求有一定影响，因年龄不同，其身体状况、经济收入等都不同，从而导致需求程度、旅游动机、消费水平、消费结构也不同。如青少年，他们精力旺盛，外出旅游的欲望大，但受经济条件的限制；中年人，他们有体力，有收入，有假期，但往往又被家庭拖累；老年人，他们有收入且还有一定的积蓄，时间也很自由，又不会受家庭拖累，但身体状况又影响他们对旅游的需求。所以不同年龄的人对旅游的需求是不同的，对旅游需求的影响也是不同的。

人口性别构成：因男女生理上的差别以及在社会发展过程中的地位、作用和在家庭中所扮演的角色不同，无论是从全球旅游活动的总体来看，还是一个国家或地区的外出旅游者分析来看，男性旅游者所占的比例都要高于女性旅游者，且对旅游的需求也是各不相同的。但随着生产力的发展，以及女性地位的提高，越来越多的女性从家务中解放出来，出游率在近几年中不断地提升，旅游经营者对女性旅游的开发也逐渐重视起来。

人口职业构成：人口的职业不同，就决定了其经济收入、闲暇时间及公务出访的机会也不同。外出旅游人数中，“白领”职业人员要高于“蓝领”体力劳动人员。出现这种情况的原因，一是他们职业不同，收入不同，且差异明显；二是职业地位较高，收入较高的人一般受教育程度较高，他们对旅游的需求更强烈；三是职业地位较高的人，他们公务外出的机会更多。

（2）城市化水平

城市化是指城市的地域规模不断扩大，城市人口的比重不断上升的过程。城市化水平的主要衡量指标是城市人口的比重，城市化水平越高，城市人口的比重也就越大。由于城市人口外出旅游的比例高于农村人口，所以城市化水平越高，对旅游的需求也就越大。

究其原因，主要包括两个方面，一是由城市人口的工作性质和生活环境决定的，城市人口的工作和生活节奏快、压力大，常年生活在钢筋混凝土的世界里，身体和精神长期处于疲惫状态，渴望外出旅游改善一下生活环境，提高一下生活质量。二是城市人口的经济条件较好，收入较高，且交通条件发达，通信便捷，容易获取各种旅游信息。所以城市地区是旅游客源的聚集地区，出游率较高，对旅游需求较大。

（3）经济发展水平

经济条件是产生旅游需求的基础，国民经济发展水平、人们的收入水平等，对旅游需求的规模和结构产生影响。

从经济发展水平来看，衡量一个国家或地区经济发展水平的指标很多，如国内生产总值、国民生产总值等。国内生产总值是国民经济核算的核心指标，也是衡量一个国家或地区总体经济状况的重要指标。国民生产总值反映了一个国家或地区在一定时期内整个社会物质财富的增加状况。如果旅游客源国的国内生产总值、国民生产总值提高，那么人们的收入水平就会提高，可自由支配收入就会增加且比例也会提高。如果旅游者用于旅游消费的支出增加，则旅游需求就会增加，旅游的规模和结构就会改变。如果旅游目的地国的国内生产总值、国民生产总值提高，旅游接待条件也会得到提高，环境会得到改善，对旅游者的吸引能力就加强了，从而刺激旅游需求的产生。

【小贴士】

国内生产总值（GDP）是指一个国家（国界范围内）所有常驻单位在一定时期内生产的所有最终产品和劳务的市场价值。国民生产总值（GNP）是指一个国家（或地区）所有国民在一定时期内新生产的产品和服务价值的总和。

2. 旅游目的地国影响因素

（1）旅游供给因素

一般而言，市场上是需求决定供给，但是根据旅游市场的实际情况，旅游供给在很大程度上影响甚至决定着旅游需求，旅游供给的好坏是旅游目的地旅游业成功的关键因素。在旅游供给中，首要的便是旅游资源，旅游资源与旅游需求相辅相成，互相促进，旅游资源吸引旅游者产生旅游需求，同时旅游需求的产生使各种各样的旅游资源得到更广、更深的开发，转化为经济资源并形成经济优势。除此之外，还有旅游目的地的环境、服务质量、基础设施、旅游设施以及当地居民对旅游者的态度等都在一定程度上影响着旅游需求的变化。

（2）政治法律因素

旅游目的地国的政治稳定性是激发旅游需求的保障因素，不稳定的政治环境，往往使旅游者承担各种风险，从而使旅游者的需求下降，有时，一个旅游圈内某一个国家的政局不稳，会使周围甚至整个旅游圈的旅游需求下降。因此，如果旅游目的地国的政局稳定，那么人们对该国旅游产品的需求就会增多，反之，则对旅游产品的需求减少。除此之外，旅游目的地国家的法律政策，也对旅游需求产生影响，尤其是目的地国对旅游出入境是鼓励还是限制，出入境手续是否便捷，都会对旅游需求的形成和发展产生影响。

（3）通货膨胀程度因素

人们在选择旅游产品时，旅游产品价格因素是其考虑的重要因素之一。他们在选择旅游产品时会做全方位的对比，一边把旅游目的地的旅游产品现在的价格同往期相比较，另一边又会把该旅游目的地的价格同其他同类旅游目的地的旅游产品价格相比较，最后做出决策。如果旅游目的地国发生通货膨胀，那么就意味着其旅游产品的价格会上升，于是就会减少人们对其旅游产品的需求，特别是旅游目的地国的通货膨胀程度高于旅游客源国或其他旅游目的地国时，这对旅游需求的影响就更大了。

3. 旅游客源国与旅游目的地国之间的相关影响因素

（1）经济距离因素

经济距离是指旅游者往返于客源地和目的地之间所需要的时间和费用。旅游客源地与旅游目的地之间的经济距离越大，则前往旅游目的地的阻力也就越大，从而对旅游产品的需求也就越低。人们用于旅游的闲暇时间是有限的，如果时间距离越大，他们用于旅游目的地旅游的时间就会越少，超过一定的限度，旅游者就会放弃这一目的地的选择。同理，如果完成一次旅游往返客源地和目的地之间的交通费用占据旅游预算的相当大部分时，在可自由支配收入有限的情况下，他们会选择其他旅游目的地。

（2）文化距离因素

文化距离是指旅游客源地与旅游目的地之间的文化差异程度。文化距离对旅游需求的影响要比经济距离复杂。一般情况下，文化距离越大，去该旅游目的地的阻力也就越大，因为文化差异越大，给旅游者带来了很多不便，比如风俗、饮食、语言等的不同对旅游者的旅行生活都有一定的不利影响，所以按这样来说旅游需求会降低。但也不是所有旅游者都是这样的，有些旅游者正是因为文化的差异性而产生旅游需求的，因为他们想体验不同的民俗民风，文化距离越大对其吸引力越大，从而对该旅游产品的需求越强烈。

（3）货币汇率因素

货币汇率是指一国货币兑换另一国货币的比率，指两种不同货币之间的兑换价格。旅游目的地国的货币汇率上升，意味着旅游目的地国的货币升值，则前往旅游目的地国的旅游者减少或停留的天数缩短。反之，当旅游目的地国的货币贬值，则前往旅游目的地国的旅游者增多或停留的天数延长。

二、旅游供给

旅游供给与旅游需求是旅游市场中对立统一的两个方面，需求是针对消费者而言，而供给则是针对生产经营者而言，旅游业就是在维持旅游供给与旅游需求动态平衡的过程中发展的。

（一）旅游供给的概念

供给是指满足社会购买力的需要，按一定规格供应或作为伴随物而配给。经济学中的供给是指在某一特定时期内，在每一价格水平上，生产者愿意并且能够提供的一定数量的商品或劳务。从旅游经济的角度看，旅游供给是指在一定条件和一定价格水平下，旅游经营者愿意并且能够向旅游市场提供的旅游产品的数量。

旅游供给是以满足人们的旅游需求为目的的。旅游供给的前提条件是人们的旅游需求，旅游经营者必须以满足人们的旅游需求为其经营目标和目的，才能保证生产和提供的产品能够满足人们对旅游产品数量和类型的需求。

旅游供给必须是有效的供给。旅游供给必须是旅游经营者愿意并能够提供的旅游产品，是供给意愿和供给能力的统一。

旅游供给是由基本旅游供给与辅助旅游供给两大类组成的。“基本旅游供给是指旅游企业生产和提供，并直接与旅游者发生联系的旅游产品或服务”。① 它主要由旅游资源、旅游设施、旅游服务等构成，是旅游企业进行旅游产品生产和供给的主要内容。辅助旅游供给是指为基本旅游供给提供配套服务的基础设施和相关设施。主要包括水电供应、邮电通信、医疗系统等，辅助旅游供给除了为旅游者提供直接或间接服务外，也为非旅游者提供服务，且主要为非旅游者提供服务。因此，只有基本旅游供给和辅助旅游供给相互配合，才能真正向旅游者提供有效的旅游产品和服务。

（二）旅游供给的特点

旅游产品是一种特殊的产品，这决定了旅游供给也是一种特殊的供给，与一般产品的市场供给相比，有以下几方面的特点。

1. 旅游供给的多样性

旅游产品主要是满足旅游者生理、心理和精神上的需求，而旅游者的旅游需求多种多样且千差万别，所以旅游需求的多样性决定了旅游供给的多样性。在旅游过程中，不仅要满足旅游者在旅游过程中的食、住、行、游、购、娱多个方面的共性需求，还要满足每个方面的个性需求；不仅要提供有形产品，还要提供无形的服务；不仅要提供多样性的旅游产品类型，还要提供不同层次的旅游产品。

2. 旅游供给的计量差别性

旅游供给的计量与一般产品不同，一般产品用提供的产品数来计量，而旅游产品是由旅游供给的服务对象——旅游者作为旅游供给的计量单位，也就是用可能接待的旅游者人数来反映旅游供给数量及生产能力。因为旅游供给由各种要素构成，构成旅游供给的要素具有异质性，且在旅游产品的每一次生产组合中旅游产品的要素都不同，所以对旅游供给的计量，既不能用各种旅游要素的累加来反映，也无法用综合旅游产品的数量来测度，只能用旅游者人数来表示。

3. 旅游供给的产地消费性

一般产品的供给，主要通过运输，把产品从生产地运输到消费地进行消费，因此物质产品的生产过程和消费过程一般是分离的。但旅游供给由于旅游资源的不可移动性，生产和消费的同一性，决定了只能通过吸引旅游者到旅游产品的生产地进行消费。所以对于旅游产品供给，不仅要考虑旅游者空间位移的问题，还要考虑旅游景区的环境容量和承载力，以及旅游目的地的旅游接待能力，因为这些因素直接影响和决定着旅游供给的数量和质量。

4. 旅游供给的持续性

一般产品，当它被生产出来并提供给消费者后，产品就从生产者手中发生了转移，只有通过再生产才能连续不断地提供，如果再生产停止，则产品供给也相应地停止。而旅游产品却不同，旅游产品即使被旅游者消费使用后，产品也不发生转移，一旦建成就能在较长的一段时间内保持持续性的供给能力。一般产品的生产设施或条件如果受到损坏，可以通过维修或者另外提供来保持持续供给，而旅游产品特别是旅游景区景点一旦遭受损失，则可能影响

①罗明义．旅游经济学［M］．北京：北京师范大学出版社，2009：119.

到旅游产品的供给能力，严重的可能丧失旅游供给能力。所以在旅游产品的开发和规划中，必须重视对旅游资源和旅游环境的保护，以保障旅游供给的持续性。

5. 旅游供给的非储存性

一般产品可以通过对产品的储存来调节供求矛盾，控制产品的供求平衡。旅游产品的生产和消费的同一性，使旅游产品不能先于旅游消费而生产，也不能通过旅游产品的储存来调节旅游市场的供求矛盾。一般的有形产品是一种结果消费，而旅游产品是一种过程消费，而只有通过控制旅游者数量或提高旅游供给能力来实现旅游产品的供求平衡。

6. 旅游供给的关联性

旅游供给涉及国民经济中的众多部门和行业，如旅游局、工商局，交通运输、住宿餐饮等，既有直接相关的部门和行业，又有间接相关的部门和行业。所以旅游供给不是单一的行为，其各个组成部分具有内在制约的关联性特征，作为一个完整的供给系统，只有在整个供给系统中形成系统配套的生产能力才能真正满足旅游需求。

（三）影响旅游供给的因素

旅游供给主要受旅游产品价格的影响，除此之外，因旅游产品是一个综合性产品，所以旅游供给还受其他多种因素的影响。

1. 旅游资源

旅游资源是旅游产品生产的基础，是旅游目的地供给的重要组成部分，旅游资源状况可以影响旅游供给的方向和内容，可以影响旅游供给的数量和规模。一个国家或地区的旅游资源的种类、品味和特色等，决定了这个国家或地区的旅游供给的主要内容。

2. 旅游环境容量

环境容量是指在保证旅游资源质量不下降和生态环境不退化的前提下满足游客舒适、安全、卫生、方便等需求，一定时间和空间范围内，允许容纳游客的最大承载能力。环境容量是环境自净能力的指标，包括自然环境容量、生态环境容量、社会环境容量。旅游资源开发不是无限的，它受旅游环境容量的限制，如果旅游者数量超过旅游目的地的环境容量，会对旅游资源造成污染和破坏，引起当地居民的不满，引发一系列社会问题，导致旅游产品质量的下降。所以旅游环境容量在很大程度上决定了旅游供给的规模和数量，应在保证旅游资源质量不下降和生态环境不退化的条件下确定旅游供给。

3. 旅游生产要素的价格

旅游产品是一个包含食、住、行、游、购、娱等多种生产要素在内的综合性产品，生产要素价格的高低直接影响旅游产品成本的高低，各生产要素价格的变动必然影响旅游产品供给的变化。一般情况下，在旅游产品价格不变的情况下，如果旅游生产要素的价格提高，旅游产品的成本就增加，利润相对就减少，从而导致旅游产品供给也减少。相反，生产要素价格降低，旅游产品成本减少，利润相对增加，旅游产品供给量随之增加。因此，旅游生产要素的价格对旅游供给产生重要的影响。

4. 社会经济发展水平

旅游业是一个依赖性很强的产业，需要社会经济发展为旅游活动提供必需的物质条件，才能形成旅游业的综合接待能力，才能有效地提供一定数量和质量的旅游产品，所以一个国家或地区的社会经济发展水平直接影响着旅游供给的数量和质量。

如果国家经济实力雄厚，社会经济发展水平较高，则旅游供给所需的各种物质条件好，只需较少的投入，就会形成较强的旅游接待能力，使旅游供给的数量、质量和水平相应较高，获得较高的旅游者满意度。相反，如果社会经济发展水平较低，基础设施薄弱，生产能力不强，不能保证旅游供给所需的各种物质条件，就不能形成有效的旅游供给，影响旅游供给的数量和规模。

5. 科学技术发展水平

科学技术是第一生产力，是推动社会经济发展的强大动力，是影响旅游供给的重要因素，对旅游供给的方方面面都有影响。如科技进步，为保护旅游资源可持续发展，为保护旅游资源的生态环境提供科学依据和方法；为旅游资源的有效开发和合理利用，提供科学的技术和手段，使各种旅游产品的生产成为可能。所以科学技术发展水平的提高，能有效增加旅游产品的供给，还能降低旅游产品的成本，从而提高旅游经济的效益。

6. 国家有关旅游的方针和政策

政府作为国家行政机关，依法行使国家和社会公共事务的管理职责和功能。政府通过其政治、经济、文化等功能调控着旅游业，促进旅游业的发展。在旅游发展初期，政府对旅游基础设施投入的增加，为旅游业的发展创造了条件，促进了旅游供给的实现。除此之外，政府不仅是旅游业的投资者，也应该是旅游业的管理者，制定保障旅游业健康、稳定发展的法律、法规，提高旅游供给的能力，促进旅游经济的增长和发展。除此之外，有关旅游经济发展的战略和规划、扶持旅游发展的政策等，在很大程度上影响着旅游供给的数量、规模、品种和质量。

【知识归纳】

旅游市场有广义和狭义之分。多样性、季节性、波动性、异地性、全球性和竞争性是旅游市场的一般性特征。旅游市场有不同的划分标准，不同的标准可以划分为不同的旅游细分市场，按地域划分旅游市场，按国家范围划分旅游市场，按旅游组织形式划分旅游市场，按旅游者的消费水平划分旅游市场，按旅游者的人口特征划分旅游市场，按旅游目的划分旅游市场。因旅游资源的不可移动性，为使旅游活动实现，只有通过旅游者的空间位移到达旅游目的地进行异地消费，所以形成旅游客流。

旅游需求是主观因素和客观条件共同的产物，从主观因素看，人们的生理和心理因素决定着旅游需求的产生，客观条件主要包括可自由支配收入、闲暇时间、旅游资源的吸引力和旅游的可进入性。旅游需求因其产品的无形性，又是一种高层次的需求，因而旅游需求又有明显区别于其他生活需求的典型特征。如季节性明显、敏感度高、弹性大、旅游需求复杂多样等。旅游需求受多种因素的影响，从旅游客源国影响因素、旅游目的地国影响因素和客源国与目的地国之间的相关影响因素三方面来分析，有助于更好地理解旅游需求状况和变化，把握旅游需求的发展趋势。

旅游供给具有多样性、计量差别性、产地消费性、持续性、非储存性和关联性的特点。

旅游供给受旅游资源、旅游环境容量、旅游生产要素的价格、社会经济发展水平、科学技术发展水平、国家有关旅游的方针和政策的影响而变动。

【案例解析】

案例一：2015 年在线旅游市场竞争格局分析：O2O 大潮势不可挡①

有人说随着 2013 年 11 月 1 日去哪儿网上市，2014 年 5 月 9 日途牛旅游网上市，中国在线旅游公司已呈现出四足鼎立的局面；近期艾瑞咨询发布《2014 年中国在线旅游度假行业报告》称度假旅游途牛携程两强格局形成。但不管是从四大在线旅游上市公司的表现来看，还是把眼光放到整个行业 O2O 的趋势去考量，中国在线旅游目前所处阶段仍是诸强纷争的战国阶段。未来在线旅游公司仍将继续向线下延伸迎合 O2O 发展大潮，基于 O2O 的全面竞争即将开启。

北京时间 2015 年 2 月 6 日艺龙网发布了截至 2014 年 12 月 31 日的 2014 财年第四季度及全年未经审计财报。财报显示，艺龙第四季度净营收为人民币 2.462 亿元，比去年同期的人民币 2.610 亿元下滑 6%；净亏损为人民币 2.067 亿元，相比之下去年同期的净亏损为人民币 4400 万元。2015 年 3 月 4 日晚，途牛发布 2014 年第四季度报告及全年财报。据财报数据显示，2014 年，途牛净收入为 35 亿元（合 5.697 亿美元），同比增长 81.3%。但同时，全年四个季度全部亏损，2014 年净亏损达到 4.479 亿元（合 7220 万美元），而 2013 年仅 7960 万元（合 1280 万美元）。迄今携程、去哪儿虽没有发布 2014 年第四季度报告及全年财报，但亏损已成定局，而且可能是巨亏 10 亿以上。携程也从 2014 年三季度加入亏损行列，携程第三季度净营收 21.3 亿元，同比增长 38%；净利润 2.17 亿元，同比下降 42%，且四季度运营利润率为负 12%到负 17%，携程出现上市 11 年来的首次亏损，而且亏损金额高达 4 亿到 5 亿元之间。去哪儿 2014 年 12 月 2 日发布了截至 9 月 30 日的 2014 财年第三季度未经审计财报。报告显示，去哪儿第三季度总营业收入为人民币 5.011 亿元，比去年同期增长 107.8%，比上一季度增长 25.2%；归属于去哪儿股东的净亏损为人民币 5.662 亿元，去年同期归属于去哪儿股东的净亏损人民币 4880 万元，上一季度归属于去哪儿股东的净亏损为人民币 4.216 亿元。

所以考量中国在线旅游格局，仅仅从是否上市来看并不客观，还要看上市后的表现及未上市有价值公司的全面发展态势，更重要的是要基于对行业的全面理解。当然市场份额是考核维度，但相对长久稳定的市场份额才能用于考量行业格局。如果一定要说格局的话，那么国内在线旅游逐渐出现“两强、多极”的局面，以携程、去哪儿的两强将面临艺龙、途牛、同程、驴妈妈、去啊、美团等多极竞争，但这个格局极不稳定。这些多极各有优劣势，但能否充分利用并保持优势、摒除劣势很大程度上要看对行业大势的把握能力及执行力。

虽然在互联网领域盛行二元论说法，即平台型互联网公司仅仅能存活两家，如电商领域的京东、阿里，分类信息服务领域的 58 同城、赶集网，团购领域的大众点评和美团，但我认为在线旅游虽然经过 2014 年的价格战和激烈厮杀，现在就断言格局已定为时过早。若说

①2015 年在线旅游市场竞争格局分析：O2O 大潮势不可挡 . http：//www. askci. com/news/chanye/2015/03/17/91125q600. shtml.

格局已定，大前提必须加上，那就是行业大势基本稳定，在线渗透率较高，价格战拼杀阶段已经过去，差异化竞争明显，行业及主要竞争者增长回归基本稳定和理性，供需两旺，市场教育相对成熟。所以从这些维度看，在线旅游格局可以说远未确定，行业大势的发展是最大的不确定因素，能及时把握的将形成颠覆性力量，有机会改写格局。

2014 年携程收购华远国旅旅行社，购买邮轮，投资酒店，布局旅游目的地资源，甚至通过投资主题游初创公司，以寻求对资源的深度把控和渗透，当在线旅游行业领头羊放下身段，向线下重资产、苦累活延展时，我们应注意到行业大势在向 O2O 方向发展。长久以来，以线上能力为傲，不屑线下，常以挑战者身份出现的去哪儿网在 2014 年年底投资旅行社连锁机构旅游百事通，这是中国旅游 O2O 标志性事件之一。

2015 年开年，途牛完成上市以来的首单收购，将拥有台湾出境游牌照的浙江“中山国旅”和天津的“经典假期”大部分股权收入囊中，此次并购利于增强其做台湾游产品和直销的能力，同时也是这家以休闲度假游为主营业务的在线旅游公司向线下资源方控制的尝试，而同程也紧随其后连开八个旅游体验店开始全面布局休闲旅游 O2O，不过从体验店开始旅游 O2O 不得要领，前有携程、恺撒、中青旅都做过这样的尝试，效果并不好。而洪清华宣称在 2015 年驴妈妈在全国联合当地最强旅行社开 50 家子公司覆盖主要省会城市及重要旅游目的地，在资源掌控上会有提升，较接地气。

思　考

1. 分析某地区的国内旅游市场现状。
2. 线下旅游和线上旅游如何有机结合协同发展？

【案例评述】

消费者购买旅游产品是相对复杂的决策过程，要经过前期的信息收集和产品筛选，对目的地和产品的详细咨询沟通，购买时的支付、签约和证照材料交接等，在此过程中，既需要线上的效率化和标准化服务体系，也需要面对面服务的人际体验服务。旅游业 O2O 线上线下融合发展已经成为传统旅行社和在线旅游商的共同选择，它集成了线下的服务和线上的便利，能够实现对客户的全方位对接。线上进行产品选择和支付交易，线下进行消费体验服务。线上揽客、线下服务成为旅游网站们发展的一个方向。旅游行业线上线下的整合已经成为趋势。传统旅游企业需要通过在线旅游平台引流获得客户资源，而在线旅游企业需要传统旅游公司提供多样化的产品和服务，线上和线下的整合正蔚为大观。

案例二：高收入阶层市场分析①

劳动和社会保障部的资料显示，目前占城市居民 10%的高收入阶层占有全部城市财富的 45%。值得注意的一个动向是中国高收入阶层近年来在境外高消费的趋势增强，并在一定程度上造成了我国的内需外漏和服务消费挤出。AC 尼尔森与世界免税协会（TFWA）最新的调查反映中国游客境外平均购物消费高达 987 美元，超过了日本和美国。

---

①旅行社的市场细分和定位 . http：//wk. baidu. com/view/1e657af7f705cc17552709b9.

2005 年美国运通公司的“中国富裕人士旅行行为调查”的结果显示，中国富裕旅游者在境外购物的花费远远超过了其他任何活动的花费，购选物品主要包括手表、珠宝、化妆品、时装等。高收入阶层愿意出国观光购物从一个侧面既反映出目前国内相匹配的消费品供给不足，也说明了境内部分奢侈品的价格昂贵。

高收入阶层市场分析：国内完全可以提供适合高收入阶层消费的高端旅游产品；高收入阶层一般追求彰显社会地位的活动，高端旅游能够做到个性化、特殊化安排；高收入阶层一般喜欢冒险和特色，高端旅游产品包括了狩猎、探险等高级旅游活动；高收入阶层一般追求闲暇时间内的最好休憩，高端休闲度假旅游可以提供满足个性需求与完美环境的一流组合。

思 考

1. 模仿以上案例，对国内某一细分的旅游市场进行阐述。

2. 根据你所在地区的旅游资源状况，谈谈当地的旅行社应如何针对高收入阶层设计旅游线路产品。

【案例评述】

旅游线路设计的关键是适应市场需求，必须最大限度地满足旅游者的需求；线路设计具有人无我有，人有我特的突出主题；线路设计体现生态效益，注意可持续发展；旅游市场在日新月异地发展，游客的需求与品位也在不断地变化、提高。为了满足游客追求新奇的心理，旅行社应及时把握旅游市场动态，注重新产品、新线路的开发与研究，并根据市场情况及时推出。同时旅行安排的顺序合理，且具有节奏感。

【复习思考】

1. 简述旅游市场的概念和特征。
2. 旅游市场的划分标准有哪些？
3. 简述旅游客流的规律。
4. 旅游需求产生的主观因素和客观条件有哪些？
5. 哪些因素会引起旅游需求的变化？
6. 哪些因素会影响旅游的供给？

第九章 旅游影响

【学习目标】

1. 了解旅游影响研究的变化。
2. 熟悉旅游影响的背景和分类，思考如何降低其消极影响，发挥积极影响。
3. 掌握旅游经济影响、旅游社会文化影响和旅游环境影响的积极和消极方面。

第一节 旅游影响

一、旅游影响的背景

现代旅游活动的大规模开展是经济、文化、社会等现象的综合反映。这一特性决定了旅游业和旅游活动的发展必然会给旅游目的地社会、经济、环境等各方面带来积极和消极的影响。众所周知，近代旅游的发展初现于19世纪40年代的欧美地区。从20世纪60年代起，伴随着大众旅游的出现，旅游活动才发展成为一种遍及全球各地的大规模社会现象。

旅游业在世界范围内的蓬勃发展，进一步推动了旅游客流的大规模增长。随着大规模旅游活动的开展，它对旅游接待地区造成的一系列影响，特别是其中的负面影响，也越来越多地为人们所关注。从20世纪70年代开始，世界上很多经济学家、历史学家、社会学家、人类学家、心理学家、地理学家、管理学家以及新闻工作者从不同的角度，纷纷加入了旅游影响研究的行列。

二、旅游影响的类型

根据旅游影响的基本属性，可以划分为旅游经济影响、旅游社会文化影响和旅游环境影响。

根据旅游影响的性质，可以划分为积极影响和消极影响。

根据旅游影响的对象，可以划分为旅游活动和旅游业对旅游接待地的影响以及对旅游客源地的影响。这种二重性也是人们经常忽视的部分。

第二节　旅游经济影响

众所周知，旅游是一支强有力的经济力量，它能够创造就业、外汇和税收。人们从很多国家旅游发展的现实中也明显发现，发展旅游可以给旅游接待国或地区带来多种经济利益，如增加外汇收入、提供就业机会、增加政府税收、刺激经济发展等。

对于一个城市、一个省、一个州或一个目的地来说，对它们经济造成影响的因素是游客以及游客在旅游中的消费和乘数作用。许多学者也认为经济学中的乘数理论是用于评价旅游对目的地经济带动作用程度的最有效、最有说服力的工具。与此有关的影响研究和经济评价从 20 世纪 70 年代初至整个 80 年代，都是旅游的经济影响研究领域中的热门课题。在这方面做了大量工作并取得了重要成果的是英国学者阿切尔和沃恩。他们不仅在凯恩斯乘数理论的基础上发展出了旅游乘数理论，而且通过大量的实地调研验证了旅游乘数理论的应用价值和实践意义。

一、积极影响

就其积极方面的影响而言，国际入境旅游的发展构成旅游接待国的一种无形出口，其创汇作用直接有助于该国的国际收支平衡。同很多其他外向型产业一样，自境外流入的这些旅游消费资金会使很多当地企业的营业额、当地居民家庭的收入、当地的就业机会以及当地政府乃至中央政府的税收得以额外增加。更为重要的是，直接分享这些收入的企业、个人和政府机构通过将这些钱在本国经济体系内不断地再次消费，从而不断启动新一轮的经济活动。而且这些继发效应所带给接待国经济的影响程度通常会远远大于最初的直接效应。所以，旅游对接待国经济的积极影响最终反映于这些资金通过在该国经济体系内的流转所带来的全部效应，而绝不仅仅是旅游业最初的直接收入本身。

国内旅游的发展对本国境内的有关旅游接待地区的经济也会产生类似的积极影响。所不同的是，国内旅游所带来的是国内资金在本国境内不同地域间的再分配。但是，从旅游接待地区的立场上看，接待国内游客的旅游来访，对该地区来说也构成某种形式的无形“出口”。国内来访游客在该地的旅游消费对该地来说也会构成一种“外来的”经济注入，从而使该地有关企业、居民家庭和政府的收入以及该地的就业机会得以额外增加。同样，这些直接旅游收入也会通过在该地经济中的流转而产生继发性的乘数效应。所不同的是，这些相对独立的旅游接待地区难以全面具备发展旅游业的自给能力，当地旅游业的发展和经营所需要的很多物资和技术都需购自国内其他地区，因而该地区旅游收入中有相当一部分可能会直接溢出该地经济系统而流人其他地区。正因为如此，在通常情况下，地区旅游收入在该地经济中产生继发效应的程度都会远远低于全国的整体水平。

国内外的很多案例都表明，在传统的物质资源匮乏，难以发展其他产业的贫穷落后地区，由于某些景观资源的天然存在，发展旅游业有可能成为当地增加就业和提高人民收入水平的有效途径，在这类地区，旅游业的发展对当地经济的积极影响往往表现得最为突出和直观。很多国家的中央政府和地方政府之所以通常会采取种种优惠政策和措施，鼓励投资者到这类地区进行旅游开发和经营，其根本原因也在于此。

二、消极影响

旅游活动规模的不断扩大，也不可避免地会给接待地区的经济带来某种程度的负面影响。产生负面影响的根本原因在于，旅游需求的增长和旅游项目的大规模开发使其对该地某些稀缺性资源的需求不断扩大，如有可能引起当地社会的物价上涨、有可能影响产业结构，产生不利变化、对就业产生“季节性失业”现象的影响等，而其中尤其以对土地的需求表现得最为明显。

除了土地用途的经济影响之外，旅游开发对土地需求的增大不可避免地会导致地价的上扬。特别是在那些旅游热点地区，这一点表现得最为明显。而土地价格的飙升，不论是对于当地经济的发展，还是对于当地居民住房条件的改善，显然都是非常不利的。此外，旅游开发结果所导致的对土地需求的增大，难免还会诱发土地投机行为。而缺乏有远见的旅游规划和行之有效的规划管理不仅会造成当地社会有关各方的种种利益冲突，而且最终会威胁到当地资源的合理利用和旅游业的可持续发展。在急于开发旅游经济的发展中国家，距离这一认识似乎还有遥远的路程。事实上，即便是在发达国家，这也是人们很晚才总结出来的经验教训。

第三节　旅游社会文化影响

国际上，特别是对欧美地区的有关研究而言，对旅游的社会及文化影响研究的发展进程同环境影响研究的发展进程基本上是同步的。

大量旅游者的涌入及其行为和所携文化对旅游目的地（特别是不发达国家和地区）的社会和文化带来的负面冲击，从20世纪70年代起一直是很多西方学者，特别是人类学家和社会学家所关注的研究课题。他们所研究的内容主要是旅游接待地区社会文化商品化过程中，传统文化的衰退问题，以及马斯森和华尔（1982）对旅游接待地区社会文化商品化过程中的传统文化衰退问题以及民族文化的异化问题进行了研究。一些学者还发现，在一些经济不发达的旅游目的地社会中，大量来自发达国家的游客所带来的西方文化冲击着当地的传统伦理观念，使当地社会的凝聚力减弱，加之卖淫、犯罪、赌博现象的泛滥，严重危害着目的地的社会基础。

在我国，由于我国旅游业发展的历史很短，人们关注的重点在于如何发展和优化我国的旅游经济，加之旅游对接待地区社会文化的影响不如对经济和环境的影响来得直观和易于察觉，而且往往是需要经过较长一段时间后，其影响的结果才逐渐显现出来，所以我国在这个领域的研究远远落后于对旅游的经济、环境影响研究。

一、积极影响

由于旅游活动是不同国度、不同民族、不同信仰以及不同生活方式的人们之间的直接交往，因而有利于促进不同文化间的传播与交流，增进不同民族和不同文化人群间的互相了解，也增进了整个世界的友谊和和平。在了解其他地区的社会文化之后，也有利于取长补短，提高自身民族素质。

另外，旅游活动的开展，对民族和地区文化的保护和发展也提供了基础和条件，进一步推动了科学技术的交流和发展，从而促进了整体人居生活环境的改善。

对于游客和接待地居民而言，同外界交往的扩大，也可以有效地减少民族主义、地方主义的狭隘观念，扩大人们的视野并开阔心胸。对于人才和知识的需求也会使人们意识到其重要性，地方政府和家庭更有可能在教育上进行更多投入，有利于地方人才层次的改善和可持续发展。

二、消极影响

实际上，真正的负面问题并不在于当地文化的舞台化和商品化本身，而在于这些人为的商业性“生产”所导致的当地社会文化的失真甚至扭曲，以及因此而使旅游者和外部社会对当地真正社会文化的误解。我们知道，从真正文化的角度去认识，在任何一个国家或地区，很多传统的生活方式和文化活动都有其特定的发生时间、特定的发生场合和特有的文化意义。而广泛存在的现实却是，为了迎合和满足随时来访的旅游者的需要，很多地方都将这类活动不分时间和地点地搬上了“舞台”，其文化意义自然也就不可避免地让位于商业性意义。尽管这类传统文化表演活动的主办者和表演者都会向旅游者宣称这些文化的真实性，但实际上这种舞台化表演的做法本身便已造成了对有特定时间和地点背景的传统生活方式和文化活动的歪曲，因为这种表演充其量是一种对有关传统生活和文化活动的模仿，而非具有真实意义的现场表现。此外，为了迎合旅游者的兴趣，不少这类表演还会在内容上有所删改，甚至故意增添一些低级庸俗的成分。凡此种种，都会进一步使真正的传统社会文化受到歪曲。在传统手工艺术方面，为了满足旅游者的购物需要，不少制作者原本对艺术价值的崇尚也会让位于对盈利的追求，大量的廉价仿制和粗制滥造亦在所难免。所有这些情况不仅使外来旅游者不能了解到当地真正的社会文化，或者说有可能会使外来旅游者对当地的社会文化产生错误的理解和认识，而且随着上述情况的长期流行，甚至当地居民对其真正传统文化和艺术的了解和继承也会出现问题。因此，表面上看来因旅游的发展而得到人们重视的传统文化和艺术，实际上却潜存着因此而逐渐名存实亡的危险。

旅游对目的地社会文化产生影响的重要途径之一便是所谓的“示范效应”，即随着大量旅游者的不断来访，外来文化通过旅游者的服饰、行为和生活方式，无形之中也在传播和渗透，从而对接待地区的社会文化产生潜移默化的影响。这种“示范效应”的生效，在很大程度上源于外来旅游者和接待地区居民在富裕程度上存在的较大反差。尽管有人在讨论有关问题时，将其归因于“强势文化”与“弱势文化”冲突的结果，而且往往将外来旅游者所持的文化定性为强势文化，将旅游接待地区当地的社会文化归为弱势文化，但就其中的多数情况而论，文化的强势或弱势似乎都根源于经济的强势或弱势。由于外来旅游者的收入水平和富裕程度一般较高，或者出于为实现外出旅游而长期积蓄的缘故，他们在旅游接待地区的生活往往表现得较为奢侈，其消费能力明显高于接待地区的社区居民。特别是旅游度假作为一种特殊的生活方式，旅游者在目的地逗留期间所表现出来的生活水平不仅不同于当地一般居民，而且其奢侈程度也往往高于其居家生活时的日常水准。因此，面对生活水平明显较低的当地社会，外来旅游者的生活方式不可避免地会对当地居民产生影响。客观地讲，这种示范效应有可能带来两个方面的结果：一方面，它有可能激发当地社区居民更加努力工作和积极进取，以使自己能够赶上和达到旅游者所表现出来的生活水平；另一方面，特别是在当地社区居民认为自己无力实现同样富裕的情况下，则会导致其在思想意识上产生消极变化，其怨恨情绪的产生和扩大有可能导致某种发泄行为的出现。

世界各地的很多调研结果表明，这种“示范效应”所带来的最明显且最严重的后果之一在于对目的地社会道德风气的负面影响。在一些社会原本平静和谐的地区，随着旅游者的大量来访，各种不道德甚至违法的行为也开始滋生和蔓延，其中尤以扒窃、色情、赌博以及毒品交易等现象的出现和增多表现得最为普遍和突出。

应当看到，旅游的发展带给旅游接待地区的很多社会文化方面的负面影响问题，实际上都同该地旅游发展的“度”有关。尽管人们目前对这种关系的存在程度尚难以进行量化测定，但世界各地很多已经发生了的事实，都显示出这种关系的客观存在。特别是当地居民对外来旅游者乃至对旅游业的反感情绪的产生和增加，同该地的游客密度（Tourist Density）的变化之间的关系表现得最为明显。外来旅游者的大量涌入无疑会使当地居民原先享有的人均物质空间相对缩小，使一些由当地居民和外来旅游者共享的物质环境和社会生活设施人满为患，从而导致当地居民社会生活质量的下降。当然，这种情况的出现不仅会造成对当地居民正常生活秩序的干扰，同时也会降低来访旅游者在此逗留期间的旅游经历质量。在这一情况面前，有些旅游接待地区可能会采取极端的做法，片面强调优先照顾旅游者的方便和利益，甚至限制当地居民进入某些原本属于其日常生活活动范围的区域。表面上看这种做法似乎有助于缓解这些区域有可能出现的人满为患问题，但实际上却有损于来访旅游者，特别是外国旅游者来此访问的旅游经历质量，更重要的是，会进一步造成当地居民对旅游业过度发展的不满和反感。

第四节　旅游环境影响

一、旅游与环境

在有关旅游对目的地环境影响的研究中，所谓环境既包括目的地的自然环境和生态环境，也包括以城市环境为代表的经人工建造的社会生活环境。随着旅游业的发展和大量旅游者的来访，旅游接待地区的环境不可避免地会发生某种程度的变化。面对大众旅游的发展所带来的环境质量下降问题，人们对旅游的环境影响也愈加关注。

早在20世纪70年代之前，人们就已开始注意到旅游的发展对目的地环境的不利影响，并且出现了与此有关的研究成果。进入70年代后，随着环境污染和环境破坏问题在很多地区的日渐明显，有关旅游的发展影响和降低环境质量的评论和研究不断增多。20世纪80年代更是旅游的环境影响研究十分活跃的时期。例如：冈恩在其名著《旅游规划学》一书中，就如何科学地规划旅游资源的开发以防止对环境的不利影响和破坏，提出了很多有用的见解；以《Annals of Tourism Research》为代表的一些旅游学术刊物相继出版了很多有关环境影响研究的专辑；不少专家学者就旅游对目的地环境和生态系统的负面影响出版了较为系统的研究成果。世界经合组织（OECD）1980年发表的《旅游对环境的影响——总报告》对指导人们研究旅游的环境影响问题以及指导各国制定有关的旅游政策起了很大的作用。此外，国外大量的环境与生态研究也大都与旅游对环境影响的研究有关，如费德勒（1985）讨论了海岸污染和资源保护问题、罗默里尔（1985）关注了群岛生态问题以及贝菲尔德（1974）阐述了滑雪运动对环境的影响等。20 世纪 80 年代中期以后，随着可持续发展概念的正式提出，有关旅游对环境影响的研究更为深入，成为可持续旅游发展研究的核心领域。

在我国，由于我国旅游业发展的历史很短，加之人们关注的重点在于如何发展和优化我国的旅游经济，在整个 20 世纪 80 年代，除了在为数不多的旅游教科书中对旅游的环境影响有所提及之外，几乎很少有人关注这方面课题的研究。只是进入 20 世纪 90 年代之后，伴随着我国旅游业的扩大发展和不少地方环境问题的突显，加上可持续发展的理念传入我国，有关旅游对环境影响的研究才迅速开展起来。

二、积极影响

通过旅游开发和旅游活动的开展，旅游首先有利于提高人们的环境意识，使旅游接待地区的环境及卫生条件得到重视和维护。其次，对旅游资源的要求提高，使历史建筑和古迹遗址得到更多维护、修复和修整的机会。再次，旅游接待地区的休闲和娱乐场所以及相关设施的数量和质量也能够得到提升。最后，道路、交通运输等基础设施状况也能够在旅游发展中得以改善。

三、消极影响

关于旅游的发展对旅游目的地物质环境和生态环境的负面影响，很多研究人员曾结合世界各地的有关情况和教训做过大量的分析和评价。一般地讲，这类负面影响主要涉及以下一些方面：

第一，旅游设施建设项目的规划不当或开发过度，会使当地原有的景观环境遭到破坏。前者主要是指旅游项目开发者在规划有关的项目建设时，只考虑迎合其主观上认定的旅游者的兴趣所在和审美特点，忽视甚至根本不顾及该项目建设同周围景观环境的协调，从而造成了对该地景观环境的侵害。后者则主要是指由于无控制的商业性开发，当地的自然景观环境遭到难以复原的永久性破坏。

第二，旅游活动的大规模开展会加剧对自然环境和生态系统的侵害和破坏。例如，在有些旅游接待地区，作为当地地貌特色的沙丘因大量旅游者的活动而遭受侵蚀，这些旅游活动在造成地貌变化的同时，还诱发了严重的沙害；植被会因人们的过度践踏而被破坏；旅游者使用的野营篝火引发了草场和森林火灾；旅游者的大量来访造成了对野生动物的惊吓，野生动物的生存环境因此而受到干扰，其生存区域因此而缩小甚至丧失；旅游者丢弃的大量废弃物不仅破坏了环境的美感，有些废弃物甚至还会危及动植物的生存安全。此外，随着旅游者的来访，异国他乡的一些植物种子或生命体也会附着在旅游者的鞋子或衣物上而被带入旅游接待地区，并侵入该地区的生态系统。

第三，造成旅游接待地区的水质和空气质量的下降以及噪声的增加。这类环境影响主要表现为：由于旅游者的大量涌入和由此而导致的排污量增加以及机动船只使用量的增大，当地的水质污染问题会变得更加严重。旅游交通运输量的增大和机动交通运输工具废气排放量的增多，以及因旅游接待设施（特别是空调和冷藏设备）用电量的增大而导致的发电燃油废气排放量的增多，都会加快当地空气质量的下降。旅游所带来的交通（特别是汽车和飞机）运输量的增大以及夜总会和舞厅等娱乐设施的增多，都将会加重当地（特别是城市中）的噪声污染程度。

第四，除了对自然环境和生态系统的影响之外，旅游活动的大规模开展对旅游接待地区人造物质环境也会带来不同程度的负面影响。主要表现在，随着旅游者的来访，旅游接待地区内的人口密度必然会增大。由于公用基础设施的提供通常都是以当地人口的需求规模为标准进行设计，旅游者的大量来访很可能使当地出现交通阻塞以及当地居民的生活空间相对缩小等问题。另外，长期大量接待来访旅游者，会使当地历史古迹的原始风貌甚至存在寿命受到威胁。这不仅与旅游者的某些不当行为有关，游客接待量的增多本身也会使物质环境所承受的压力增大，从而降低其质量，特别是缩短历史古迹的存在寿命。

当然，尽管上述负面影响在世界各地的很多旅游接待地区都可以找到证明，但是与此同时我们也不能不看到，也有很多旅游接待地区，其环境质量和生态系统并未因发展旅游业而恶化。这一事实本身就说明，如果说旅游的发展对接待地区环境质量和生态系统潜在影响的存在是绝对的，那么这种潜在性的影响能否转化成为现实的负面问题则是有条件的。也就是说，凡是那些环境质量和生态系统因旅游业的开发而出现严重问题的地方，在有关的规划、设计和管理方面可能都存在着较大的问题。很多地区开发旅游业的成功案例表明，旅游对接待地区环境质量和生态系统的负面影响完全可以通过科学的规划与开发以及通过行使有效的管理而得到控制和减弱。通过一些案例不难发现，旅游者的来访对目的地环境质量和生态系统造成损害的程度和性质实际上取决于很多因素，或者说同很多因素有牵连，其中主要包括该地旅游开发的规模和旅游者的来访数量、来访游客活动在地域和时间上的集中程度、该地环境的类型和特点以及该地旅游开发前后所采取的规划与管理措施。

【知识归纳】

旅游活动的开展会对旅游接待地区的各个方面都产生一定的影响，主要包括经济影响、社会文化影响和环境影响。

首先，旅游是一支强有力的经济力量，它能够创造就业、外汇和税收。人们从很多国家旅游发展的现实中也明显发现，发展旅游可以给旅游接待国或地区带来多种经济利益，如增加外汇收入、提供就业机会、增加政府税收、刺激经济发展等。然而，随着旅游活动规模的不断扩大，也不可避免地会给接待地区的经济带来某种程度的负面影响。

其次，旅游对环境的影响既包括对目的地的自然环境和生态环境的影响，也包括对以城市环境为代表的经人工建造的社会生活环境影响。随着旅游业的发展和大量旅游者的来访，旅游接待地区的环境不可避免地会发生某种程度的变化。

最后，在我国，由于旅游业发展的历史较短，人们关注的重点在于如何发展和优化我国的旅游经济，加之旅游对接待地区社会文化的影响不如对经济和环境的影响来得直观和易于察觉，而且旅游对于社会文化的影响往往是需要经过较长一段时间后，其影响的结果才逐渐显现出来。因此，对于旅游社会文化影响的关注少于经济和环境两个方面。

旅游对经济、环境和社会的影响都包括了积极和消极两个方面，需要客观和辩证地看待积极和消极影响的关系和相互作用，尤其要注意旅游规划、开发、设计和管理过程中的科学性，掌握好“度”，通过科学的规划与开发以及通过行使有效的管理控制和减弱消极影响，增强积极影响。

【案例解析】

1. 迪士尼公司公布了一项报告，根据该报告，全公司的人都将参与包括再循环在内的环保活动，具体的统计数据如下：

(1) 木材。迪士尼公司再回收的木材足够全美国制造冰棒用的木材，总重量达320吨。

(2) 废纸。迪士尼公司再循环的办公用纸总重量达900吨。

(3) 纸板。1990年，经公司再循环的纸板足够Epcot公园、魔术王国和Gatorland公园使用，总重量超过2070吨。

(4) 铝制易拉罐。迪士尼公司回收的铝足够生产一个高达160千米的可口可乐罐头，总重量超过14.5吨。

2. 洲际酒店集团（Inter-Continental Hotels）制订了一份多达300页的指南并下发给它在全球的连锁产业，该指南的内容是关于垃圾处理、产品购买、空气质量、能源节约、噪声污染、燃料储存、石棉、杀虫剂、除草剂以及水源方面的准则。

3. 联合航空公司在飞机上回收铝和餐盒，并努力减少飞机上运载的重量。它们同时还对所有的飞机进行了更新换代，全部换成了低噪声的节能型飞机。

4. 佛罗里达州的海洋世界正在实现一个海滩动物的营救和康复计划，旨在帮助那些患病、受伤和被遗弃的海牛、海豚、鲸鱼、水獭、海龟和各种鸟类。

思 考

以上几个案例中，这些国际知名的旅游企业采用了哪些方式减少旅游对环境的消极影响？你认为这些做法是否开明且有效？

【案例评述】

以上的几个实例能够说明一些国际知名的旅游企业已经意识到了旅游活动的开展给环境带来的消极影响，从酒店、主题公园到航空公司，他们涉及旅游活动的各个环节，采用废物再循环、降低噪声、动物救助等方式，致力于减少旅游对于环境的消极影响，甚至转变其为积极影响，代表着目前的一些开明做法。

【复习思考】

1. 什么是旅游影响？它可以分为哪几种类型？
2. 旅游经济影响中的积极方面如何体现？
3. 为什么说旅游对目的地的社会文化会产生消极影响？
4. 如何避免或减少旅游的环境消极影响？

第十章 可持续旅游发展

【学习目标】

1. 掌握可持续旅游发展的定义、内容和实质，旅游承载力的概念及其影响因素。
2. 熟悉可持续旅游发展的基础理论。
3. 了解可持续发展理论的起源与发展。
4. 了解可持续旅游发展与大众及小规模旅游的关系。

第一节 可持续发展

早在2000多年前的春秋战国时期，我国先民就曾主张保护正在怀孕或正在产卵的鸟兽，并出现过要求人们定期封山育林的法令。从现代意义上讲，这些做法在一定程度上反映了主张应对有限的自然资源进行可持续利用的思想。可见，现代意义上的可持续发展思想的痕迹历史上早已有之。但是可持续发展作为一个较为完整的思想体系和科学理论，其形成过程则是始于20世纪60年代。

【小知识】

1962年，美国女生物学家莱切尔·卡逊发表了一部环境科普著作——《寂静的春天》，这本书在全世界引起轰动，书中描绘了一幅由于农药污染环境所导致的可怕景象，惊呼长此以往，人们终将会失去“春光明媚的春天”，由此引发了世界范围内人类关于发展观念上的争论。

1981年，世界自然保护联盟在其发表的《保护地球》这一具有国际影响的文件中，对可持续发展的含义做了进一步的阐述，即改进人类的生活质量，同时不要超过支持发展的生态系统的负荷能力。

1987年，联合国世界与环境委员会发表了一份题为《我们共同的未来》的报告，当时以挪威首相格罗·哈莱姆·布伦特兰为主席的专家们在报告中第一次阐述了“可持续发展”的概念，并将其中的“可持续性”定义为“在不牺牲子孙后代需要的前提下，满足当代人的需要”。

1992 年，联合国在巴西里约热内卢召开的环境与发展大会上通过了《里约环境和发展宣言》《21 世纪议程》等一系列关于可持续发展的全球协议及权威性原则声明，第一次把可持续发展问题由理论和概念推向实际行动，旗帜鲜明地摒弃了传统的大量消耗资源、以牺牲环境质量为代价的发展，选择了与环境和生态系统协调的可持续发展道路。

可持续发展通常包括生态、经济、社会等三方面的内容。可持续发展强调环境与自然资源的长期承载力对发展的重要性以及发展对改善生活质量的重要性。它强调的是环境与经济的协调，追求的是人与自然的和谐。其核心思想就是健康的经济发展应建立在生态可持续能力、社会公正和人民积极参与自身发展决策的基础上。

可持续发展的概念包括了三个要素：

第一，满足人类需要。发展的主要目的是满足人类需求，包括基本需求（充足的食物、水、住房、衣物等）和高层次需求（提高生活水平、安全感、更多假期等）。对于发展中国家来说，可持续发展首先要实现长期稳定的经济增长，在满足人们基本需求的基础上再进一步提高生活水平，满足高层次需求。

第二，考虑资源限制。即要考虑环境和资源承受能力，达到天人关系长期协调。

第三，考虑公平。要满足人类需求，就必须实现资源的公平，不仅同代之间而且代与代之间要实现公平。在人们的发展与消费过程中，我们要保护生态系统的生产力和功能，维护自然资源基础和环境，实现人与自然的和谐共处。可持续发展要求经济发展和自然承载力相协调。发展的同时必须保护、改善和提高地球的资源和环境成本。生态可持续同样强调环境保护，但不同于以往将环境保护与人类发展分裂开来的做法，可持续发展强调预防重于治理，要求在发展的整个过程中而不是在发展的末端上解决环境问题。

第二节　可持续旅游发展

旅游可持续发展理论是由全球可持续发展这一命题引发出来的。20 世纪 80 年代以来，许多国家和地区为追求旅游业发展的规模化，产生了众多消极效应，使自然生态旅游资源受到破坏，使旅游的可持续发展面临潜在威胁。在这种情况下，随着可持续发展的研究向各个领域渗透，旅游可持续发展的研究也开始兴起。

1990 年，在加拿大首都渥太华举行了“全球可持续发展大会旅游组织行动筹划委员会会议”，会议提出并通过了《旅游可持续发展行动战略》草案。

一、可持续旅游发展概念

虽然可持续旅游发展的口号已经提出，并且得到了世界各地的广泛响应，但是人们对于可持续旅游发展这一概念的表述及认识，至今尚未完全统一。例如：

“可持续旅游寻求更高的生产效率以及游客与旅游接待地社区之间的关系更加和谐，并由此达到一种能够使旅游业持续发展而不会导致资源耗竭、欺骗游客和剥削当地居民的状态”。

“可持续旅游是减少目的地旅游业、来访游客、当地环境及当地社区之间的紧张和摩擦的一种（发展旅游业的）积极方式。这种方式致力于自然资源和人文资源的长久生存和

（旅游业的）不断发展”。①

Globe’90 世界大会文件《可持续旅游发展行动战略》中对可持续旅游发展概念所做的阐述在目前应用最广泛、影响最大，即可持续旅游发展被认为是在保持和增强未来发展机会的同时，满足外来游客和旅游接待地区当地居民的需要，在旅游发展中维护公平。它是对各种资源的指导，以便使人们在保护文化的完整性、基本生态过程、生物多样性和生命维持系统的同时，完成经济、社会和美学的需要。

这一解释此后被世界旅游组织所接受，并在《旅游业 21 世纪议程》中再次提及。

在 Globe’90 世界大会上，与会代表除了对可持续旅游发展的含义进行了解释之外，还第一次比较完整地提出了可持续旅游发展的基本目标：

1）增进人们对旅游所产生的环境影响与经济影响的理解，加强人们的生态意识。

2）促进旅游的公平发展。

3）改善旅游接待地区的生活质量。

4）向旅游者提供高质量的旅游经历。

5）保护未来旅游开发赖以存在的环境质量。

1993 年，世界旅游组织在《旅游业可持续发展——地方旅游规划指南》一书中，将旅游可持续发展定义为：“旨在维持文化完整、保护生态环境的同时，满足人们对经济、社会、审美的要求。它能为今天的主人们提供生计，又能保护和增进后代人的利益并为其提供同样的机会。”这一定义是对旅游可持续发展的总结，它不仅指出了旅游业本身的特质，而且提出了区际公平发展的思想，对旅游可持续发展的国际认定具有重要的指导意义。

归结以上对可持续旅游发展的分析，可持续旅游发展的概念可以表述为：所谓可持续旅游是指在充分考虑旅游与自然资源、社会文化和生态环境相互作用和影响的前提下，在满足当代旅游者和旅游地居民各种需要的同时，保持和增进未来发展机会，谋求旅游与自然、文化和人类生存环境的协调发展，并能造福后代的一种旅游发展模式。

二、可持续旅游发展的内容和实质

（一）可持续旅游发展观

同总体上的可持续发展观相比较，可持续旅游发展观的基本内容主要体现在四个方面：

1. 公平性

所谓公平性指的是机会选择的平等性。这里主要涉及两层意思：一是同代人之间的平等。可持续旅游发展要求人们必须重视东道地区对旅游者的经历质量所做的贡献，因此旅游接待地区居民有权参与本地旅游开发的重大决策，就其所期盼的社区类型出谋划策，并分享旅游业带来的收益。二是代际公平，即世代人之间的纵向公平性。当代人留给后人开展旅游活动和发展旅游业的环境资源不应少于目前拥有的程度，每一代旅游开发者和经营者都应为下一代人的发展机会负起同样的责任。

---

①Bramwell B，Lane B. *Sustainable Tourism：An Evolving Global Approach*［J］. *Journal of Sustainable Tourism*，1993，1（1）：1-5.

2. 可持续性

旅游需求的不断满足和生态环境的可持续性是旅游业有可能实现长期发展的首要条件。换言之，旅游业的发展必须建立在旅游地区生态环境和社会环境的承受能力之上，必须适应旅游接待地区的社会经济发展计划以及当地的社会行为和道德规范。旅游业的发展既要能够吸引足够数量的游客来访，并保证其来访期间的经历质量，又不至于使当地的环境和社会出现不可接受的消极变化。这一平衡点便是旅游学研究中所称的旅游承载力。如果旅游业的发展超过了这一临界点，那么当地生态环境和社会环境的可持续性就都会受到威胁，旅游业的发展自然也会难以为继。

3. 共同性

由于各国历史、文化、社会经济发展水平、旅游资源拥有程度及其使用状况不尽相同，有关可持续旅游发展的具体目标和政策不可能整齐划一。但是可持续旅游发展作为全球旅游发展的总目标，所体现的公平性和可持续性的原则是相同的。围绕这一目标的实现，全球必须协同采取行动。因此，各国政府、联合国机构和非政府组织、旅游实业界、旅游接待地区的民众以及广大旅游者对可持续旅游发展的实现都负有责任。可持续旅游发展的实现需要各方的广泛合作。世界旅游组织在其所制定的《旅游业 21 世纪议程》中指出，可持续旅游发展的实现需要（世界各地）坚定的承诺和协调一致的行动。其中有关目标和政策上的承诺是由社会各个阶层和各个方面共同做出的。从根本上讲，这意味着政府和社会各个方面在增强对环境和发展问题的认识上必须确立有效的合作。

4. 利益协调性

利益协调主要是指主客双方的利益协调，即旅游者与接待地地区之间的利益兼顾与协调。可持续旅游发展要求旅游业的发展一是能够向来访旅游者提供高质量的旅游经历，二是能够使旅游接待地区居民的生活质量得以改善，这两个目标的实现缺一不可。从理论上讲，旅游业的发展可给当地社区带来多方面的利益，例如，可给当地带来就业机会的增加，旅游基础设施和上层设施的建设客观上也可以使当地居民的生活环境得以改善，可以促进当地与外界的交流，在增加对外部世界了解的同时，使当地的对外知名度得以扩大等。从实践上看，所有这些在很多旅游接待地区都是事实。但同样也是事实的是，很多地方在开发旅游业时，所偏重的往往是方便和满足旅游者的需要。一旦这一需要与当地居民的需要发生冲突，被迫让位的往往是后者。此外，当地社区对旅游业的参与也因种种问题而受到制约甚至限制。其结果是旅游业的发展不但没能改善当地社区的生活质量，反而使当地社区的正常生活受到不同程度的干扰，由此而使当地社区产生反感，反过来又会对来访旅游者的经历质量产生某种程度的不利影响。所以，要使旅游业能够可持续发展，就必须使主客双方的利益得到兼顾。这既是可持续旅游发展的一项目标，同时也是一个实现可持续旅游发展的前提条件。

（二）可持续旅游发展遵循的原则

实现旅游发展的可持续性从根本上讲是一个转变观念问题，即摒弃旧的传统发展观，树立可持续旅游发展观并将其落实于对各项实践活动的指导。但是，就实现这一目标的实际工作而言，阿切尔和库珀（1993）则认为可持续旅游发展的实质则是资源管理问题。基于这一认识，可持续旅游发展要求人们在旅游开发和经营中必须遵循以下原则：

1. 资源计划原则

任何新增旅游景点和旅游设施的开发都不可避免地会涉及土地资源的占用问题。例如，在很多情况下，一个旅游景点的开发往往需要以牺牲该片土地的其他用途为代价，如用于开发旅游景点便不能用于建造工厂。因此，在决定占用某块土地开发旅游项目之前，必须对其所有不同用途可能带来的社会收益和有可能付出的社会成本进行比较和权衡，以确保该项土地资源的用途符合当地社会的最佳利益。也就是说，对旅游开发所涉及的资源占用必须要有计划性，以尽可能使这些资源的配置符合当地社会目前和将来的最佳利益。

此外，对旅游资源的使用，尤其是对自然资源和文化遗产的使用，都是有客观代价的。基于旅游资源的使用成本这一认识，换一个角度讲，旅游资源实际上不仅有使用价值而且是有其价值的。正因为如此，Globe'90 世界大会提出的《可持续旅游发展行动战略》中特别强调指出，可持续旅游发展要求所有开发决策都应反映自然和文化环境的合理配置。在我国，或许是受传统的劳动价值论的影响，价值长期以来一直被机械地理解为无差别的一般人类劳动，所以人们一直没有把旅游资源的消耗，尤其是环境资源的消耗纳入旅游成本考虑。这不仅导致了旅游开发中对环境代价和社会成本的忽视，而且助长了对国土资源的任意开发和滥用。

2. 预警原则

旅游业的发展必然会涉及旅游资源的开发、旅游设施的建设以及各种旅游活动的开展。在没有进行相关的科学论证并取得肯定性结论之前，应禁止上述任何活动的开展。在面对拟开发资源具有不可再生性、开发后的变化具有不确定性、贸然决策有可能会造成不可逆转性恶果的情况下，首先就应假定项目的开发和游客活动的开展可能会造成对环境的破坏。有研究表明，当前由于人们对环境系统的了解不够确切，旅游开发决策失误的直接原因可具体分为三个方面："信息资料不完全、所使用的研究模型存在缺陷以及有些事物目前根本不可知"。① 所以，采取预警原则的意义在于，要求那些准备开发和使用旅游资源的有关企业和组织要有保护环境的责任感，要对同其开发工作有关的环境保护承担责任，以确保其开发行为不会对当地的环境造成重大破坏性影响。

3. 临界点原则

在旅游开发和接待游客开展旅游活动方面，要将对环境和旅游资源的使用控制在不会导致该地环境和旅游资源的质量发生任何不可接受的变化的限度内，或者至少应将开发规模和游客接待量控制在不会导致上述变化，从而可以接受的某一极限之内。特别是就环境质量而言，环境系统对于各种人为活动影响的承受能力可能会有某种程度的弹性，但这种承受能力毕竟有其极限。例如，自然环境对某种污染的自净能力是有限度的，一旦污染物质的数量或性质超过了自然环境能够将其自然吸收和降解的能力，便会出现环境恶化的问题。自然系统的这种自净能力在一定程度上可以化解人类活动对其造成的影响，而对旅游开发和游客活动的规模极限进行控制，就是要保护自然环境系统的这种功能，就是要防止旅游业和旅游者对环境和资源的过度使用，否则便会导致环境和资源的破坏。

①Mike Stabler，Thea Sinclair. *The Economics of Tourism*. London［M］. New York：Routledge，1997.

4. 污染者负责原则

除了根据前述预警原则，应对旅游项目的开发和游览区域的开放进行必要的控制之外，对于已有的旅游开发和旅游活动的开展所带来的环境破坏，要本着“谁污染，谁负责”或“谁污染，谁治理”的原则，及时有效地予以纠正。现存的旅游活动形式种类繁多。目前我国很多地区都在热衷于诸如高山速降滑雪场、高尔夫球场、主题公园、海滨度假区等大型旅游项目的开发与建设，很多自然保护区和重点文物保护单位开发旅游的程度以及开放旅游的区域范围越来越大，前来这些地点开展旅游活动的游客人数也日益增多，“人满为患”的现象时有发生。由此而带来的环境污染问题以及环境和文物破坏问题，已经引起了社会的广泛关注。这种情况如不能得到及时控制和有效治理，可持续旅游发展将成为一句停留在口头上的空话。

第三节　承载力

一、承载力的概念

任何一个旅游目的地在接待来访游客开展活动的能力方面，都会存在某一极限。来访游客的活动规模如果长期超过这一临界点，旅游发展所带来的负面影响便会增至人们不可接受或不能容忍的程度。这一临界点在我国的有关旅游研究文献中有时称为“饱合极限”“负荷能力”或“接待容量”，按照国际旅游学术界通行的术语，实际上都是指旅游目的地的承载力极限。

对于旅游承载力这一概念的解释，人们有着不同的文字表述。但尽管在表述上不尽相同，实际上所反映的实质内容并无根本的差异。从一个时期以来人们在有关研究中引用最多的解释来看，旅游承载力是指一个旅游目的地在不至于导致当地环境质量和来访游客旅游经历的质量出现不可接受的下降这一前提下，所能吸纳外来游客的最大能力。世界旅游组织在其有关研究报告中，对旅游承载力亦有类似的解释，即“承载力是指一个地区在提供使旅游者满意的接待并对资源产生很小影响的前提下，所能进行旅游活动的规模”，简而言之，承载力是指一个地区的环境在不遭到破坏的前提下每天能够接待的最多游客人数。

二、影响承载力的因素

无论是从理论上分析还是从实践中观察，一个目的地的旅游承载力是由多个方面因素的综合作用所决定的，在有关方面的因素随着时间的推移而出现变化的情况下，该地的旅游承载力也会发生相应的变化。因此，旅游承载力是一个随着众多相关因素的变化而变化的函数。综观世界各地的旅游发展，我们不难发现，旅游发展的负面影响在某些旅游接待地区导致了严重的环境或社会问题，而在其他一些旅游目的地，则并未形成令人担忧的威胁。其根本原因就在于各旅游目的地在很多因素上都不尽相同，从而决定了其旅游承载能力的差异。

影响一个旅游目的地承载力大小的因素很多。这些因素基本上可以划分为三大类：当地客观因素，外来客观因素和当地主观因素。

（一）当地客观因素

这类因素主要包括：

1. 社会结构

一个目的地中的社会结构对该地旅游承载力的影响主要同该地的社会心理有关。在现代化大都市中，由于其居民或者其先人多为来自各地的移民，社会较为开放，因而其居民对外来旅游者的容忍度往往比较高。相反，在一些较为封闭的地区，特别在那些带有传统家族社会色彩的地区，其居民对外来旅游者的容忍度则通常比较低。

2. 文化特点

一个目的地社会的文化特点在决定旅游对其文化影响的程度方面也是一个重要因素。一般地讲，一个目的地社会的文化背景愈是独特，该地对旅游者的吸引力也愈大，也越容易受到旅游的影响和冲击。在不加控制的情况下，其结果之一是当地文化可能会因此遭到破坏甚至毁灭；而可能性更大的另一种结果则是当地文化被商品化，从而使其传统文化名存实亡。

3. 环境因素

旅游业的开发活动和旅游者的旅游活动都不可避免地会使目的地环境的原状发生改变。这种改变既可能是有形的视觉景观的变化，也可能是无形环境因素的质量乃至生态系统的变化。不同的具体环境对人类活动反应的敏感度不尽相同，敏感度越高，发生难以复原的环境破坏的危险性也就越大。就旅游活动的环境而论，通常可将其分为自然（包括生态）环境和人为环境两大类。一般地讲，面对同等的旅游影响，人为环境的承载能力和复原能力都高于自然环境。

4. 经济结构

目的地的经济结构对该地旅游发展所带来的经济损益的程度有着决定性的影响。一般地讲，一个目的地的经济越发达，生产门类越健全，其发展旅游的供给实力也就越强，从而有能力使旅游发展所带来的经济利益得以扩大，同时有效地减小因发展旅游业而有可能带来的经济损失。例如，旅游业的发展和旅游者的来访都意味着对众多相关产品和服务需求的增加，以国际旅游为例，这一方面会使旅游接待国的经济收入得以增加，同时也可能会因旅游业所需物资和服务的进口而发生经济“漏损”。如果一个目的地在满足旅游业和旅游者所需的产品和服务方面自给程度较高，则意味着旅游业发展所带来的经济收益大而损失小；反之，则不可避免地会增大对相关进口产品和服务的依赖。如果依赖进口的程度严重，旅游业的发展除了能给当地增加一些就业机会之外，可能别无其他方面的经济利益。

5. 资源状况

旅游目的地当地资源（如劳动力、资金、土地等）的可资利用状况对当地社会是否希望发展旅游业或容许发展旅游业，甚至对开发何种类型的旅游产品，都具有很大的影响。在当地资源稀缺的情况下，对资源的竞争势必会很激烈，因而利用这些资源发展旅游业的机会成本势必也会很高，人们对发展旅游业的赞同程度也因此会受到影响。在不少经济发达的工业化国家中，较为典型的稀缺性资源通常表现为劳动力资源。在一些国家，如在美国，尽管其旅游业比较发达，但人们普遍认为旅游业的发展虽然能带来就业机会，却不能创造理想的工作职位（Decent Jobs）。而在众多的发展中国家，特别是在我国，土地则往往是具有代表性的稀缺性资源，因而土地的合理利用问题在很大程度上影响着人们对发展旅游业的态度。

在旅游研究中，旅游目的地的基础设施也是当地资源的内容之一。因此，如果旅游的发展意味着当地基础设施将出现过度使用问题，当地居民的正常生活将因此而受到干扰，则难免会导致当地居民对发展旅游业的不满，并且有可能造成当地居民同外来旅游者的对立与冲突。与之相反，如果旅游业的发展的确使当地的基础设施供给状况获得了改善，在便利旅游者活动的同时也方便了当地居民的生活，提高了当地居民的生活质量，则这种情况会有助于人们对发展旅游业的赞同和支持。

（二）外来客观因素

这类因素主要包括：

1. *来访旅游者的类型和特点*

来访旅游者的类型和特点往往是决定旅游对目的地社会和文化影响程度的重要因素之一。人们在对旅游者进行类型划分时，所使用的标准很多。在分析旅游对目的地社会和文化的影响时，人们通常根据不同旅游者的行为特点，将其划分为“大众型”旅游者和“非大众型”旅游者。所谓大众型旅游者是指完全借助旅游业提供的各种商业性服务完成其全程旅游活动的有组织的团体旅游者，其中尤其以参加旅行社组织的包价旅行团的旅游者为典型代表。这类旅游者最大的行为特点是不愿“入乡随俗”，即使是在异国他乡访问期间，它们也往往是生活在其自身的文化“环境泡”中，固守自己的生活方式，不愿去适应旅游目的地当地社会的行为准则和风俗习惯。因而，这类旅游者的大量来访对目的地的社会和文化往往会产生较大的消极影响。所谓非大众型旅游者是指那些由自己进行全程安排，很少使用或者不使用旅游企业的商业性服务去完成其旅游活动的旅游者。这种类型的旅游者都是独自外出访问或者同行人数规模不大的散客。他们通常不喜欢随大流去旅游热点地区。最重要的是，他们乐于入乡随俗，乐于将自己融于当地社会之中，遵从并主动地努力适应当地社会的行为准则和风俗习惯。因而这类旅游者的来访对目的地社会和文化的影响比大众型旅游者要小很多。

在来访旅游者的其他特点方面，所涉及的内容还有很多，其中包括来访旅游者的消费特点、交通方式、同行者的人数规模与构成、年龄、受教育背景、收入水平以及来访的目的等。所有这些因素也都会牵涉到旅游对目的地影响的性质和程度。

2. *旅游者活动的类型*

旅游者在目的地停留期间所从事的活动是多种多样的。不同类型的旅游活动对目的地产生影响的性质和程度也会有所差别。有些旅游活动的开展对目的地的环境或社会的影响明显高于其他类型的旅游活动。例如，狩猎活动的开展对野生环境中生态平衡的破坏程度显然较大。赌博活动的开展对当地社会的负面影响则远远大于很多其他的旅游活动。虽然人们对赌博活动所持的态度不尽相同，但有一点已经为世界各地大量的事实所证明，即随着赌博活动的开展，目的地社会风气所面临的风险也会增加，特别是色情、吸毒以及某些类型的刑事犯罪等社会丑恶现象都会随之抬头和泛滥。

（三）当地主观因素

实际上，除了这些客观因素之外，旅游目的地方面的某些主观因素同样也会影响该地旅游承载力的大小，其中最具代表性的因素则是旅游目的地的规划和管理能力。

由于前面所述的各种当地客观因素和外来客观因素都是在旅游接待环境之内交互作用的，因而规划工作和管理工作的目的都应是确保和扩大旅游发展所带来的效益，预防和最大限度地抑制旅游发展有可能带来的负面影响。如果一个旅游目的地的规划和管理能力很强，能够有效地抑制和减小旅游的负面影响，则有可能使该地的旅游承载力得以增大；反之，则会促使旅游活动量饱和的现象过早地出现，从而使原本应当具有的承载能力遭到降低。

三、承载力的动态性

无论是在承载力应用的生物学或生态学领域，抑或是在环境领域，面临的主要问题是现有的概念和模型均难以反映自然种群的动态变化，尤其不能揭示生物之间、生物与环境之间相互作用的复杂性，以及环境变化的随机性。而在人类旅游活动产生影响的环境中，承载力受到尚未完全理解的自然限制和社会经济选择等的多重制约，也增加了自然和社会发展的双重不确定性。

目前，承载力的测度方法大都局限于静态的、确定性模型，动态承载力的认识就是要把握生态意义上和社会意义上承载力的区别，了解承载力虽然主要受到自然的制约，但也受到社会选择的影响，如政治制度、文化背景、价值判断、消费模式、技术进步、发展目标、分配方式等，不但体现出多样性，而且随时间发生动态变化，由此，赋予了承载力动态性的特质，同时也说明了传统的静态或固定的承载力观念必须进行转变。

【知识归纳】

可持续旅游发展是旅游开发的重要准则，它与短期粗放型旅游开发相对立。与其他行业相比，旅游业最有理由通过可持续发展观念促进和实施环境保护策略。从长远来看，可持续发展对于旅游业而言，毋庸置疑是一种良策。

可持续旅游发展观的基本内容主要体现于四个方面，即公平性、可持续性、共同性和利益协调性。另外，可持续旅游发展要求人们在旅游开发和经营中必须遵循以下原则：资源计划原则、预警原则、临界点原则、污染者负责原则。

在此基础上，必须确定旅游地对于游客的承载能力。承载力是指一个地区的环境在不遭到破坏的前提下每天能够接待的最多游客的人数。测算并执行这一限度对于旅游地的可持续发展也是至关重要的。

影响一个旅游目的地承载力的因素基本上可以划分为三大类：一类属于当地客观因素，如社会结构、文化特点、环境因素、经济结构、资源状况等，一类属于外来客观因素，如来访旅游者的类型和特点、旅游者活动的类型等，还有一类则属于当地主观因素。另外，承载力具有动态性的特点。

【案例解析】

美国旅行代理协会（ASTA）的旅游九条戒律

无论是进行公务旅行还是休闲旅行，请游客都要做到：

1. 尊重地球的脆弱性。

2. 只留下足迹。

3. 为了让你的旅行更加富有意义，请多了解一些你将参观地区的地理、风俗人情及文化方面等知识。

4. 尊重他人的隐私和尊严。

5. 不要购买濒临灭绝的植物或动物制作的产品，如象牙制品、乌龟壳、兽皮等。

6. 永远按照指定路线行走，切勿打扰动物、破坏植物及其栖息地。

7. 了解并支持自然保护计划，积极支持那些致力于环境保护的组织开展工作。

8. 尽可能行走或使用有利于环境的运输方式。

9. 光顾那些促进能源与环境保护的旅游供应商。

思　考

ASTA为什么对游客提出旅游戒律？这些“戒律”从哪些方面体现了可持续发展的理念？

【案例评述】

要想使可持续旅游成为现实，必须要求站在旅游这个舞台上面的所有演员齐心协力，这首先应从游客开始。游客必须懂得自己有责任也有义务为社会和环境做出贡献。美国旅行代理协会（ASTA）制定了第一个措施，它也是一项最公开、可以普及推广到全世界的措施。

【复习思考】

1. 什么是可持续旅游发展观念？

2. 可持续旅游发展观念为什么十分普及？

3. 除了自然资源外，可持续发展还涉及其他资源吗？这些资源有意义吗？请做出解释。

4. 游客、当地居民、当地政府、旅游公司、资源保护组织，他们各自的可持续旅游发展目标是什么？

5. 为什么承载力对旅游发展很重要？

第十一章

旅游业的未来

【学习目标】

1. 了解我国旅游业发展面临的挑战及未来发展态势。
2. 熟悉互联网时代旅游产业新态势。
3. 掌握智慧旅游的概念、功能。
4. 掌握“互联网+旅游”的内涵。
5. 掌握全域旅游的概念、特征以及内涵。

第一节　旅游业发展面临的挑战

环境的日新月异，促使旅游业者必须把握规律，顺势而为。但是无论时代环境怎么改变，不断适应环境的深化改革和旅游惠民的主旨永远不会改变，只有围绕这一根本落脚点，旅游业才能长期稳定兴旺发展。

旅游是人类社会文明发展的产物，随着人类社会生产生活方式的变化，旅游活动、旅游需求、旅游功能、旅游产业都在不断地丰富和变化。旅游业不单单是传统的休闲服务业，而且更具有政治、经济、文化、生态等多重功能，所以应确立更广意义上的旅游产业价值观和发展观，从更新的视角和更高的认识去把握当前旅游发展的新环境和新趋势，顺势而为地探索发展旅游的新路径。

一、当前国内旅游业发展中存在的问题

（一）旅游服务人员整体素质水平较低

当前我国从事旅游行业服务工作的人员的整体素质还相对比较低，专业水平较差。管理人员对市场营销的理解不够深刻，只能通过打价格战来吸引客源，不利于旅行社的未来发展。有些导游不注意自身服务技能水平的提高，过分追求经济利益，将工作视为一种单纯的

挣钱手段，严重损坏游客利益。

（二）对旅游基础设施建设投入不足

当前我国地方政府在对旅游景区基础设施建设方面所投入的资金和精力都比较少，一方面，景区的安全基础防护设施建设存在漏洞，游客的人身安全不能得到充分保障，另一方面，景区交通设施建设不足，客流高峰堵车事件常有发生，此外相关服务场所建设不足，过分追求高档化，超出了普通游客的经济承受范围。

（三）缺乏有效的行业管理手段

有效的行业管理手段是我国旅游业发展面临的又一问题，宏观调控能力呈现出不足的状态，导致了旅游业市场秩序的混乱，一方面，行业内部的竞争秩序混乱，单纯靠打价格战来吸引客源的状况经常发生，极大地影响了其他单位的利益；另一方面，行业经营秩序混乱，损坏游客利益的情况时有发生，游客的利益得不到充分保证。

（四）旅行社产品过于单一，缺乏多样性

旅行社单位在旅游产品开发方面还存在一定的不足——相关投入不足，旅游产品缺乏足够的特色，同质化严重，多样性和新鲜感都略显不足，很难吸引到人们的注意。同时旅游企业的专利意识不足，侵权事件时有发生。

二、传统旅游业正面临新形式的挑战

信息技术的发展，从方方面面改变着我们的生活形态，也改变着旅游业的运作方式以及旅游者的消费习惯和模式。从旅行目的地的选择、行程规划、预订、出游、游后评价等一系列旅游消费链条来看，它们无不穿插着现代信息技术的身影，尤其在互联网、移动互联网快速发展的今天，更是如此。信息化时代的到来使传统旅游业面临着诸多挑战：

（一）网络时代的到来要求传统旅游业进行变革升级

通信技术和高速信息网络的迅速发展，已经深深影响甚至彻底改变着人们的生活生产方式。伴随着网络技术的日新月异，这种影响将会来得更颠覆、更彻底、更迅速。尤其是随着手机等移动网络终端的普及，“去哪游？如何去？游什么？怎么游？”等旅游活动的问题都能通过网络解决。网络时代的到来，对旅游出行、旅游交易、旅游产品推广、旅游公共服务等各环节都产生了变革性的影响。

根据携程旅行网发布的《2014 年旅游者意愿调查报告》显示，游客选择在线网络、电话、移动终端购买旅游产品的比例已经超八成，其中移动终端使用比例近四成，相比一年前，增长了 10 倍，而选择线下旅行社门店购买产品的不足二成，以往旅行社的所有看家本领，一夜之间被“一机搞定”。可以说，以往那种“坐着大巴、举着导游旗”的旅游方式将明显减少。高速网络的形成促进了一大批同城化的旅游圈发展，相邻的城市和城市之间、区域和区域之间逐步融为一体，通过城市间的相互融合，市民和游客能不断分享城市化所带来的发展成果，同城化旅游圈使得合作区域辐射力、扩散力、竞争力越来越强，网络时代的到来为同城化旅游圈资源共享、产业互惠奠定了基础。自驾游、自助游、自由行、休闲游已经成为主流，而且比重还将进一步提高。

（二）休闲时代的到来要求丰富旅游产品的内涵

从20世纪90年代开始，世界经济从后工业时代进入信息时代，1999年未来学家格雷厄姆·莫利托在《经济学家》杂志发表文章，预测到2015年人类将从信息时代迈进休闲时代，休闲、度假、娱乐、旅游业将成为下一个经济大潮，并席卷世界各地。“大休闲时代”的预测在发达国家正在逐步成为现实，在美国，人们1/3的时间、2/3的收入用于休闲度假，这一产业直接就业人员占全部就业的1/4，间接就业人员占到1/2，休闲度假已成为美国等发达国家首位经济活动产业。根据国际规律，人均GDP达到5000美元时，就将进入休闲度假消费、旅游消费的爆发性增长期。中国从2011年开始迈过人均GDP5000美元的门槛，大力发展休闲度假产业的时机已经来临。

休闲时代的到来对旅游的直接影响，是休闲体验成为需求和消费的主题，旅游需求越来越“高级”化、“深层”化。有形价值提供给消费者的满足感弱化，对精神满足和自我发展的渴望与日俱增，旅游体验需求也从追求感官体验向追求精神、情感、智慧等深层内涵化的综合体验转变。要满足这样的旅游需求，就需要为旅游者提供主题明确、体系完整、印象深刻的体验，引导人们了解当地资源的独特价值，而旅游者也愿意为体验旅游支付比以往旅游形式更高的费用，因此旅游消费水平也将不断提升。反之，走马观花式的旅游模式、粗糙的旅游服务和不完善的配套设施已难以满足游客休闲消费的需求，更无法带来对经济的真正推动。

（三）微时代的到来要求旅游营销另辟蹊径

微时代的主要特征就是自媒体、微传播，即以微博、微信为代表的新传播媒介成为文化、咨询传播的重要一流。在微时代，旅游传播主体亦“散”亦“聚”。微时代信息的传播因其瞬时性和扁平化，速度比传统媒介更快、传播的内容更具冲击力和震撼力，更由于其信息具有高黏度和巨大冲击力，可以在极短时间内吸引受众并提高受众的阅读兴趣。随着4G技术的快速推广和应用，人人都是信息传播的重要主体，这使得传统平面媒体“登广告”式的宣传营销局限日显，同时又为旅游宣传营销提供了更宽的空间载体和更有力的技术支撑。网络营销的空间无限性、即时性、主体性、互动性等特征，使游客不仅是旅游体验的参与者，同时又是旅游的动员者、营销者和组织者，这些来自民间的“草根力量”，往往比常规营销更具影响。旅游声誉“口口相传”的效应通过自媒体被几何化放大，同时又被快速地聚焦。

微时代更值得注意的是，随着微信、支付宝等平台增加了在线支付功能，便捷快速的“微支付”开始成为一种崭新的生活时尚，这将对包括旅游业在内的几乎所有服务业产生翻天覆地的影响。

（四）跨界时代的到来要求产业深度融合

随着人类经济活动分工的日益细化和各行各业的不断跨界整合，产业之间、行业之间界限更加模糊，功能相互交叉，一个跨界泛产业时代已经来临，跨界融合、跨业融合、跨区域融合已经是现实，对旅游业而言更是如此。因而旅游活动维度越来越“泛”，更进一步促进了旅游业和其他产业的深度融合。旅游业已不能简单地归类于现代服务业，它不是单纯的生活资料和服务的供给体系，其连接社会生活各部分以及各部分与其外部环境的作用十分明显，据统计，旅游经济涉及的部门有29个，直接或间接关联的行业有110多个。而实际上现实的旅游业已经远远超出这些统计概念，旅游产业作为社会性产业，已具有政治、经济、文化、社会等多重功能，在诸多领域发挥着深刻的影响和积极的作用。

第二节　科技发展对旅游业带来的影响

科学技术的发展对人类文明与活动产生了重要的影响。旅游活动作为人类的一种重要的社会经济与文化活动也必然受益于科学技术的发展。在旅游业诞生与发展的历程中，不断刻上科学技术的烙印，直到今天，旅游业与科学技术已经不可分离，甚至融合于一体产生了科技旅游、旅游科技。

一、智慧旅游

（一）智慧旅游的提出

1. 智慧旅游的定义

“智慧旅游”是顺应信息技术的发展而产生的，是智慧地球和智慧城市两个概念的延伸，其概念最早在2009年5月世界经济论坛《走向低碳的旅行及旅游业》的报告中正式提出。在我国，“智慧旅游”的实践在各大中城市已经开始，但一直没有正式提出。直到2010年，江苏省镇江市在全国率先提出“智慧旅游”这一概念，并开展了“智慧旅游”项目建设，引起广泛关注。2011年7月12日，国家旅游局在全国旅游局长研讨班期间提出，我国将争取用10年左右时间在我们这个新兴的世界旅游大国初步实现基于信息技术的智慧旅游。此后国家旅游局又将2014年中国旅游年的主题确定为“美丽中国之旅——2014智慧旅游年”，有关智慧旅游的研究也在当年达到顶峰。短短几年的发展，“智慧旅游”已呈燎原之势，在旅游业内掀起了“智慧化”变革的狂潮。

近几年来有关智慧旅游的研究发展迅猛，由于研究的出发点与视角的不同，短短几年时间，研究者提出的“智慧旅游”概念层出不穷，迄今仍未达成统一的认识。在众多研究中，对于智慧旅游概念的界定出现频率最高的三个指标——“信息技术（智慧技术）为支撑（基础、工具）”“旅游资源、信息资源和社会资源的整合、共享与有效利用”与“满足旅游者个性化需求”。智慧旅游是以新一代信息技术（智慧技术）为支撑（基础、工具），实现旅游资源与信息资源等社会各项资源的整合、共享和高效利用，以满足旅游者个性化需求的旅游形式。智慧旅游是一种前沿的旅游理念和形式，但随着信息技术、社会经济的发展，随着人们对智慧旅游的不断认识和了解，智慧旅游的内涵和外延会在实践中不断丰富和发展。

随着智慧旅游理论研究的不断丰富和发展，我国各地、各旅游景区也加快了智慧旅游建设的步伐。2011年12月22日，大连“智慧旅游”电子商务有限公司正式揭牌，标志着大连市智慧旅游城市建设迈出关键一步，同时大连市也获批成为国家首批智慧旅游试点城市。2011年9月27日，苏州召开智慧旅游新闻发布会，正式面向游客打造以智能导游为核心功能的智慧旅游服务。2011年10月27日，苏州旅游局携手苏州海客科技公司，参加昆明旅交会，使得苏州“智慧旅游”也成为国内首个具备移动智能导游运营的政府机构。2011年，南京市旅游园林局启动“智慧旅游”综合应用体系一期建设，按照南京市《“智慧旅游”总体设计方案》，未来几年，南京市将把旅游景区、旅行社、酒店、交通以及旅游相关产业的信息资源整合到一起，建设统一的“智慧旅游”中央管理平台和旅游资源基础数据库。

2. 智慧旅游的表现

（1）服务智慧

智慧旅游从游客出发，通过信息技术提升旅游体验和旅游品质。游客在旅游信息获取、旅游计划决策、旅游产品预订支付、旅游享受和旅游回顾评价的整个过程中都能感受到智慧旅游带来的全新服务体验。通过科学的信息组织和呈现形式让游客方便快捷地获取旅游信息，帮助游客更好地安排旅游计划并形成旅游决策。通过基于物联网、无线技术、定位和监控技术，实现信息的传递和实时交换，让游客的旅游过程更顺畅，提升旅游的舒适度和满意度，为游客带来更好的旅游安全保障和旅游品质保障。

智慧旅游还将推动传统的旅游消费方式向现代的旅游消费方式转变，并引导游客产生新的旅游习惯，创造新的旅游文化。

（2）管理智慧

智慧旅游将实现传统旅游管理方式向现代管理方式的转变。通过信息技术，可以及时准确地掌握游客的旅游活动信息和旅游企业的经营信息，实现旅游行业监管从传统的被动处理、事后管理向过程管理和实时管理转变。通过与公安、交通、工商、卫生、质检等部门形成信息共享和协作联动，结合旅游信息数据形成旅游预测预警机制，提高应急管理能力，保障旅游安全。实现对旅游投诉以及旅游质量问题的有效处理，维护旅游市场秩序。依托信息技术，主动获取游客信息，形成游客数据积累和分析体系，全面了解游客的需求变化、意见建议以及旅游企业的相关信息，实现科学决策和科学管理。

智慧旅游还鼓励和支持旅游企业广泛运用信息技术，改善经营流程，提高管理水平，提升产品和服务竞争力，增强游客、旅游资源、旅游企业和旅游主管部门之间的互动，高效整合旅游资源，推动旅游产业整体发展。

（3）营销智慧

智慧旅游通过旅游舆情监控和数据分析，挖掘旅游热点和游客兴趣点，引导旅游企业策划对应的旅游产品，制定对应的营销主题，从而推动旅游行业的产品创新和营销创新。通过量化分析和判断营销渠道，筛选效果明显、可以长期合作的营销渠道。还可充分利用新媒体传播特性，吸引游客主动参与旅游的传播和营销，并通过积累游客数据和旅游产品消费数据，逐步形成自媒体营销平台。

（二）智慧旅游的构成及功能

1. 智慧旅游的构成

结合当前各个城市智慧旅游的实践成果，智慧旅游的构成包括三大部分——“一心、两端、四技术”（见图11-1）。

“一心”是指旅游数据共享中心，其构建有赖于服务器群、网络带宽、云计算技术等，并通过网络将数据处理结果传至客户端。“服务端”即为用户提供服务，它在旅游数据分享

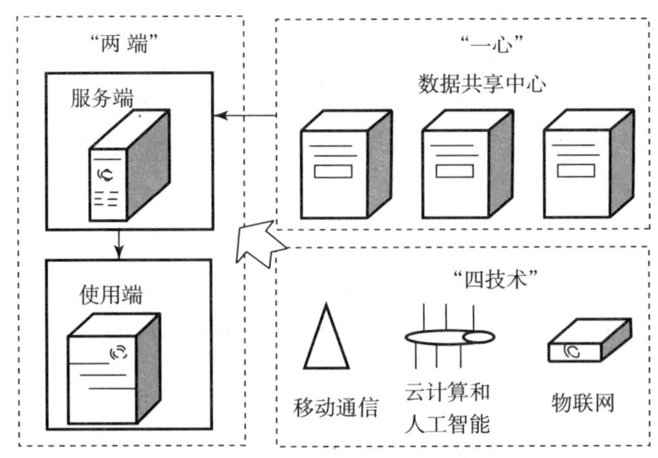

图 11-1 智慧旅游体系的构成

中心的基础上，向用户提供各类信息服务，如旅游资源信息、旅游线路信息、旅游餐饮住宿信息等。"使用端"表示用户可通过智能手机、电脑、触摸屏等多样的终端来进行信息的咨询，从而满足自身的旅游需求。"四技术"的作用主要就是信息传递，它所涉及的实现信息实时传递的技术主要有：RFID、蓝牙、4G、WiFi、视频监控等。

2. 智慧旅游的功能

(1) 导航功能

将位置服务（Location Based Service，LBS）加入旅游信息中，让旅游者随时知道自己的位置。确定位置有许多种方法，如 GPS 导航、基站定位、WiFi 定位、RFID（Radio Frequency Identification）定位、地标定位等，未来还有图像识别定位。其中，GPS 导航和 RFID 定位能获得精确的位置。但 RFID 定位需要布设很多识别器，也需要在移动终端上（如手机）安装 RFID 芯片，离实际应用还有很大的距离。GPS 导航应用则要简单得多。一般智能手机上都有 GPS 导航模块，如果用外接的蓝牙、USB 接口的 GPS 导航模块，就可以让笔记本电脑、上网本和平板电脑具备导航功能，个别电脑甚至内置有 GPS 导航模块。GPS 导航模块接入电脑，可以将互联网和 GPS 导航完美地结合起来，进行移动互联网导航。

传统的导航仪无法做到及时更新，更无法查找大量的最新信息；而互联网则信息量大，但无法导航。高端的智能手机有导航，也可以上互联网，但二者没有结合起来，需要在导航和互联网之间不断地切换，不方便。

智慧旅游将导航和互联网整合在一个界面上，地图来源于互联网，而不是存储在终端上，无须经常对地图进行更新。当 GPS 确定位置后，最新信息将通过互联网主动地弹出，如交通拥堵状况、交通管制、交通事故、限行、停车场及车位状况等，并可查找其他相关信息。与互联网相结合是导航产业未来的发展趋势。通过内置或外接的 GPS 设备/模块，用已经连上互联网的平板电脑，在运动中的汽车上进行导航，位置信息、地图信息和网络信息都很好地显示在一个界面上。随着位置的变化，各种信息也及时更新，并主动显示在网页上和地图上。体现了直接、主动、及时和方便的特征。

（2）导游功能

在确定了位置的同时，在网页上和地图上会主动显示周边的旅游信息，包括景点、酒店、餐馆、娱乐、车站、活动（地点）、朋友/旅游团友等的位置和大概信息，如景点的级别、主要描述等，酒店的星级、价格范围、剩余房间数等，活动（演唱会、体育运动、电影）的地点、时间、价格范围等，餐馆的口味、人均消费水平、优惠等。

智慧旅游还支持在非导航状态下查找任意位置的周边信息，拖动地图即可在地图上看到这些信息。周边的范围大小可以随地图窗口的大小自动调节，也可以根据自己的兴趣点（如景点、某个朋友的位置）规划行走路线。

（3）导览功能

点击（触摸）感兴趣的对象（景点、酒店、餐馆、娱乐、车站、活动等），可以获得关于兴趣点的位置、文字、图片、视频、使用者的评价等信息，深入了解兴趣点的详细情况，供旅游者决定是否需要它。

导览相当于一个导游员。我国许多旅游景点规定不许导游员高声讲解，而采用数字导览设备，如故宫，需要游客租用这种设备。智慧旅游则像是一个自助导游员，有比导游员更多的信息来源，如文字、图片、视频和3D虚拟现实，戴上耳机就能让手机/平板电脑替代数字导览设备，无须再租用这类设备了。

导览功能还将建设一个虚拟旅行模块，只要提交起点和终点位置，即可获得最佳路线建议（也可自己选择路线），推荐景点和酒店，提供沿途主要的景点、酒店、餐馆、娱乐、车站、活动等资料。如果认可某条线路，则可以将资料打印出来，或储存在系统里随时调用。

（4）导购功能

经过全面而深入地在线了解和分析，游客已经知道自己需要什么了，那么就可以直接在线预订（客房/票务）。只需在网页上自己感兴趣的对象旁点击“预订”按钮，即可进入预订模块，预订不同档次和数量的该对象。

由于是利用移动互联网，游客可以随时随地进行预订。加上安全的网上支付平台，就可以随时随地改变和制订下一步的旅游行程，而不浪费时间和精力，也不会错过一些精彩的景点与活动，甚至能够在某地邂逅特别的人，如久未谋面的老朋友。

（三）发展智慧旅游的意义

1. 更好地为旅游者服务

智慧旅游的根本目的是从游客出发，基于物联网、无线技术、云计算、定位技术，实现旅游信息的传递和交换，更好地为游客服务。首先，可以大大提升旅游体验，游客在旅游的整个过程中都能感受到“智慧旅游”带来的全新体验；其次，可以有效提高旅游安全保障质量；最后，可以更好地帮助游客制订旅游计划并形成旅游决策。

2. 利于实现科学的旅游管理

智慧旅游在为旅游者服务的同时，也将实现传统旅游管理方式向现代管理方式的转变。一是通过信息技术，旅游主管部门可以实现更加及时的监管和实时管理。二是可以更好地维持旅游秩序，有效处理旅游质量问题，实现与交通、卫生、公安等部门的信息共享和协作。

智慧旅游加强了旅游管理部门、旅游者、旅游企业和旅游景区的联系，高效整合了旅游资源，实现科学的旅游管理。

3. 改变旅游营销方式

智慧旅游通过旅游数据分析，可以最大限度地挖掘旅游热点和旅游者的兴趣点，引导旅游企业策划符合旅游者需求的旅游产品，制订相应的营销策略和方式，从而推动旅游行业的产品创新和营销创新。智慧旅游还可以吸引广大旅游者主动参与旅游产品营销和信息传播。另外，对旅游企业而言，更好地了解游客的需求变化，有利于提升企业管理水平，降低企业运营成本与游客经济成本，提高旅游服务能力和产品竞争力。

4. 促进新兴产业发展

智慧旅游在旅游发达地区和城市优先建设应用，影响着物联网、云计算等新兴信息产业的发展；同时，将促进智能手机、平板电脑等智能移动终端产业以及旅游在线服务、旅游搜索引擎、GPS 定位导航等相关产业的较快发展。“智慧旅游”是旅游业与科技创新融合发展的典范，是旅游业成长为国民经济的支柱产业之一的关键。

5. 加快智慧城市建设

“智慧旅游”也是“智慧城市”建设的重要组成部分。“首届中国旅游融合化发展论坛暨第三届中国旅游信息化发展论坛”于 2011 年 12 月 17 日至 18 日在河北遵化举行，会议发布的《遵化共识》倡导，抓住中国旅游业界的发展机遇，将“智慧旅游”的建设融入智慧城市的打造。智慧旅游与智慧医疗、智慧交通、智能环保、智能灾害防控、智能公共安全等其他智慧系统密切联系，通过信息交互平台构建畅通的信息交互和管理协同机制，共同促进智慧城市的建设。

二、旅游与“互联网+”

（一）“互联网+”

在 2015 年 3 月闭幕的十二届全国人大三次会议上，李克强总理在政府工作报告中首次提出了“互联网 +”行动计划。“互联网 +”代表一种新的经济形态，即充分发挥互联网在生产要素配置中优化和集成的作用，提升实体经济的创新力和生产力，形成更广泛的以互联网为基础设施和实现工具的新经济形态。

21 世纪初随着互联网的普及，一种新的旅游供应商在线旅游服务商（Online Travel Agent，OTA）应运而生。经过近 10 年的发展，OTA 在营业收入方面已经有赶超传统旅行社之势。据国家旅游局统计，2013 年我国旅行社业全年收入为 3599 亿人民币，业务增长率 6.7%，但国内旅游和入境接待出现下降。另据艾瑞网统计，同年我国在线旅游交易额为 2181.2 亿元，增长率达 27.7%，其中，在线机票市场交易规模达 1318.3 亿元，在线酒店市场交易规模达 485.4 亿元，在线度假市场交易规模为 303.0 亿元。而在在线旅游度假市场中，自助游的比重达到 59.5%。艾瑞网还预测到 2017 年，在线旅游交易规模将达到 4782 亿。除了 OTA 以外，还有数以万计的驴友群通过互联网组合出游，按照此种趋势，不久的将来，“互联网+旅游”将成为旅游发展的新模式。

（二）互联网时代旅游产业化

1. “互联网+旅游”，拓展旅游新业态

智慧旅游是指旅游消费者、经营服务者、组织管理者等各方主体，通过互联网（包括移动互联网、物联网、视联网等网络信息系统），应用大数据、云计算、射频、各种终端等信息化、自动化、智能化、数字化技术和设备，进行旅游信息及时、高效、便捷、准确的传输交流和开发利用，实现旅游消费、开发建设、经营服务、组织管理的网络化、数字化、自动化、智能化和科学化，使得旅游消费更便利、轻松，使得游客感受更好（更放心、省心、舒心、开心并可以随意随时随地分享感受），同时，旅游经营服务也就更为规范、优质、高效、经济，旅游组织管理和公共服务更科学有效（更全面、细致、有力），旅游资源利用更合理，旅游消费更理性科学，旅游产品和服务的性价比更高等。

因此，智慧旅游必然是通过“互联网+旅游”消费、生产经营、组织管理和服务等各个方面来实现和具体体现。以“1+n（养老、养生、温泉、亲子、餐饮、住宿、购物、娱乐等）”为模式，自然生态的要素、气候环境的要素、历史文化的要素、产业生产的要素、流通消费的要素和创新创意的要素被激活，各类传统上不相关的产业要素融通，形成以一产为基础、二产为支撑、三产为亮点，三大产业协同发展的复合产业关系。从这个意义上，旅游是一种产业润滑剂和融通剂，也是产业发展的变压器，在产业整合当中塑造着产业的新生态和新未来。

2. “互联网+旅行社”，服务内涵新拓展

旅行社是为旅游消费提供计划安排和组织接待服务的综合性旅游服务的旅游经营服务组织，由于是组合、依托其他旅游经营服务者的产品、服务来开展经营服务，及时、充分掌握各方面信息就是最重要的，互联网无疑是旅行社经营效果最好、效率最高的方式。因此，不仅传统旅行社最早触网、用网、建网，而且“互联网+旅行社”的旅游电子商务企业发展更快，效果更好。

当然，旅游电子商务企业自身也有一个发展变化过程，早期从旅游搜索查询和单项预订服务起步，很快就向旅游计划和规划设计、安排线下接待、收付结算等旅行社业务延伸，成为线上或者线上线下结合的综合性旅游服务企业。此外，旅游电子商务绝不是用互联网经营旅行社业务那么简单，而是会通过互联网及其辅助设计、大数据、云计算等技术，来使得游客行前、行中、行后的感受更好，旅游经营服务的自动化、科学化水平和效率都大幅提升。

在“互联网+”时代，旅游作为产业升级发展的一种服务性产品，从一般的产业受众到忠实消费者，消费者越来越成为品牌塑造的参与者与推动者。通过平台共享、品牌授权、广告植入、市场对接、营销捆绑等创新方式，找到旅游产业与品牌体验设计之间的价值平台，全面释放旅游的文化交流功能和品牌沟通功能，让消费者在潜移默化中强化品牌感知体验。

3. “互联网+导游”，旅游服务新境界

旅游的本质是一种体验，但目前有很多共性问题，就是停留在简单意义上的复制，而缺乏建立游客需求和体验意义的标准化。智慧景区与智能酒店的相同之处，是在推广营销、销售、门禁管理服务方面通过“互联网+”来方便游客查询、预订、收取和使用电子门票、网上支付结算并随时分享感受、进行评价，不同之处是在景区内部游览及导游解说、展示互动和相关服务方面应用电子声讯、影像等技术、设备更好地为游客服务，以及在游客数据汇总

分析、宣传推广目标选择、客流交通组织管理、安全监控和应急指挥、内部运营管理等方面应用大数据、云计算、物联网、射频等信息化技术、设备、手段。

同时，导游服务的内容非常丰富，涉及面也很广泛，能够用信息化技术替代的主要是景区及途中的讲解、导览服务，其他组织协调、沟通交流、管理引导、应急调整等都必须继续以人工服务为主，当然导游人员可以应用互联网、大数据等技术来提高效率和服务质量。由电子导游来承担解说、导览及相关提示、提醒、引导服务，不仅是替代和减轻导游人员在这方面的工作，而且往往还具有讲解语言更清楚明白、语调语音语速可调节、内容更规范、没有相互干扰等优势。

4. “互联网+营销”，旅游宣传新水平

旅游新媒体营销在外部形态上，主要表现为应用互联网生动形象地展示宣传旅游目的地及其旅游产品、服务项目，及时互动回应询问，进行针对性推介，并延伸至旅游计划安排建议及辅助设计服务、网上预订和通知等服务，实现更有效、更高效等目标。

在内部支撑方面，主要是运用大数据、云计算、物联网、射频等信息化技术，收集、汇总、分析游客及其旅游消费信息，研究确定旅游推广宣传的目标区域、重点人群，并根据其选择旅游目的地及产品、服务的特点使用相应的推广营销方式、时间，大幅提高旅游营销的针对性、精准度并使得效率和效益更高、效果更好。

创意性是旅游产品的核心竞争力所在，把旅游产品、服务和游客体验做到极致，通过创意产品升级，让游客尖叫不断，是旅游业保持持续竞争力的关键。旅游的核心就是要追求差异化的兴奋点和体验奇观。真正好的旅游产品、服务和体验应该是从产业内部生长出来的，旅游创意策划应该也是宛自天成，而不只是应一时之需而临时拼盘端出来的混搭。旅游产业要彰显产业个性及其独特的文化魅力，不能什么热，就搞什么产品，最后将没有自己的特色。

三、全域旅游

（一）全域旅游概念

2008 年浙江绍兴市委市政府首次提出“全城旅游”发展战略，启动全城旅游区总体规划招标，上海奇创旅游咨询运营机构中标。2009 年江苏《昆山市旅游发展总体规划修编》提出“全域旅游，全景昆山”。2010 四川大邑县发展全域旅游的高端形态，启动全域旅游休闲度假战略规划。2011 在《杭州市“十二五”旅游休闲业发展规划》中，创新性地提出了旅游全域化战略；2012 年四川甘孜州委明确提出，实施全域旅游发展战略；山东一些县域也将“全域旅游”确立为发展方向，如蓬莱、日照五莲县等。由此可见，“全域旅游”的概念和旅游发展战略目前已经得到了众多地方政府的认同。

全域旅游是指旅游目的地各行业积极融入其中，各部门齐抓共管，全城居民共同参与，充分利用目的地全部的吸引物要素，为前来旅游的游客提供全过程、全时空的体验产品，从而全面地满足游客的全方位体验需求。“全域旅游”所追求的，不再停留在旅游人次的增长上，而是旅游质量的提升，追求的是旅游对人们生活品质提升的意义，追求的是旅游在人们新财富革命中的价值。

相应地，全域旅游目的地指的就是一个旅游相关要素配置完备、能够全面满足游客体验需求的综合性旅游目的地、开放式旅游目的地，是一个能够全面动员（资源）、立足全面创新（产品）、可以全面满足（需求）的旅游目的地。从实践的角度，以城市（镇）为全域旅游目的地的空间尺度最为适宜。

（二）全域旅游的特征

全域旅游理念落地，则需要在全要素、全行业、全过程、全方位、全时空、全社会、全部门、全游客八个层面加以落实（见图 11-2）。

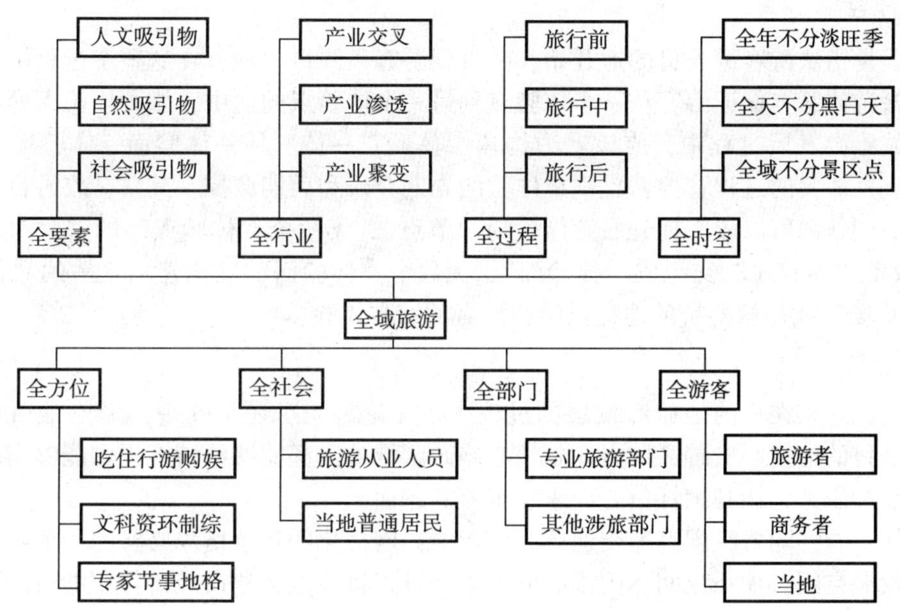

图 11-2　全域旅游“八全”结构图

1. 全要素

全要素就是将整个目的地作为旅游的吸引物，依附在整个目的地的一切可以利用的资源都有可能成为吸引人们前来旅行的吸引物。为此，应该拓展旅游吸引物的范围，全面挖掘自然旅游资源、人文旅游资源和社会旅游资源，跳出景区看旅游，跳出旅游看旅游，跳出旅游目的地看旅游。要关注传统旅游业之外的其他要素，诸如利用农业、工业等产业资源发展农业旅游、工业旅游等，要关注临近地区旅游资源的“飞地式”利用。只要对旅游者有吸引力，无论是物化的元素（如文化遗存）还是非物化的元素（如目的地的氛围），都应该成为全域旅游发展的吸引物。同时，需要高度重视资源的利用方式，因为资源的价值不仅仅取决于资源本身的品位，更在于采取什么样的方式来利用资源。

在全要素理念中，需要从以前强调震撼力的景观要素转向景观要素与环境要素并重的思路上来。其实我们对很多国外旅游目的地、旅游城市的一个深刻感知就是，它们拥有的景观质量未必更高，旅游设施未必更豪华，但是它们往往拥有比我国绝大多数目的地更高的环境质量（包括空气质量和休闲环境）。要想发展全域旅游，让人们自愿更长时间地停留，一定要致力于打造具有感染力、渗透力的环境。这一点将随着休闲度假时代的到来而日益显得重要。

2. 全行业

全行业就是指旅游在整个目的地产业结构中具有突出的地位，是目的地未来产业发展的融合点、动力点与核心点。随着目的地产业结构的调整，目的地的工业、商业、房地产、手工业等产业都可以打通与旅游业之间的关系，用旅游业来改造、提升这些产业的附加值，通过产业融合来推动这些产业与旅游业的共同发展。当然，在全行业融合过程中，未必能够齐头并进，但旅游目的地应该优选其中融合条件较为成熟的行业优先加以推进、发展。

3. 全过程

全过程是指从游客进入目的地开始，一直到游客离开目的地，在这整个过程中，目的地应能提供旅游体验，保证游客从一个体验点到另一个体验点的途中，旅游体验无处不在。因此，在全域旅游发展过程中，应该着力构建“体验点—体验线—体验面—体验场”的体验模型，既重视体验的过程管控，也重视体验的先期介入和后期调控。其实，旅游目的地每个体验环节的创新都可以成为提升旅游体验的“节点”，无数个“体验点”的汇聚构成“体验线”，无数条“体验线”交织成“体验面”，无数个“体验面”又构建出立体的“体验场”，这个“体验场”就是旅游目的地提供给旅游者的完整体验。

4. 全时空

全时空就是指在目的地旅游发展的过程中，无论是淡季还是旺季，无论是白天还是夜晚，无论是目的地核心旅游区域内还是核心旅游区域外，都能够给游客提供能够满足其体验需求的产品和服务，让其满怀信心而来，带着满意而归。

从时间上看，随着我国高速交通体系的形成，网格化的竞争格局必将深刻地影响着旅游目的地的发展空间。加强夜间休闲产品的建设是真正将该地区建设成可停留的目的地的重要一环，否则该地区很有可能成为别的地区的旅游资源“飞地”。从空间上看，全空间的发展并不意味着要全面开发搞旅游，而是要形成“斑块—廊道”的发展格局，依赖良好的交通体系，增加产业点，延伸产业链，拓展产业面，构建产业群，形成若干旅游产业聚集区，打造各具特色的旅游主体功能区，形成若干具有资本聚集、项目聚集、客流聚集、消费聚集的旅游产业集群。

5. 全方位

全方位是指不仅要满足游客在“吃、住、行、游、购、娱”方面的体验需求，同时还应该增加“文化、科教、资讯、环境、制度”等相关要素上的供给。只有通过这种全方位的供给，目的地的投资吸引力、旅游吸引力、综合竞争力等才能得到本质的提升，从旅游产业转向旅游目的地、从旅游产业转向旅游经济才能真正得到实现。另外，需要从主题化、舞台化、场景化等多层次给游客提供旅游体验，从而将目的地经营目标由“到此一游”转向“旅游体验”，甚至转向“设计旅游者的人生回忆”。全域旅游必须在智慧旅游、资讯便利上多下功夫，通过与现代技术的结合，在游览引导、解说服务、休闲消费等方面形成卓有成效的创新，并形成全域性、全方位的应用。

6. 全社会

全社会即吸引目的地最广泛的居民参与到旅游业服务、经营中来，使得最广大的人民群众都能从参与旅游中获得各自的利益，同时也通过最广大人民群众的积极参与，提升目的地的好客度，全面满足游客的旅游体验，提高旅游体验的满意度。吸引最广泛的投资者参与到旅游业的服务、经营中来，使得目的地能够最广泛地汇聚投资能力，形成快速的需求响应能力和多样化的供给能力，从而最大限度地消化市场需求，将市场需求转变为实实在在的目的地旅游收入。

7. 全部门

全部门即全域旅游发展要吸引目的地各大部门积极参与到旅游开发、建设、管理中来，从而既推动旅游业发展，同时也可以通过旅游业的发展来拓展本部门的价值。比如，税务部门在积极支持旅游业发展的同时，可以通过旅游业的发展强化税基，从而提升本部门的价值。

虽然不一定要求每个部门都承担推广旅游的指标任务，但的确需要从制度上规定各个部门在目的地开发建设中的义务、目的地营销中的角色分工，尤其是要对各个部门在全域旅游战略理念推广、全域旅游市场推广中的角色和义务做出明确规定，要形成全域旅游推广的规范性文本，以便各部门在对外联络推广时统一口径，形成目的地旅游的统一形象。

8. 全游客

全游客即在目的地发展旅游的过程中，游客与居民之间的交融，要体现“游客即居民、居民即游客”“人人为旅游、旅游为人人”的理念。从本质上看，游客只不过是一个相对短暂时期内、在异国他乡的短暂居住生活而已，在这个相对短暂的时期内，游客就是这个旅游目的地的居民，要真正将游客的身份融入居民的身份中去，游客在目的地的体验才能深入，游客在目的地的归属感才会强烈，游客在目的地的停留时间才能长久，游客才能真正意义地成为这个旅游目的地的回头客。另外，居民在为外来的旅游者提供良好的服务、创造良好的环境的同时，自己也身处其中，享受着良好旅游环境（包括人文环境、自然环境等）、休闲环境所带来的生活质量的改善、幸福感的提升。

（三）全域旅游的内涵

1. 城市特色鲜明，个性突出

全域旅游杜绝千城一面，强调城市的个性与特色。要求城镇与乡村景观风貌独特，城市建筑富有地方特色，城市文化氛围浓郁，传统文化挖掘到位，文化得以有效传承和发扬。有反映地方特色文化内涵的城市景观和城市小品，有体现地方特色的标志性建筑和景观，有鲜明的地方特色的旅游商品、手工艺品、纪念品和美食小吃等。

2. 基础设施与服务设施主客共享

全域旅游强调在区域发展过程中不仅要为外来游客提供优质的服务，同时也要充分考虑本地居民的休闲需求。全域旅游目的地既是外来游客的旅游乐土，也是本地居民的幸福家园，不仅是宜游之地，也是宜居宜业之城。要按照“主客共享”的理念，加大旅游公共服务体系建设，加强公共交通、信息咨询服务、绿道休闲慢行系统、城市公共绿地、城市公园与市民广场等公共休闲与文化娱乐场所等的建设，以“智慧旅游”为手段提升旅游的公共服务水平，实现公共服务的全域覆盖，构建外来游客与本地市民共享的高品质的社会生活环境。

3. 旅游吸引物全域覆盖

全域旅游强调休闲度假理念，强调无景点旅游，因此必须树立全新的旅游资源观，突破传统的景区局限，突出生态环境质量、整体休闲氛围、城市与乡村建设、新型城镇化以及良好的形象与市场口碑对游客的吸引力。把整个行政区当作一个大的景区来打造，按照“景城一体”的发展理念，实施景区、城市一体化战略，以景区理念规划整个区域，以景点要求建设每个村镇，形成“城在景中、景在城中”的旅游新格局，实现旅游资源的全域覆盖。

4. 外来访客与当地居民满意度高

全域旅游强调居民与游客的有机融合，强调游客的深度全程体验。外来游客不仅观赏当地的自然风光与风土人情，更要深度参与体验当地居民的生活方式，感受当地居民的生活态度，融入当地的日常生活环境。因此，居民的热情好客和对本地生活的自豪感、健康有序的市场秩序直接影响当地的旅游形象。必须大力提高居民的幸福指数，建立合理的利益共享机制，推动当地人积极参与旅游开发，提高当地人对本地旅游资源和旅游形象的认知度和满意度，从而全面满足游客旅游体验及地方文化，全面提高游客的满意度。

5. 市场监管与行程安全综合保障

全域旅游强调从游客进入目的地开始，一直到游客离开目的地的整个过程中的全程保障。要强化监管，加强旅游执法力度，维护良好的市场秩序。建立旅游资源承载力和游客总量管控机制，以及高峰期安全预警及应急处理机制，营造优质的旅游环境。完善安全保障与救助应急管理系统，建立吃、住、行、游、购、娱等环节全覆盖的，集旅游资讯、风险警示、旅游投诉、执法监管、应急救援、旅游保险等于一体的旅游风险保障体系。

6. 旅游产业与其他产业融合发展

全域旅游强调旅游业在区域统筹、城乡一体和新型城镇化过程中的带动引领作用，强调旅游业在整个区域产业结构的突出地位。旅游与农业、工业、林业、文化、体育、医疗等相关产业和行业融合发展、相互渗透，旅游新业态不断涌现。旅游各要素配置完善，旅游产业链长，产品附加值高。旅游业对投资、税收、就业等的综合带动和促进作用强。推动旅游业转型升级，从规模增长型发展模式向质量效益型发展模式转变。

7. 旅游相关政府机构多边协助

全域旅游强调旅游目的地全社会、全部门积极参与到旅游开发、建设、管理的过程中。要求旅游业发展的政策环境好，政府对旅游业发展的重视程度较高，部门联动、协调配合较好，支持旅游业发展的配套政策和扶持力度较大，形成全社会发展旅游的共识。旅游规划与经济社会发展规划、城乡规划、土地利用规划等多规合一。

【小贴士】

2016年两会期间，国务院总理李克强在政府工作报告中指出：“要落实带薪休假制度，加强旅游交通、景区景点、自驾车营地等设施建设，规范旅游市场秩序，迎接正在兴起的大众旅游时代。”这一政策一提出，便引发旅游界的普遍关注，大众旅游正式进入公众视野。

2015 年中国人均出游 2.98 次、旅游收入超过 4 万亿元人民币，旅游日益成为老百姓一种常态化的生活方式，旅游业迸发出前所未有的活力。

大众旅游时代，旅游已不仅是看看景点那么简单。旅游业正在进入全面转变发展方向的时代。我国旅游业要从景区景点旅游向全域旅游、旅游社会转型，正是对大众旅游的积极回应。

第三节　移动互联网时代下我国旅游业发展的新趋势

随着“互联网+”兴起，我国旅游市场与互联网，特别是与移动互联网的结合越来越紧密，未来居民旅游消费将变得更加多样化，游客将逐渐主导旅游产品，旅游附加值或将成旅游新市场。

一、“非标准住宿”将引爆生活新消费，成为旅游经济新触点

吃与住无疑是决定旅行质量最关键因素，当下越来越多的旅游爱好者期望能够在旅行中体验到当地的风土人情，随之国内逐渐掀起一股以短租界鼻祖 Airbnb 为模板的“非标准住宿”平台创业潮。诸如小猪短租、蚂蚁短租、大鱼、度假客、住百家、自在客等为代表的垂直类非标准住宿平台，同时更有不少 OTA 巨头的布局，例如驴妈妈旗下度假酒店品牌“帐篷客”，去哪儿推出的酒店住宿平台“去呼呼”。而国内三大经济型连锁酒店集团华住、如家、铂涛也已开始做自己的长租公寓“城家、逗号、窝趣”。

2015 年 11 月国务院颁发《关于加快发展生活性服务业促进消费结构升级的指导意见》中表示要积极发展客栈民宿、短租公寓、长租公寓。意见的出台让一直徘徊在法律边缘的非标准住宿领域的创业者们释怀，中国旅游研究院院长戴斌表示目前国内酒店表面上看是供大于求、有效需求不足，但事实上也存在有效供给不足的现象，生活类消费是一个重要的组成部分，在中国市场已经处于爆发式增长的前期，非标准住宿将迎来一个黄金发展期。

二、度假市场成兵家必争地，OTA 巨头加速布局催生更多并购

2015 年 10 月携程通过与百度达成一项股权置换交易的方式获得去哪儿约 45%的总投票权。“去携”的合并从一定程度上预示着旅游 PC 时代的终结，标志着低客单价高标准化的机票酒店预订行业进入平稳发展阶段，而高客单价低标准化的休闲旅游引领未来发展趋势，目前携程无疑发力此前相对其他板块渗透率并不高的在线度假领域。

度假旅游产品是消费者旅游体验的核心部分，同交通、住宿产品相比，其产品的细分品类和组合方式更加多样，市场和目的地端的落地服务都是在线度假旅游市场未来发展的主要机会点。携程加速布局在线度假领域对一直深耕在此领域的途牛、同程甚至驴妈妈等企业无疑造成威胁，同时也将对在线度假垂直类平台带来挑战，在线度假市场稳步上升，甚至催生更多的并购。

三、酒店业抱团取暖成趋势，进军国际市场打造国际大企业

近年来国内酒店行业在 OTA 等在线预定平台的挤压下，利润难以递增，不少传统酒店

业开始自谋出路，此前华天酒店联合国内六家知名酒店合资设立浙江拉手网络；开元、城市名人、华天、纽宾凯、曙光、粤海六大酒店集团签署战略合作协议，六方共同宣布成立酒店联盟体在会员共享与联合订房两方面展开深度合作。而此前铂涛推出会员联盟、如家推出收费服务平台“家盟”，华住也推出“华住世界”致力于打造酒店业的“万店联盟”。

随着去哪儿和携程的联姻，掌握绝大多数酒店资源的携程无疑会造成垄断，相对于携程一贯以来对酒店业的高压政策无疑倒逼着酒店业抱团取暖。酒店行业自建平台后可以为成员酒店以较低成本输送客源，并稳定现有直销客户，减少对 OTA 的依赖。除此之外，酒店行业也不断上演并购潮，锦江收购了铂涛，万豪收购了喜达屋，不少业内人士认为，携程、去哪儿的“联姻”将使国内旅游行业产生千亿市值的公司，与此同时，中国互联网的并购会越来越多，国内即将迎来产生国际性大公司的机会。

四、自由行飞速发展，行程规划类个性定制平台“一哄而上”

随着年轻一代消费群体的成长，出境自由行时代到来，旅游无疑呈现移动化、散客化和个性化的趋势。自 2015 年以来，一批行程规划类个性定制平台纷纷获得资本市场的青睐，游谱旅行完成数千万人民币 A 轮融资；妙计旅行完成 2000 万美金的 B 轮融资；世界邦、定制网、跟谁游、6 人游等都完成了新一轮的融资。

旅游的信息过分泛滥，用户的搜索成本太高，不少行程规划类产品都以降低整个搜索成本为出发点。当旅游者到达一个陌生的目的地，很多时候需要看无数个网站攻略，甚至找很多本旅游书籍，这样一个过程通常需要花费大量的精力来准备，过程烦琐又浪费时间。移动互联网的到来改变了传统旅游行业的效率，技术的驱动能够让旅行中的行程规划变成一件简单而有趣的事情。2014 年中国出境游的总人次首次破亿达到了 1.09 亿，其中 70%的人选择了自助游方式，预计到 2020 年的时候中国出境游的总人次将会达到 2.5 亿，增长迅猛的市场规模无疑会迎来行程规划类定制平台的创业大潮，相信会有更多的创业者以及资本方踏入。

五、旅游跨界玩法或成企业寻求利益的新捷径

随着国民生活水平的提高和旅游行业高歌猛进式的发展，旅游消费早已不是少数人才能接触的“小公举”，而是走向大众，成为居民常态化生活选择。据预测，2016 年我国境外旅游消费将延续 2015 年的火热态势，选择境外长线出游的人数将继续增加。在出境短线游目的地方面，随着韩国、泰国的经济回暖，年度热门目的地有望在日韩、泰国、马来西亚、新加坡及东南亚地区诞生。在长线出境游目的地方面，澳新、美国、加拿大、欧洲及中东地区将呈现大幅增长趋势。

当前全球经济下行压力依然巨大，各国为吸引中国游客纷纷出台新的签证政策，加上人民币将于 2016 年 10 月 1 日正式加入 SDR，可谓各种利好集中释放，出境游的外部环境空前的好。基于此，多家在线旅游企业和旅行社集团将当前重心放在了出境游业务上。

【小贴士】

许多目的地国家放宽签证政策，吸引更多中国游客；2016 年，澳大利亚将在华启动中文版网上申请签证系统，试行为中国公民颁发 10 年有效期多次签证，还将开放打工度假签

证，全面实施电子签证计划等一系列便利中国公民赴澳的举措；马来西亚对中国公民开放电子签证政策；赴厄瓜多尔旅游的中国公民可免签入境。

越来越多的国家纷纷简化签证政策，开放免签、落地签，缩短办签时间，极大地提升了中国游客的签证便利程度，大大提高了中国护照的"含金量"，中国游客走出国门更加便捷，说走就走的旅行成为现实。签证便利政策实施的同时，世界各国会更加努力地对中国人开放，尤其是在语言服务和国际航班的增加上，以此吸引中国游客前往一批新的旅游目的地。

六、旅游行业细分市场周边游、亲子游、邮轮再升级

（一）亲子游

2015 年 10 月中共十八届五中全会公布全面放开二孩政策，一时间催热亲子游领域，各大旅游企业纷纷表示，未来将重点布局亲子游市场。

与此同时亲子游领域滋生一批垂直类平台，像麦淘亲子游、偶们、童玩儿、三只熊、童游、童子军户外网、多宝、宝贝走天下等，其中不少平台均获得了资本市场的青睐，根据艾瑞咨询预测，未来三年亲子游市场将呈现稳步增长趋势。而在二孩政策的大力放开下，一些亲子类综艺节目的热播以及 OTA 巨头加速布局，相信亲子游领域也将再次升级。

（二）周边游

2015 年 11 月携程旅行网成立周边游事业部，未来将与其他相关事业部高效配合，完成携程周边游场景的建立；而同程旅游周边自由行事业部成立于 2015 年 8 月，其希望业务由"酒+景"业务向"酒+*X*"业务延伸，构建一站式周边自由行产品线体系。此外，滴滴出行旗下的滴滴巴士已悄悄开通 50 条左右的旅游专线，同时随着美团和大众点评的合并，对于拥有庞大的用户量以及价格优势的新"美大"而言，未来无疑会在周边游、短途游等价格敏感型业务加速布局。除此之外，一些垂直类平台如要出发、周末去哪玩、一块去旅行等也纷纷在 2015 年获得资本市场的认可。

周边游产品在旅游领域中作为低价高频次的旅游产品，相对于游客而言更有忠诚度，其相对门槛低，随着巨头的布局以及垂直细分平台的不断深耕，周边游无疑将得到爆发。

（三）邮轮

近年来国内邮轮的高速发展也让不少 OTA 巨头纷纷布局，同程、驴妈妈、携程早期在此领域内已有布局。虽然各大 OTA 平台纷纷展开了在邮轮市场的竞争，但目前邮轮旅游仍处于培育期，仍存在"邮轮产品单一、价格竞争白热化"等问题，对于目前处于培育期的邮轮市场，相信未来会有更多的中国企业加速布局。

中国邮轮新兴产业从 2006 年开始起步，相对已经发展 50 年的欧美发达国家国内邮轮市场增速惊人，根据中国交通运输协会邮轮游艇分会提供的数据显示，中国游客乘坐邮轮出境游 2015 年突破 100 万人，占亚洲邮轮市场总量的 40%以上，中国已经跃升为全球第八大邮轮旅游客源国，并成为全球邮轮旅游发展最快的新兴市场。国家旅游局副局长吴文学曾公开表示中国邮轮旅游将迎来大发展的"黄金十年"。

七、传统旅游巨头积极拥抱线上，线上线下加速融合

自 2015 年起旅游产业线上与线下企业渗透与融合加剧，可以看到不少的互联网旅游企业加速落地，与此同时不少传统的旅行社巨头也在积极拥抱线上。

而在线下方面，从目前总结来看，旅游产业线上线下加速融合可分为三种模式：①线下资源+线上平台；②综合资源+线上平台；③线上渠道+线下渠道。互联网旅游在经历了 2014 年的市场发酵后在 2015 年迎来大爆发，随着去哪儿和携程的“联姻”，在线旅游行业会提前终结斗阵，上下游加速整合、抱团取暖，未来旅游企业线上线下的双向互动及融合将成为必然趋势。

八、旅游 B2B 领域继续迅猛发展，或将有巨头产生

2015 年以来，旅游企业到企业（Business to Business，B2B）领域创业企业融资的喜讯就已源源不断，旅游 B2B 平台可以有效解决行业信息集中度低、业务半径小、管理落后的问题，这是旅游 B2B 平台勃发的第一个背景原因。而促使旅游 B2B 勃发的另一个背景原因则是旅行社面临着业务的散客化、个性化趋势。随着散客时代的到来以及在线电商对传统旅行社的冲击，线下旅行社希望从线上得到丰富的产品，而线上的企业也希望把它们的产品导入线下销售，这种愿望释放出对同业 B2B 的需求。在资本市场的推动下，旅游 B2B 经过发展后或将有巨头产生。

旅游会在移动互联网时代形成新的三级企业：以机票酒店标准产品为核心业务，其他为补充的平台型企业；以休闲非标产品为核心业务，其他酒店机票为补充的平台型企业；往资源端下沉的占据线下终端资源的深度 O2O（Online to Offline，线上到线下）企业。

无论是 O2O 还是“互联网+”，旅游产业进行互联网升级必然是大势所趋。然而资本寒冬的到来似乎对旅游产业并没有造成大的影响，2015 年融资喜讯仍频繁爆出，但无论是否真的有资本寒冬，对于旅游创业者而言，其关键都在于踏实做好产品，服务好用户，致力于运用互联网提升旅游产业效率。而旅游要做好三件事：资源、渠道、服务，在线旅游行业的创业企业应该能够上下游一起把资源、把渠道以及未来的服务能力协同起来，铸造自身真正的核心竞争力。

【知识归纳】

我国传统的旅游产业在发展中仍然存在着诸如从业人员素质水平较低、旅游基础设施投入不足、行业管理手段缺乏和旅游产品单一等问题。随着互联网技术的蓬勃发展和移动互联网时代的到来，传统旅游产业显而易见地会面临诸多的挑战，但从另一方面而言，这也给传统旅游产业带来诸多的发展机遇。

信息技术的发展，从方方面面改变着人们的生活形态，也改变着旅游业的运作方式以及旅游者的消费习惯和模式。为了加快旅游业向现代服务业升级转型，我国提出了适应时代发展要求的一系列旅游发展新概念和新模式，智慧旅游、“互联网+旅游”和全域旅游已经充分融入了我国的旅游发展实践中，并取得了一定的成果。

随着信息技术的飞速发展，移动互联网时代改变了人们的生活方式和消费习惯，旅游市

场已经由以产品为导向转变为以游客需求为导向，旅游的新形式、新产品、新概念层出不穷，无论是传统的旅游企业还是新兴的在线旅游服务商，纷纷通过各种资本运作方式和市场营销手段提前布局旅游产业的创新点，从而增强自身在未来旅游市场中的竞争筹码。从另一方面来看，旅游企业的重组、合并、升级转型等市场行为，也有力地推动了我国旅游产业的创新发展。

【案例解析】

全域旅游国内经典实践经验——河南省嵩县

嵩县地处河南省洛阳市西南部，是一个生态大县、矿产资源大县，却顶着国家级贫困县的帽子。一度面临农业低端徘徊、工业结构单一、周边交通闭塞、人民生活困苦的现状，长期以来，旅游者一直保持着对其“贫穷落后”“农业大县”“交通不便”的形象感知。而“5A 嵩县”理念的提出及实施，则扭转了外界对嵩县的看法及感知，成为县域旅游发展的新亮点和扶贫旅游的典型案例，同时也成为全域旅游背景下业界谈论的热点与关注的焦点。2016 年 2 月，嵩县被列入国家全域旅游示范区名单。嵩县打造全域旅游目的地的主要做法：

1. 全域理念和制度创新的顶层设计

依托自身优势，嵩县在全国率先提出“打造‘5A’级景区县域”，即“5A 嵩县”的新理念，把 3009 平方公里县域打造成开放式的 5A 景区。同时，各个产业按照旅游的标准和理念来转变发展方式：农业围绕旅游调整结构，工业围绕旅游开发产品，城镇建设围绕旅游完善功能，社会服务围绕旅游突出特色。

为保障“5A 嵩县”有章可循、有据可依，嵩县参照国家 5A 景区标准、《中国优秀旅游城市检查标准》、《中国旅游强县标准》等内容，结合自身实际，编制了《“5A 嵩县”标准（草案）》。成立旅游标准化领导小组，下发《嵩县旅游标准化试点实施方案》，多次举行培训会议。

2. 机制运行及规划设计的保障支撑

为保证“5A”目标顺利实现，嵩县参照北京市和海南省的经验，决定“撤局建委”，把县旅游局升级，更名为“嵩县旅游发展委员会”，由县政府直属机构调整为县政府组成部门，形成部门联动。为保证旅游规划的科学设计及规划工作的有效衔接，把熟悉本地旅游环境的“土专家”和专业的旅游规划机构相结合，成立了嵩县旅游规划研究院，专门进行旅游开发宣传推介的规划研究设计工作。

3. 全民参与和资源共享的政策安排

“5A 嵩县”的打造，实现了上至县委书记、县长，下至普通百姓的全员参与，调动了建设“5A 嵩县”的积极性。成立了以县委书记任政委、县长任指挥长的“5A 嵩县”建设指挥部，确定了“5A 嵩县”的总体思路、总体目标、发展定位及支撑项目，建立了打造“5A 嵩县”联席会议制度，制订了“5A 嵩县”标准和考评体系，把 120 项任务分解到 65 个县直单位和乡镇，实现了全体动员，全民参与。嵩县为回馈社会，于 2012 年开始推出 A 级景区免票政策，不断优化免票举措，推出“分时段分区域免票”措施，真正达到了惠民利民的目的，为其赢得了良好的旅游口碑。

4. 全方位多角度的立体化品牌营销

首先，在形象上进行整体营销。县域范围内所有景区都以“真山真水真空气，5A 嵩县欢迎您”为主题，全县域统一策划，打包营销，整体宣传。其次，通过系列活动进行品牌打造。通过开展节庆活动，推介“5A 嵩县”。再次，利用名人效应进行品牌宣传。邀请著名演员、著名作家、文学评论家、经济学家、旅游专家等名人体验、评论、宣传“5A 嵩县”。最后，运用新媒体进行微博营销。组建了由 86 个实名认证微博组成的“微之博动队”，为游客进行旅游咨询、了解免票区域及时间、到达景区线路等提供了便利。

思　考

我们可以从上述地区在打造全域旅游目的地的实践中得到哪些经验？

【案例评述】

1. 领导重视是发展全域旅游的关键。

对于全域旅游发展较好的地区，地方领导都能够清楚地认识到旅游对城乡统筹发展、改变区域生态环境、促进地方经济收入有着巨大推动作用。他们十分重视旅游的发展，积极为旅游发展创造各项便利条件。

2. 知名景区（景点）的带动是发展全域旅游的核心。

知名景区（景点）是区域内积聚游客的吸引物，景区开发情况是地方旅游发展成败的关键所在。在发展全域旅游过程中，必须牢牢抓住景区现有的优势资源，提升景区各类设施，以景区带动全域旅游。

3. 旅游基础设施和服务设施的完善是发展全域旅游的基础条件。

旅游相关的设施包括饭店宾馆、旅游交通、旅游标识、景区厕所等，这些设施直接关系到游客对旅行安全、方便、舒适的体验，是全域旅游发展情况最基本的部分。

4. 营销推广是发展全域旅游的有力手段。

通过报纸杂志、电视媒体、网络微信、节庆活动等营销方式，有利于提升区域知名度，吸引对区域旅游产品有兴趣的游客，有利于确定自己的市场目标，开发出更合适的旅游产品。

【复习思考】

1. 我国旅游行业在信息技术时代下面临的挑战有哪些？

2. 什么是智慧旅游？它有哪些功能？

3. 什么是全域旅游？如何评价一个地区是否达到全域旅游的要求？

4. 在“互联网+”的时代背景下，你认为传统旅行社该如何应对在线旅游服务商的竞争？

参 考 文 献

[1] 蔡敏华．旅游学概论 [M]．北京：人民邮电出版社，2008.

[2] 洪帅．旅游学概论（第 2 版）[M]．上海：上海交通大学出版社，2011.

[3] 牛海桢，吴正罡．旅游学概论 [M]．长沙：湖南师范大学出版社，2015.

[4] 李天元．旅游学概论（第 4 版）[M]．天津：南开大学出版社，2003.

[5] 保继刚．旅游地理学 [M]．北京：高等教育出版社，1999.

[6] 吴必虎．区域旅游规划原理 [M]．北京：中国旅游出版社，2001.

[7] 刘毅．中国旅游百科全书（第 1 册）[M]．北京：中国大百科全书出版社，1999.

[8] 张道顺．旅游产品设计与操作手册（第 3 版）[M]．北京：旅游教育出版社，2012.

[9] [澳]戴维・韦弗,劳拉・劳顿．旅游管理(第 4 版)[M]．谢彦君，潘莉，译．北京：中国人民大学出版社，2014.

[10] 万剑敏．旅行社产品设计 [M]．北京：旅游教育出版社，2014.

[11] 蔡敏华．旅游概论（第 2 版）[M]．北京：人民邮电出版社，2011.

[12] 赵文明．旅行社管理工具箱 [M]．北京：中国铁道出版社，2015.

[13] 刘庆余．遗产旅游的概念与内涵初探 [J]．国土与自然资源研究，2008：75-76.

[14] 张惠华．我国生态旅游的发展现状及对策研究 [J]．旅游经济，2014（4）：87-88.

[15] 郭焕成，韩非．中国乡村旅游发展综述 [J]．地理科学进展，2010，29（12）：1597-1605.

[16] 卢云亭．生态旅游与可持续旅游发展 [J]．经济地理，1996（1）：106-112.

[17] 谷慧敏，伍春来．中国收入分配结构演变对国内旅游消费的影响 [J]．旅游学刊，2003，18（3）：19-23.

[18] 李映洲，江燕．会展旅游概念的重新探讨 [J]．旅游论坛，2011（4）：13-16.

[19] 苏英，陈颖．会展旅游 [M]．上海：上海交通大学出版社，2012.

[20] 胡晓莺，冯学钢．国内对上海都市旅游的研究综述 [J]．商场现代化，2006（9）：179-180.

[21] 欧阳斌．陈家国发展都市旅游业的先决条件与战略模式 [J]．城市发展研究，2001（4）.

[22] 王晓云，张佳楠，郁亮亮．都市旅游开放式景区的新形态与新挑战：以上海市为例 [J]．旅游学刊，2015（2）：11-12.

[23] Lew A. A Framework of Tourist Attractions Research [J]. Annals of Tourism Research，1987，(14).

[24] Lawton L J. Resident Perceptions of Tourist Attractions on the Gold Coast of Australia Journalof Travel Research, 2005, 44 (2).
[25] 胥兴安，田里. 对旅游吸引物、旅游产品、旅游资源和旅游业关系的思考 [J]. 中国集体经济，2008 (Z2).
[26] 林红，王湘. 旅游吸引物的系统论再分析：与杨振之先生商榷 [J]. 旅游学刊，1998 (2).
[27] 保继刚，楚义芳. 旅游地理学 [M]. 北京：高等教育出版社，1993.
[28] 朱华 . 旅游学概论 [M]. 北京：北京大学出版社，2014.
[29] 贾治华，伍锋 . 旅游学概论 [M]. 北京：中国地质大学出版社，2011.
[30] 洪帅 . 旅游学概论 [M]. 上海：上海交通大学出版社，2010.
[31] 冯淑华，田逢军 . 旅游地理学 [M]. 武汉：华中科技大学出版社，2011.
[32] 袁美昌 . 旅游通论 [M]. 天津：南开大学出版社，2011.
[33] 邹统纤，陈芸 . 旅游目的地营销 [M]. 北京：经济管理出版社，2012.
[34] 吴必虎，黄潇婷 . 旅游学概论（第 2 版）[M]. 北京：中国人民大学出版社，2013.
[35] [美]克里斯·库珀,约翰·弗莱彻,艾伦·法伊奥,等 . 旅游学:原理与实践(第 2 版)[M]. 张俐俐，蔡利平，译 . 大连：东北财经大学出版社，2004.
[36] 李蕾蕾 . 旅游目的地形象策划——理论与实务 [M]. 广州：广东旅游出版社，1999.
[37] 保继刚，楚义芳 . 旅游地理学（修订版）[M]. 北京：高等教育出版社，1999.
[38] 徐惠群 . 旅游营销 [M]. 北京：中国人民大学出版社，2009.
[39] 张凌云，刘宇，等 . 旅游学概论 [M]. 北京：北京师范大学出版社，2012.
[40] 王德刚 . 旅游学概论（第 3 版）[M]. 北京：清华大学出版社，2012.
[41] 张凌云，刘宇 . 旅游学概论 [M]. 北京：北京师范大学出版社，2012.
[42] 魏芬，曹晖 . 旅游概论 [M]. 长春：吉林大学出版社，2011.
[43] 林南枝，黄晶 . 旅游市场学（第 3 版）[M]. 天津：南开大学出版社，2012：57-71.
[44] 郭峦，刘燕 . 旅游经济学 [M]. 北京：经济管理出版社，2012.
[45] 罗明义 . 旅游经济学 [M]. 北京：北京师范大学出版社，2009.
[46] 吕宛青，陈昕 . 旅游经济学 [M]. 天津：南开大学出版社，2013.
[47] [美]克里斯·库珀 . 旅游学精要[M]. 大连：东北财经大学出版社，2013.
[48] 李天元. 中国旅游可持续发展研究 [M]. 天津：南开大学出版社，2004.
[49] 张吉献，李伟丽. 旅游资源学 [M]. 北京：机械工业出版社，2014.
[50] 章小平，任啸. 世界遗产旅游可持续发展研究：以九寨沟为例 [M]. 成都：西南财经大学出版社，2009.
[51] 刘思华. 可持续发展经济学 [M]. 武汉：湖北人民出版社，2001.
[52] 刘伟 . 旅游学 [M]. 北京：高等教育出版社，2014.
[53] Cohen，Erik. Toward a Sociology of International Tourism [J]，Social Research，1972 (1).
[54] [美]查尔斯·R,戈尔德耐,等 . TOURISM:Principles,Practice,Philosophies,8th Edition 旅

游业教程(第 8 版)[M]. 贾秀海，译 . 大连：大连理工大学出版社，2003.

[55] 刘振礼，王兵 . 中国旅游地理 [M]. 天津：南开大学出版社，2001.

[56] 丁风芹. 我国智慧旅游及其发展对策研究 [J]. 城市经济，2012 (1)：32-34.

[57] 曾祥辉，郑耀星，张秦. 基于内容分析法的智慧旅游概念探析 [J]. 资源开发与市场，2015，31 (10)：1246-1249.

[58] 李枝宏 . 大连成为国家首批“智慧旅游”试点城市 [N]. 大连日报，2011-12-23.

[59] 张熙物. 智慧旅游与标准体系建设的研究——以武夷山旅游为例 [J]. 质量技术监督研究，2014 (1)：22-26.

[60] 陈兴红. 互联网+旅游的几点思考 [N]. 淮安日报，2016-01-27.

[61] 厉新建，张凌云，崔莉. 全域旅游：建设世界一流旅游目的地的理念创新——以北京为例 [J]. 人文地理，2013 (3)：130-134.

[62] 李云鹏. 智慧旅游 [M]. 北京：中国旅游出版社，2013.